J. J. C. Donner

Pindar's Siegesgesänge

Deutsch in den Versmaßen der Urschrift

J. J. C. Donner

Pindar's Siegesgesänge
Deutsch in den Versmaßen der Urschrift

ISBN/EAN: 9783741166754

Hergestellt in Europa, USA, Kanada, Australien, Japan

Cover: Foto ©Andreas Hilbeck / pixelio.de

Manufactured and distributed by brebook publishing software (www.brebook.com)

J. J. C. Donner

Pindar's Siegesgesänge

Pindar's Siegesgesänge.

Deutsch

in den Versmaßen der Urschrift

von

J. J. C. Donner.

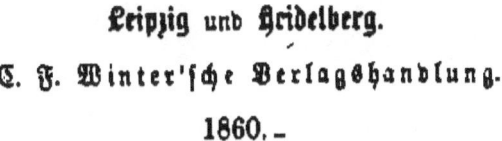

Leipzig und Heidelberg.
C. F. Winter'sche Verlagshandlung.
1860.

Inhalt.

I. Olympische Siegesgesänge.   Seite.

   Erster olympischer Gesang. Auf Hieron von Syrakusä, den
      Sieger mit dem Rennpferde. 3
   Zweiter olympischer Gesang. Auf Theron von Akragas, den
      Sieger mit dem Wagen. 11
   Dritter olympischer Gesang. Auf Theron von Akragas, zum
      Feste der Theorenien. 19
   Vierter olympischer Gesang. Auf Psaumis von Kamarina,
      den Sieger mit dem Maulthiergespann. 23
   Fünfter olympischer Gesang. Auf Psaumis von Kamarina,
      den Sieger mit dem Maulthiergespann. 25
   Sechster olympischer Gesang. Auf Agesias von Syrakusä,
      den Sieger mit dem Maulthiergespann. 28
   Siebenter olympischer Gesang. Auf Diagoras aus Rhodos,
      den Sieger im Faustkampfe. 36
   Achter olympischer Gesang. Auf Alkimedon aus Aegina,
      den Sieger im Ringspiele der Knaben. . . . . . : 42
   Neunter olympischer Gesang. Auf Epharmostos aus Opus,
      den Sieger im Ringkampfe. 47
   Zehnter olympischer Gesang. Auf Agesidamos, den epize-
      phyrischen Lokrer, den Sieger im Faustkampfe der Knaben. 54
   Elfter olympischer Gesang. Auf Agesidamos, den epize-
      phyrischen Lokrer, den Sieger im Faustkampfe der Knaben. 56

Zwölfter olympischer Gesang. Auf Ergoteles aus Himera, den Sieger im langen Laufe. 62
Dreizehnter olympischer Gesang. Auf Xenophon aus Korinthos, den Sieger im Bahnlauf und im Fünfkampfe. 64
Vierzehnter olympischer Gesang. Auf Asopichos aus Orchomenos, den Sieger im Wettlaufe der Knaben. . . . 71
Anmerkungen zu den olympischen Siegesgesängen. . . . 73

II. Pythische Siegesgesänge.

Erster pythischer Gesang. Auf Hieron von Aetna, den Sieger mit dem Wagen. 105
Zweiter pythischer Gesang. Auf Hieron von Syrakusä, den Sieger mit dem Wagen. 113
Dritter pythischer Gesang. Auf Hieron von Syrakusä, den Sieger mit dem Rennpferde. 120
Vierter pythischer Gesang. Auf Arkesilas von Kyrene, den Sieger mit dem Wagen. 127
Fünfter pythischer Gesang. Auf Arkesilas von Kyrene, den Sieger mit dem Wagen. 145
Sechster pythischer Gesang. Auf Xenokrates von Akragas, den Sieger mit dem Wagen. 150
Siebenter pythischer Gesang. Auf Megakles von Athen, den Sieger mit dem Viergespann. 154
Achter pythischer Gesang. Auf Aristomenes von Aegina, den Sieger im Ringkampfe. 156
Neunter pythischer Gesang. Auf Telesikrates von Kyrene, den Sieger im Waffenlaufe. 162
Zehnter pythischer Gesang. Auf Hippokleas aus Thessalien, den Sieger im Doppellaufe. 170
Elfter pythischer Gesang. Auf Thrasydäos von Theba, den Sieger im Wettlaufe. 175
Zwölfter pythischer Gesang. Auf Midas von Akragas, den Sieger im Flötenspiele. 180
Anmerkungen zu den pythischen Siegesgesängen. 183

Inhalt.

III. Nemeische Siegesgesänge.

Erster nemeischer Gesang. Auf Chromios von Aetna, den Sieger mit dem Wagen. 217

Zweiter nemeischer Gesang. Auf Timodemos aus Athen, den Sieger im Allkampfe. 222

Dritter nemeischer Gesang. Auf Aristokleides aus Aegina, den Sieger im Allkampfe. 224

Vierter nemeischer Gesang. Auf Timasarchos aus Aegina, den Sieger im Ringspiele der Knaben. 230

Fünfter nemeischer Gesang. Auf Pytheas aus Aegina, den Knaben, Sieger im Allkampf. 236

Sechster nemeischer Gesang. Auf Alkimidas aus Aegina, den Sieger im Ringspiele der Knaben. 240

Siebenter nemeischer Gesang. Auf Sogenes aus Aegina, den Knaben, Sieger im Fünfkampfe. 245

Achter nemeischer Gesang. Auf Deinis aus Aegina, den Sieger im Bahnlaufe. 253

Neunter nemeischer Gesang. Auf Chromios aus Aetna, den Sieger mit dem Wagen. 257

Zehnter nemeischer Gesang. Auf Theäos aus Argos, den Sieger im Ringkampfe. 263

Elfter nemeischer Gesang. Auf Aristagoras aus Tenedos, den Prytanen. 270

Anmerkungen zu den nemeischen Siegesgesängen. . . . 273

IV. Isthmische Siegesgesänge.

Erster isthmischer Gesang. Auf Herodotos von Thebe, den Sieger mit dem Wagen. 297

Zweiter isthmischer Gesang. Auf Tenokrates aus Akragas, den Sieger mit dem Wagen. 302

Dritter isthmischer Gesang. Auf Melissos von Thebe, den Sieger im Allkampfe. 305

Vierter isthmischer Gesang. Auf Phylakidas aus Aegina, den Sieger im Gesammtkampfe. 311

Inhalt.

	Seite.
Fünfter isthmischer Gesang. Auf Phylakidas aus Aegina, den Sieger im Gesammtkampfe.	317
Sechster isthmischer Gesang. Auf Strepsiades von Thebe, den Sieger im Allkampfe.	320
Siebenter isthmischer Gesang. Auf Kleandros aus Aegina, den Sieger im Allkampfe.	324
Anmerkungen zu den isthmischen Siegesgesängen	329

I.
Olympische Siegesgesänge.

Pindar von Theben.

Erster olympischer Gesang.

Auf Hieron von Syrakusä,
den Sieger mit dem Rennpferde.

Hieron, der Sohn des Deinomenes, seit Olymp. 75, 3. König von Syrakusä, hatte im Pferderennen zu Olympia durch sein Roß Pherenikos den Sieg errungen, welchen Pindaros, der sich damals am Hofe des Hieron aufhielt, durch den ersten olympischen Gesang bei dem Festmahle in der Königsburg verherrlicht. Um den königlichen Freund an den Unbestand des Glückes zu mahnen und ihm Besonnenheit und Mäßigung als die einzigen wahren Stüzen menschlicher Größe zu empfehlen, verwebt er in das Lob des Siegers die Sage von Pelops, dem Sohne des Tantalos, der auch durch einen Sieg die Gegend in Besiz genommen hatte, in welcher jezt die olympischen Spiele gefeiert werden. Der Mythe nach sollte Pelops von seinem Vater Tantalos geschlachtet und den Göttern als Speise vorgesezt, von diesen aber wieder in's Leben zurückgerufen worden sein. Diese Mythe verwirft der fromme Dichter als eine Lästerung der Götter, indem er den Tantalos als durch eigenen Frevel und Uebermuth sich selbst vernichtend, den Pelops aber als den Liebling der Götter darstellt.

Erste Strophe.

Wohl ist Wasser das Beste; Gold
Ueberstrahlt, wie das Feuer,
Welches in dunkler Nacht
Leuchtet, die männerbeglükenden Schäze.
5 Aber willst du, liebes Herz,
Kämpfe singen: — o suche
Kein Gestirn, das milder wärmt,

4 Erster olympischer Gesang.

    Als die Sonne, die hell
    Durch öde Räume weit am Himmel
10 Im Lichtglanz des Tages herrscht: —
    Also preis' ich keine Kämpfe
    Höher als Olympia's,
    Woher von sinnenden
    Weisen rings mit hellem Schall
15 Die Festhymne tönt, wenn sie nah'n
    Dem Herd Hierons, dem reichen, glücklichen,
    Des Kronos Sohn feiernd im Gesang.
              Erste Gegenstrophe.
    Herrschend über Sikelia's
    Lämmerreiche Gefilde,
20 Führt er des Rechtes Stab,
    Pflückt er von jeglicher Tugend die Krone.
    Leuchtend thront er auch im Glanz
    Duft'ger Blumen des Liedes,
    Wenn wir Männer scherzend oft
25 Uns am traulichen Mahl
    Ergehen. Doch wohlan, vom Pflocke
    Herab nimm die dorische
    Harfe, wenn der Ruhm von Pisa,
    Wenn dir Pherenikos' Ruhm
30 Den Geist in wonniges,
    Süßes Sinnen eingewiegt,
    Als er am Alpheos stolzen Flugs
    Dahinbrausend flog, vom Sporne nicht berührt,
    Und seinen Herrn rasch zum Siege trug,
              Erste Epode.
35 Syrakusä's rossliebenden Gebieter.
    Hoch strahlt sein Ruhm

Erster olympischer Gesang.

In Pelops', des Lyders,
Pflanzstadt, der heldenzeugenden,
Den der Erdumgürter einst geliebt,
40 Der starke Gott Poseidon,
Weil ihn Klotho mit lichten Elfenbeines Glanz
Die Schulter geschmückt, die blendende,
Aus heil'gem Kessel zog.
Wohl gibt es der Wunder
45 Gar viele; wohl wird auch der Geist
Der Sterblichen oft schnöde berückt,
Wenn, von der Wahrheit abgleitend, die Sagen sich
Schmücken mit bunter Lüge.

Zweite Strophe.

Anmuth, welche mit süßem Reiz
50 Zauberisch Alles bekleidet,
Alles mit Würde krönt,
Täuschte die Sterblichen oft und erweckte
Glauben an Unglaubliches.
Doch die kommenden Tage
55 Zeugen unbestechlich wahr.
Ja, dem Menschen geziemt,
Von Göttern Schönes nur zu sagen;
Denn dann trägt er mind're Schuld.
Red' ich denn von dir, o Pelops,
60 Nicht nach ält'rer Sänger Art,
Nein, wie dein Vater einst
Zu dem tadellosen Mahl
In sein Sipylos die Götter lud,
Und die ihn bewirthet, froh bewirthete,
65 Wie da der Dreizackschwinger dich geraubt,

Zweite Gegenstrophe.

Weil ihm Liebe das Herz bezwang,
Daß auf goldenem Wagen
Er zu der himmlischen
Burg des erhabenen Zeus dich entrückte.
70 Dorthin kam in andrer Zeit,
Kronos' Sohne zu gleichem
Dienste, Ganymedes auch.
Als dich Entschwundenen nun
Die Männer, die dich lange suchten,
75 Der Mutter nicht zurückgebracht,
Sprach der neiderfüllten Nachbarn
Mancher ingeheim sofort,
Am Feuer hielten sie
Bei des Wassers Sprudeln mit
80 Dem Schwert deine Glieder dir zerstückt,
Das Fleisch dann gekocht und bei des Mahles Schluß
Am Tisch umher gereicht und aufgezehrt.

Zweite Epode.

Ferne sei's von mir, der sel'gen Götter Einen
Der Schlemmerei
85 Zu zeih'n! Seine Strafe
Trifft allezeit den Lästerer.
Wenn sie jemals einen Sterblichen
Geehrt, Olympos' Götter,
So war's Tantalos. Aber er vermochte nicht
90 Zu tragen des Glückes hohen Glanz:
Im Uebermaß der Lust
Umstrickte der Fluch ihn,
Die schwere Last: ihm hängte Zeus
Den mächtigen Fels über das Haupt,

Erster olympischer Gesang.

95 Den er ohn' Unterlaß niederzuwälzen ringt,
Ewig entrückt der Freude.

Dritte Strophe.

Also fristet er ruhelos
In vierfältigem Unheil
Traurige Tage hin,
100 Weil er Ambrosiagaben und Nektar,
Der unsterblich ihn gemacht,
Dreist entwandte den Göttern
Und der Freunde frohem Kreis
Spendete. Wahrlich ein Thor,
105 Wer immer wähnt, daß, was er thue,
Vor Gott je verborgen sei!
Darum sandten auch die Götter
Zu dem schnellverwelkenden
Geschlecht der Sterblichen
110 Wieder seinen Sohn hinab.

Und als dieser nun in Jugendkraft
Erblüht war und Flaum sein braunes Kinn umzog:
Da trieb es ihn zu süßer Hochzeitlust,

Dritte Gegenstrophe.

Dort vom Vater in Pisa die
115 Edle Hippodameia
Sich zu gewinnen. Allein
Trat er im Dunkel zum graulichen Meere,
Rief den Dreizackschwinger an,
Und ihm dicht vor die Füße
120 Kam der sturmgewalt'ge Gott.
Also sprach er: „Wohlan,
Wenn Aphrodita's holde Gaben
Dich jemals erfreuten, dann

Halte jezt Oenomaos'
125 Eh'rnen Speer, Poseidon, auf,
Und auf geflügeltem
Wagen, Herr, geleite mich
Zum Land Elis hin und gib mir Sieg!
Denn schon warf er dreizehn Freier in den Staub,
130 Und schiebt annoch der Tochter Hochzeit auf.

Dritte Epode.

Großer That Gefahr begeistert nie den Schwachen.
Doch wem einmal
Verhängt ist, zu sterben,
Wie möchte der sein Alter wohl
135 Namenlos hinschleppen, thatenlos,
Im Dunkel müßig brütend,
Alles Schönen entbehrend? Nein, ich bin bereit,
Ich will ihn bestehen, diesen Kampf;
Du gib mir holden Sieg!"
140 So flehte der Jüngling;
Nicht ungehört verscholl sein Wort.
Poseidon, ihn hoch ehrend, verlieh
Goldenen Wagen ihm und ein beschwingt Gespann,
Das nie rastet im Fluge.

Vierte Strophe.

145 Und er zwang den Oenomaos,
Und gewann sich die Jungfrau.
Fürsten des Volkes, sechs
Söhne, mit Tugenden prangend, gebar sie.
Aber nun, vom köstlichen
150 Blut der Opfer umflossen,
Ruht er dort, am Alpheos,
Wo sein Grab sich erhebt

Erster olympischer Gesang.

Am vielbesuchten Gottesherde,
Zu dem Pilgerschaaren zieh'n.
155 Fernhin strahlt der Ruhm des Pelops
Auf der Bahn Olympia's,
Wo kämpfend um den Preis
Ringt der Füße schneller Flug,
Und Mühsalen trotzt die stolze Kraft.
160 Aber der Sieger wallt sein Leben lang hinfort
Im süßen heitern Sonnenglanz des Glücks,

Vierte Gegenstrophe.
Weil er tapfer gerungen. Was
Stets im Leben beseligt,
Ist ja das höchste Glück
165 Jeglichem Sterblichen. Darum geziemt mir,
Mit äolischem Gesang
Diesen Sieger zu kränzen,
Der im Rosselauf gewann.
Denn ich kenne fürwahr
170 Der Andern, die jetzt leben, Keinen,
An Macht höher und in Kunst
Vielerfahren, ihn zu schmücken
Mit der Hymne stolzem Kleid.
Ein Gott, zum sichern Hort
175 Deiner Mühen dir bestellt,
Gedenkt deiner stets mit liebendem
Herzen, o Hieron: verläßt er dich nicht schnell,
So hoff' ich wohl mit süßerm Preise noch

Vierte Epode.
Deinen Sieg auf raschem Wagen zu verkünden,
180 Erklomm ich auf
Des Lieds heil'gen Bahnen

Den Sonnenhügel Kronion's.
Denn es pflegt die Muse mein Geschoß,
Und leiht ihm hohe Stärke.
185 Wohl sind Andere groß in andrer Weise; doch
Am höchsten wölbt sich der Könige Thron.
Nicht weiter blicke mehr!
O mögst du hienieden
Stets auf den Höhen zieh'n, und ich,
190 Den Siegern gesellt, groß wie du,
Hervor überall strahlen in Hellas' Volk
Durch des Gesanges Weisheit!

Zweiter olympischer Gesang.

Auf Theron von Akragas,
den Sieger mit dem Wagen.

Theron, der Sohn des Aenesidamos, Herrscher von Akragas (Agrigentum) in Sicilien, führte durch Thersandros, den Sohn des Polyneikes, auf das thebische Königshaus des Kadmos sein Geschlecht zurück. Die Nachkommen des Thersandros, flüchtig aus Argos, siedelten sich auf Rhodos, zuletzt auf Sicilien an, wo sie Akragas erbauten und nach der Vertreibung des Tyrannen Phalaris zur königlichen Würde gelangten. Aber dasselbe widrige Schicksal, das Therons Urahnen einst verfolgt hatte, schien auch mit den Nachkömmlingen sich nicht ganz versöhnen zu wollen. Zwischen Theron und dem verschwägerten Hause des Hieron von Syrakus herrschten Argwohn und Haß, die zuletzt in einen Krieg auszubrechen drohten. In dieser Lage der Dinge sandte Pindar dem Theron den zweiten olympischen Gesang nach Sicilien. Der Grundgedanke desselben ist: das Unglück des oft so schrecklich heimgesuchten Hauses habe sich immer wieder in Heil verwandelt; so müsse denn das neue Glück den alten Groll überwinden, und die Erwägung des menschlichen Geschickes, besonders der Hinblick auf ein seliges Leben oder auf Verdammniß nach dem Tode, das Gemüth vor Frevel bewahren.

Erste Strophe.

Ihr Hymnen, auf, Herrn der Laute,
Welche Gottheit, welchen Heros,
Welchen Sterblichen erheben wir?
Dem Zeus gehört Pisa zu;
5 Olympia's Wettkampf

Hat Herakles bestellt
Von den Erstlingen des Kriegs;
Doch Theron, da sein Viergespann
Ihm des Siegs Ruhm errang,
10 Von ihm rauscht, o Saiten, preist
Des Gastrechtes Hort,
Ihn, Akragas' Stütze,
Aus hochgefeiertem Geschlecht
Die Blume, hebend die Stadt,

    Erste Gegenstrophe.
15 Das, duldend vielfaches Unheil,
Sich am Strome hier die heil'ge
Wohnung gründete und das Auge ward
Sikelia's. Hohes Glück
Erschien, des Ruhms Fülle
20 Und lieblichen Gewinn
Laut'rer Tugend zu verleih'n.
Doch du Kronide, Rhea's Sohn,
Der Olymps Höhen und
Der Kampfspiele Krone schirmt
25 An des Alpheios Furth,
O gib, von Gesängen
Erfreut, das heimische Gefild
Huldreich dem künftigen Stamm

    Erste Epode.
In spät'ster Zeit. Freilich, Geschehenes,
30 Ob es Recht war oder Ungebühr,
Vermag selbst die Zeit nicht,
Die allzeugende Gewalt,
Zu wenden, daß es nicht gescheh'n.
Doch bringt ein glückliches Geschick glückliches Vergessen.

35 Denn blüh'n edle Wonnen auf,
Stirbt das grollende
Unheil dahin, bewältigt,
               Zweite Strophe.
Wenn hoch empor Gottes Schickung
Steigen heißt des Glückes Wage.
40 So war's bei den schönthronenden,
Des Kadmos Jungfrauen. Schwer
War erst ihr Leid; doch die Last
Des Unheiles sank
Vor der schauern Freude hin.
45 Sie lebt im Kreis der Götter fort,
Die von Zeus' Donner starb,
Dem rumpfhallenden, die schön=
lockige Semela;
Sie liebt ewig Pallas,
50 Sie liebt der Vater Zeus, sie liebt
Der epheutragende Sohn.
               Zweite Gegenstrophe.
So, sagt man, lebt auch im Meergrund
Bei den Meerjungfrau'n des Nereus
Ino durch aller Zeit Ewigkeit
55 Ein Leben, das nimmerdar
Stirbt. Wahrlich, niemals enthüllt
Des Tods leztes Ziel
Sich vor eines Menschen Blick;
Nie weiß er, ob sich ruhigsanft
60 Helios' heitres Kind,
Der Tag, ihm endigen wird
In Glück ohne Harm.
Es zieh'n andre Ströme

Und andre stets mit Lust und Schmerz
65 Den Männern wechselnd heran.

Zweite Epode.

So auch der Gott, welcher in Theron's Haus
Hegt das freundlichwaltende Geschick:
Mit Reichthum vom Himmel
Führt er auch Leid herbei,
70 Das wieder flieht in andrer Frist,
Seit, folgend dem Geschick, der Sohn tödtete den Lajos,
Als er, ihm begegnend, den
Alten Ausspruch
Von Pytho's Herd erfüllte.

Dritte Strophe.

75 Mit scharfem Blick sah's Erinnys,
Und im Wechselmorde gab sie
Seinem Stamm, Ares' Lieblinge, den Tod.
Thersandros nur blieb zurück
Dem gefall'nen Polyneikes,
80 In jugendlichem Kampf
Und in kriegerischer Schlacht
Geehrt, des Adrastidenstamms
Sprößlingen erblüht zum Schuz.
Von dort leitet des Geschlech=
85 tes Ursprung der Sohn
Des Aenesidamos;
Ihn ziemt es mit der Lyra Preis
Zu feiern und mit Gesang.

Dritte Gegenstrophe.

Denn er gewann selbst in Pisa
90 Sich den Kranz: dem gleich erhab'nen
Bruder gab hohes Glück, Beiden hold,

Zweiter olympischer Gesang.

Von Isthmos und Pytho die
Siegsblume des Gespannes,
Das zwölfmal die Bahn
95 Kühn umflog. Wer den Kampf
Versuchend, Sieg errungen, dem
Wallt das Herz sorgenfrei.
Wo Reichthum sich mit der Tu=
gend kränzt, schafft er hier
100 Und schafft dort Gedeihen,
Und weckt ein tiefes Sinnen auf
Im Geist, zu jagen nach Ruhm,

Dritte Epode.

Ein Stern in Glanz funkelnd, dem Manne das
Wahre Licht. Wenn Einer ihn besizt,
105 Er kennt wohl die Zukunft,
Er weiß, daß nach dem Tod,
Wer hier gefrevelt, seinen Lohn
Alsbald empfängt. Denn was hier unter Zeus' Herrschaft
Frevel übt, wägt Einer dort,
110 Unerflehbar
Den strengen Spruch verkündend.

Vierte Strophe.

Doch stets in Nacht gleiche Sonne,
Gleiche stets am Tag genießend,
Pflücken, die edel hier gelebt,
115 Ein Leben, stets mühelos,
Nicht furchend das Gefilde
Mit kraftvollem Arm,
Noch der See dunkle Flut,
Um kärglichen Erwerb: geehrt
120 Von den Unsterblichen,

Entflieht, weil sie fromm gepflegt
Des Eidschwures Treu,
Ihr Tag ohne Thränen,
Indeß, mit Augen nie geseh'n,
125 Unheil die Frevler umfängt.

Vierte Gegenstrophe.

Doch wer beherzt, unten dreimal
Weilend, dreimal auf der Erde,
Sich das Herz rein von Frevel hielt,
Der wandelte den Pfad des Zeus
130 Zu Kronos' hoher Veste,
Wo lindathmend rings
Um der Seligen Gefild
Des Meeres Lüfte wehen, wo
Duftig Goldblumen hier
135 Am Strand leuchten von den Höh'n
Glänzender Bäume, dort
Des Quells Flut entsprießen,
Mit deren Kranzgewinde sie
Sich Arm umflechten und Haupt:

Vierte Epode.

140 So will's der Spruch, den Rhadamanthys sprach,
Welchen Vater Kronos sich gesellt,
Mit ihm Recht zu pflegen,
Er, Gemahl Rhea's, die
Vor allen Göttern am höchsten thront.
145 Den Kadmos auch, Pelens auch, zählen wir zu jenen:
Auch Achillen trug dahin,
Als sie flehend
Zeus' Herz erweicht, die Mutter,

Zweiter olympischer Gesang.

Fünfte Strophe.

Ihn, welcher einst Hektor, Troja's
160 Nie bezwung'ne starke Säule,
 Niederwarf, Kyknos hingab dem Tod
 Und Eos' Sohn, Memnon. Viel
 Beschwingte Pfeile ruhen
 Unter dem Arme mir
165 Tief im Köcher noch versteckt,
 Helltönend den Verständigen;
 Doch im Volk brauchen sie
 Der Deutung. Viel-Kunde gibt
 Dem Klugen die Natur.
160 Die Schulweisen krächzen
 Mit fert'ger Zunge, Raben gleich,
 Ihr frech unlaut'res Geschrei

Fünfte Gegenstrophe.

Empor zu Zeus' heil'gem Vogel.
 Auf, und lenke nun den Bogen
165 Hin zum Ziel, mein Gemüth! Wen ereilt,
 Aus holder Brust wiederum
 Geworfen, unser stolzes
 Geschoß? Nach der Stadt
 Akragas beflügeln wir's;
170 Laut sprech' ich es beschwörend aus,
 Spreche trugfreien Sinns,
 Daß Jahrhunderte hindurch
 Keine der Städte je
 Gezeugt solchen Mann, so
175 Hülfreichgesinnt den Freunden, so
 Freigebigspendender Hand,

Pindar von Donner.

Fünfte Epode.

Als Theron. Doch Frevel bekämpft das Lob,
Weil er nie dem Rechte sich gesellt,
Der Neid arger Thoren,
180 Liebt Geschwäz, liebt in Schmach
Zu hüllen edler Männer Thun.
Wer möchte wohl je den Sand zählen am Gestade?
Und wie viele Wonnen Er
Um sich her streu=
185 te, wer vermag's zu sagen?

Dritter olympischer Gesang.

Auf Theron von Akragas
zum Feste der Theoxenien.

Die Ode ist demselben Siege Therons geweiht. Den Hauptinhalt bildet die Sage, wie Herakles, der Stifter der olympischen Spiele, den Oelbaum, dessen Zweig Theron jetzt gewonnen hat, aus dem Lande der Hyperboreer nach Olympia verpflanzt habe, daß er auf dem Plane, wo die Kampfspiele gefeiert wurden, Schatten verbreite, und um Zweige zu Kränzen für die Sieger (denn ein Olivenkranz war der Siegespreis in den olympischen Spielen) von seinen Aesten pflücken zu können.

Nach dem alten Erklärer, von welchem die Aufschrift der Ode („zu dem Feste der Theoxenien") herrührt, wurde dieses Fest gerade gefeiert, als dem Theron die Kunde kam, daß seine Rosse in Olympia gesiegt hätten. Die Theoxenien waren ein von den Dioskuren, Kastor und Polydeukes, gestiftetes Fest, das allen Göttern geweiht war, die man denn an diesem Feste als Gastfreunde zu bewirthen glaubte.

Erste Strophe.

Tyndaros' gastliche Söhne, seid mir hold,
Und lockige Helena du,
Wenn Akragas' Ruhm ich verkünde, wenn ich jetzt
Zum Preis des Olympiasiegers,
5 Therons, schallend erhebe die Hymne, den Schmuck
Sturmschneller Rosse.
Ja, sie stand mir bei, die Muse,

Daß ich, erfindend die neue strahlende
Weise, wohl mein Lied im Dorermaß vollende,

Erste Gegenstrophe.

10 Schmückend das heilige Fest. Laut fordert ja
Der Kranz, in die Locken gefügt,
Mich auf, zu bezahlen die gottempfang'ne Schuld,
Und die wechselnden Töne der Lyra
Anmuthvoll zu vermählen mit holdem Gesang
15 Und Flötenhall zum
Preis Aenesidamos' Sohne.
Ihn zu verherrlichen, ruft auch Pisa mich;
Denn von ihr wallt, goldgesandt, das Lied zum Manne,

Erste Epode.

Welchem, ohne Fehl erfüllend
20 Herakles' altes Gebot,
Dort der Mann ätolischen Stammes, im Kampf
Von Hellas Richter, hoch herab
Ueber die Stirn um die Locken den bläulichen
Schmuck der Olive wand, den einst
25 Von dem beschatteten Quell des Istros heimwärts
Trug Amphitryon's Sohn,
Für den Kampf Olympia's das schönste Denkmal.

Zweite Strophe.

Friedlich bewog er das Hyperborervolk,
Das Phöbos zum Dienst sich geweiht;
30 Mit redlichem Sinne für Zeus' gastfreien Hain
Erbat er die schattige Pflanzung,
Allem Volke zum Schirm, dem Verdienste zum Kranz.
Schon war des Vaters
Zeus Altar geweiht, und Mena

35 Strahlt' in der Mitte des Monds auf goldenem
   Wagen Abends ihm ihr volles Aug' entgegen;

Zweite Gegenstrophe.

Und des erhabenen Kampfes heil'gen Spruch,
Fünfjährige Feier zumal,
Gebot er an Alpheos' gottgeweihtem Strand.
40 Doch ließ in des kronischen Pelops
Thal kein schönes Gesträuch noch sprießen der Grund.
Und nackt von diesem,
Schien der Garten ihm den scharfen
Strahlen der sengenden Sonne bloßgestellt.
45 Alsobald trieb's ihn, zu wallen nach des Istros

Zweite Epode.

Lande. Dort empfing ihn Leto's
Roßebeflügelndes Kind,
Als er aus Arkadia's sonnigen Höh'n
Und vielgewundnen Thälern kam:
50 Denn ihn drängte der Zwang von Kronion,
Nach des Eurystheus Machtgebot
Jagend zu fahen die goldgehörnte Hindin,
Welche Taygeta dort
Einst der Artemis geweiht zum Heiligthume.

Dritte Strophe.

55 Diese verfolgt' er und sah auch jenes Land
Jenseits von des Boreas Hauch;
Da schaut er die Bäume, bewundernd bleibt er stehn.
Und wonniges Sehnen ergriff ihn,
Bei der Rennbahn zwölfmalumflogenem Ziel
60 Sie hinzupflanzen.
Heute noch zu dieser Feier

Wandelt er freundlich heran, dem göttlichen
Zwillingspaar gesellt der tiefgeschürzten Leda.
Dritte Gegenstrophe.
Diesen gebot er, zum Göttersitz erhöht,
65 Zu walten des herrlichen Kampfs
Um männliche Tugend und leichter Wagen schnell
Hinstürmenden Flug. Es verlangt uns,
Kundzuthun, wie rühmlich Emmenides' Haus,
Wie Theron hohen
70 Sieg gewann. Ihm schenkte Beiden
Tyndaros' reisiges Paar, dieweil sie mehr,
Als die Menschen alle, sie mit Mahlen feiern,
Dritte Epode.
Und der Götter Feste treulich
Wahren mit frommem Gemüth.
75 Doch so wahr als Wasser das Beste, das Gold
Vor allen Gütern ehrenwerth:
Also berührt nun Theron, gelangt an die
Marken, Herakles' Säulen durch
Tugenden seines Geschlechts. Ein höh'res Ziel ist
80 Weisen und Thoren versagt:
Ich verfolg' es nicht; ich wäre wahrlich eitel.

Vierter olympischer Gesang.

Auf Psaumis von Kamarina,
den Sieger mit dem Maulthiergespann.

Psaumis, der Sohn des Akron, aus Kamarina auf Sicilien, gewann seinen Sieg, der auch in der folgenden (fünften) Ode verherrlicht wird, im ersten Jahre der Olymp. 62. Kamarina war von Syrakus aus gegründet, von den Syrakusern zerstört, von Hippokrates aus Gela wieder aufgebaut, dann von Gelon aus Syrakus um die Zeit des ersten Perserkrieges wieder zerstört, endlich durch Einwohner von Gela um die Zeit, da Psaumis siegte, zum drittenmale aufgebaut worden.

Die Ode ward in Olympia gesungen, und der Dichter scheint daselbst zugegen gewesen zu sein.

Strophe.

Des beschwingten Donnergespanns
Oberster Lenker, o Zeus,
Dich ruf' ich: deine Horen,
Die umkreisenden, sie sandten mich hierher
5 Mit harfenumtöntem Sange,
Dem erhabenen Siegskampfe zu zeugen.
Ist Gastfreunden das Glück hold,
Der süßen Kunde lächelt sofort,
Wer bieder denkt, entgegen.
10 Drum du, der hoch herrscht auf Berg Aetna's Haupt,
Typhons stürmender Bürde, des gewaltigen
Hundertkaupt's, o Kronossohn,
Nimm hin, als den Festpreis,
Der Chariten Wonne,
15 Dieses Liedes Gabe,

Gegenstrophe.

Das unendlich dauernde Licht,
Mächtiger Tugenden Ruhm.
Auf Psaumis' Wagen kommt es:
Mit pisalischem Oelzweige bekränzt, eilt
20 Der, Ruhm zu gewinnen seiner
Heimat Kamarina. Ja, der Gott sei
Stets hold seinen Gebeten!
Denn ihn erheb' ich, welcher bewährt
Die Zucht der Rosse hält,
25 Der Gastlichkeit, Allen hold, freudig übt,
Und zur Ruhe sich wendete, die friedliche
Städte schirmt, mit lauterm Sinn.
Nicht tünch' ich die Rede
Mit Lügen. Erfahrung
30 Ist der Menschen Prüfstein.

Epode.

Die Klymenos' Sprößling auch
Von lemnischen Frauenzungen,
Den Spötterinnen, einst erlöst.
Mit eherner Rüstung im Wettlauf
35 Siegt' er und sprach zu Hypsiphyleia,
Hineilend zum Ehrenkranz:
Also besteh' ich im Laufe;
Gleich frisch ist der Arm und das Herz.
Doch oft pflegt sich auch
40 Auf junger Männer Haupt das Haar,
Selbst wider die gebührende Zeit
Des Alters, grau zu färben.

Fünfter olympischer Gesang.

Auf Psaumis von Kamarina,
den Sieger mit dem Maulthiergespann.

Die Ode bezieht sich auf denselben Sieg des Psaumis, wie die vierte, ward aber zu Kamarina in der Heimat des Siegers gesungen. Daher im Eingange der Anruf an die Nymphe des See's Kamarina und im Verfolge die manchen Beziehungen auf Oertlichkeiten Kamarina's. Jede neue Strophe wendet sich an eine andere Gottheit, die erste an die Seenymphe Kamarina, die zweite an Pallas Athene, die dritte an Zeus: weßhalb die Vermuthung nicht unwahrscheinlich ist, daß die Altäre dieser Gottheiten einander nahe lagen und der Chor bei jeder Strophe sich einem derselben zuwandte.

Erste Strophe.

Harmlos heiteren Sinnes,
Oceanide, nimm süßen Schmuck
Hoher Siegeskraft
Und der olympischen Fest=
5 kronen, holde Spende
Des im Lauf unereilten Maulthiergespanns
Und des edlen Psaumis,

Erste Gegenstrophe.

Der, ein Sieger, erhöhend
Dich, Kamarina, vollnährende
10 Stadt, den Göttern sechs
Doppelaltäre geweiht
An dem höchsten Feste

Mit den Opfern der Stier' und Wettrennen, fünf
Tage durch gefeiert,
Erste Epode.
15 Mit Maulthieren und Rossen und einzelnen
 Rennern. Doch zum Denkmal
Bringt er siegreich glänzenden Ruhm dir dar:
Akron, den Vater, rief er aus hellen Schalls
Und den neuen Wohnsiz.
Zweite Strophe.
20 Aus Oenomaos' holden
Fluren von Pelops' Hof heimgekehrt,
Schirmerin der Burg,
Pallas, erhebt er im Lied
Deinen keuschen Tempel
25 Und den Strom des Danos, preist hoch den See
Seines Heimatlandes,
Zweite Gegenstrophe.
Preist des heiligen Stromes
Arme, womit das Volk Hipparis
Tränkt, und fügt sofort
30 Eilig der festen Paläst'
Hohen Wald zusammen,
Von Unthätigkeit auf zum Licht schwingend dies
Rege Volk der Städter.
Zweite Epode.
Stets zwar kämpft an der Seite der Tugend die
35 Mühe, kämpft der Aufwand,
Wenn ein Werk von Gefahren umhüllt erscheint.
Wem es gelang, seinen Mitbürgern auch
Mag er weise scheinen.

Dritte Strophe.

Zeus, auf thürmenden Wolken
40 Thronender Hort und auf Kronion's
Höh'n, der Alpheos'
Wallenden Strom liebt und
Ida's hehre Grotte,
Ich erscheine vor dir mit Fleh'n — lieblich hallt
45 Meine Lyderflöte —

Dritte Gegenstrophe.

Daß du schmückest die Beste
Hier mit des Männerruhms Herrlichkeit,
Daß, o Pfaumis, du,
Sieger am Kronion, der
50 Liebt Poseidons Rosse,
Ein behagliches Alter froh tragen mögst
Bis zum lezten Ziele:

Dritte Epode.

Da, bei'm Scheiden, umstehen die Söhne dich!
Wer gesunden Glückes
55 Froh ward, wer Reichthümer in Fülle hat
Und sich dazu Ruhm gewinnt, strebe nicht
Gar ein Gott zu werden.

Sechster olympischer Gesang.

Auf Agesias von Syrakusä,
dem Sieger mit dem Maulthiergespann.

Agesias, der Sohn des Sostrates aus Syrakusä, leitete sein Geschlecht von Jamos, dem Sohn des Apollon und der Evadne, der Tochter des Arkabiers Aephtos, ab. Das Priestergeschlecht der Jamiden besaß am großen Altare des Zeus in Olympia das erbliche Recht der Pyromantie (das Recht, aus der Flamme des Opfers und den brennenden Opferstücken zu weissagen), und hatte mit den Herakliden überall hin sich verbreitet, wo dorische Pflanzstätten waren. Zugleich war Agesias auch Bürger zu Stymphalos in Arkadien, wo das Lied wahrscheinlich in der Wohnung eines Verwandten gesungen wurde.

Erste Strophe.

Goldsäulen am stolzprangenden
Vorhof des Gemaches empor
Richtend, erban'n wir ein staunenswürdiges Haus!
An dem beginnenden Werke muß die Stirne
5 Leuchten in die Ferne hin!
Ist wer in Olympia Sieger,
Ist wer Prophet am Seheraltare des Zeus
In Pisa, half er einst an Syrakusens Pracht
Mitbauen: entflöhe der Mann wohl
10 Einem Gesange, den Bürger ohne Neid
In süßem Jubelschall ihm sängen?

Erste Gegenstrophe.

Auch du ja trittst in solchem Schmuck
Mit glänzender Sole daher,
Sostratos' Sohn! Dem gefahrlos winkenden Ruhm
15 Flechten sie weder den Kranz auf hohlen Schiffen
Noch im Boll; doch Mancher denkt
Des Edlen, mit Mühe Vollbrachten.
Agesias, dir eignet das Lob, das einst
Adrastos' Mund dem Seher, Oikleus' Sohn, mit Recht
20 Nachrühmte, dem Amphiaraos,
Da mit dem strahlenden Roßgespann zugleich
Ihn selbst der Erd' Abgrund hinabschlang.

Erste Epode.

Als um die sieben Gefall'nen dort der Holzstoß
Schon sich erhoben, begann
25 So vor Thebä's Thor Adrastos, Talaos' Sohn:
„Ich vermisse das Aug'
In unserem Heer, Ihn, in der Kunst
Der Propheten so groß
Und groß im Kampfe." Beides kommt
30 Meines Liedes Helden zu,
Dem Mann syrakusischen Stamms.
Weder zu Hader geneigt,
Noch grollenden Eifer im Geist,
Geb' ich mit mächtigem Eidschwur
35 Ihm und mit lauterem Wort Zeugniß hier,
Und der Musen süßer Mund wird mir's gestatten.

Zweite Strophe.

Jezt auf, o Phintis, zäume mir
Der rüstigen Mäuler Gewalt
Eilig, damit wir hinan auf ebenem Pfad

40 Treiben den Wagen und ich zum Stamm der Helden
Komme; denn die Mäuler sind
Vor andern erfahren, die Bahn uns
Zu weisen hier, nachdem sie die Kränze des Siegs
Am Kronion erbeutet. Ihnen will ich denn
45 Die Pforte des Hymnos erschließen.
Denn zu der Pitana, zum Eurotas, muß
Ich heute noch zur Stunde ziehen,

Zweite Gegenstrophe.

Die Kronos' Sohn, dem Flutengott
Poseidon, in Liebe gesellt,
50 Sagt man, Evadna, die schwarzgelockte, gebar.
Heimlich verbarg sie die Frucht im Schooß, die Jungfrau:
Als der zehnte Mond erschien,
Da sandte sie dienende Frauen,
Das Kind dem Helden, Eilatos' Sohne, zur Hut
55 Zu geben, der Arkadern in Phäsana's Flur
Gebot und am Alpheos wohnte,
Wo sie gepflegt, in Apollons Arm zuerst
Genoß der Blume süßer Liebe.

Zweite Epode.

Aber dem Aepytos blieb nicht stets verborgen,
60 Was sie vom Gotte verbarg.
Doch er hielt den grimmen Schmerz voll Eifer zurück
In der stürmenden Brust;
Nach Pytho gewandt, zog er hinaus,
Zu befragen den Gott
65 Um dieses unheilvolle Leid.
Und den Purpurgürtel und
Das silberne Wassergefäß
Legte sie nieder am Grunt,

Sechster olympischer Gesang.

Und rang den prophetischen Sohn
70 Unter dem dunkeln Gesträuch aus.
Aber der Gott mit den Goldlocken rief
Ihr Eleutho's und der Moiren Huld zum Beistand.

Dritte Strophe.

Aus süßem Schmerze wand er schnell
Vom Busen der Mutter sich los,
75 Jamos kam an das Licht. In bitterer Angst
Ließ sie den Knaben am Boden; doch ihn nährten
Nach der Götter Rathe zwei
Blauäugige Drachen, bedächtig
Mit Bienensaft ihn labend. Und Eilatos' Sohn,
80 Sobald er fahrend wiederkam von Pytho's Fels,
Fragt Alle daheim um den Knaben,
Welchen Evadna gebar: ihn habe sie
Empfangen, sprach er, von Apollon:

Dritte Gegenstrophe.

„Er wird vor allen Sehern einst
85 Vorragen im Erdengeschlecht,
Herrlich und groß, und sein Stamm soll nimmer vergeh'n!"
Sprach es, und Alle beschworen, daß sie nirgends
Ihn gesehen noch gehört,
Der schon fünf Tage das Licht sah.
90 Er lag im tiefsten Haine verborgen in Dorn
Und Binsen, rings von bunter Veilchen Purpurthau
Die zärtlichen Glieder beträufelt.
Darum belegte für alle Zeiten auch
Die Mutter ihn, die Sage deutend,

Dritte Epode.

95 Mit dem unsterblichen Namen. Als die Blume
Goldener Jugend ihn dann

Schmückte, stieg er tief hinab in Alpheos' Flut,
Und rief zu dem Ahn,
Dem gewaltigen meerherrschenden Gott,
100 Und dem treffenden Hort
Auf Delos' gotterschaffner Flur,
Flehte laut in heitrer Nacht,
Mit völlerbeglückendem Ruhm
Ihm zu bekränzen das Haupt.
105 Da scholl von dem Vater das Wort,
Truglos ermahnend mit sanften
Lauten: „Erhebe dich, Sohn, folge nach
Meinem Ruf, hin, wo sich einst die Völker sammeln."

Vierte Strophe.

Sie kamen dann zum stolzen Fels,
110 Zu Kronios' sonnigen Höh'n.
Und ihm gewährte der Gott weissagender Kunst
Doppelten Schatz: gleich jetzt der Gottesstimme
Wahren Laut zu hören, dann,
Wenn, ziehend zu trotziger Wagniß,
115 Herakles einst, Alkäos' erhabener Sproß,
Dem Vater Zeus vollreiche Feste gründete
Mit mächtiger Weise des Wettkampfs,
Sollt' er am höchsten Altar des Gottes dort
Ein Heiligthum der Seher bauen.

Vierte Gegenstrophe.

120 Drum ist in Hellas' Volke weit
Gefeiert des Jamos Stamm.
Segen gesellte sich ihm. Hoch strebend zu Ruhm,
Zieh'n sie den leuchtenden Pfad; ein Jeder glänzt durch
Eig'ne That: doch nieder senkt
125 Von Anderer Neid sich der Tadel

Sechster olympischer Gesang.

Auf jene, deren Wagen vor Allen das Ziel
Zwölfmal umflogen, denen Siegesruhm verschämt
Von strahlender Wange geleuchtet.
Wenn in der That an Kyllene's Hügel einst,
130 Agesias, die mütterlichen

Vierte Epode.

Ahnen mit frommem Gemüth dem Götterherold
Gaben und Opfergebet
Viel und vielfach weihten, treu verehrend den Gott,
Der über dem Kampf
135 Und den Loosen des Kampfs waltet, dem Volk
Arkadia's hold,
Dem männerstolzen: dann erschuf
Er mit Zeus, dem Donnergott,
Dies Heil dir, o Sostratos' Sohn!
140 Wie von dem Steine geschärft,
Brennt mir auf der Zunge das Wort,
Wedt in der willigen Brust
Holdströmenden Hauch des Gesangs. Ahnin ist
Mir die Blume von Stymphalos, ist Metopa,

Fünfte Strophe.

145 Der reisigen Theba Mutter, die
Mit lieblicher Welle mich tränkt,
Mich, der Männern, berühmt im Kampfe, den Kranz
Bunter Gesänge windet. Aeneias, rufe
Mir die Freunde nun, zuerst
150 Die parthenische Hera zu preisen,
Dann zuzusehen, ob wir mit lauterm Gesang
Entflieh'n des Schimpfes altem Wort „Böoterschwein."
Du bist ja der rechte Verkünder,

Lockigen Musen ein Herold, hallender
155 Triumphgesänge süßer Becher.

Fünfte Gegenstrophe.

Sie sollen Syrakusä's und
Ortygia's denken, woselbst
Hieron herrscht mit gerechtem Stabe, der Fürst
Sinnigen Raths, und der purpurfüßigen Deo
160 Und der Tochter Feste schmückt,
Der Göttin mit weißem Gespanne,
Und Zeus von Aetna feiert. Das festliche Lied
Und meiner Lyra süßer Klang kennt ihn. Die Zeit,
Die schleichende, breche sein Glück nicht!
165 Aber Agesias' Zug empfang' er froh
Mit holden Sinns liebreicher Weise,

Fünfte Epode.

Wenn er von heimischer Flur, Stymphalos' Mauern,
Zieht in die heimische Flur,
Aus des Heerdenlands Arkadia pflegendem Schooß.
170 Heil bringt es fürwahr
In stürmischer Nacht, wenn an dem schnell
Hineilenden Schiff
Zwei Anker haften. Spende Gott
Diesen hier und jenen dort
175 Huldvoll ein gesegnetes Loos!
Amphitrite's Gemahl,
Der Göttin mit goldenem Pfeil,
Meerebeherrschender Gott, gib
Glückliche Fahrt an des Sturms Wogen vorbei,
180 Und behüte meiner Lieder holde Blüthe!

Siebenter olympischer Gesang.

Auf Diagoras aus Rhodos,
den Sieger im Faustkampfe.

Diagoras von Jalysos auf Rhodos gehörte zum Geschlechte der Eratiden. Als sein Stammvater wird Kallianar genannt; sein Vater hieß Damagetos. Er war der berühmteste Athlet, den Hellas jemals hervorgebracht hat, (den größten Faustkämpfer nach Herakles nennt ihn ein alter Ausleger des Dichters,) und Vater eines Geschlechtes von gleich tapferen Siegern. In das Lob seines Helden webt der Dichter den Ruhm der Insel ein, welcher Diagoras durch seine Geburt angehörte, indem er die drei wichtigsten Sagen aus der Geschichte des Eilandes hervorhebt.

Das Gedicht wurde zu Jalysos bei dem öffentlichen Festmahle der Eratiden gesungen. Später ward es von den Rhodiern mit goldenen Buchstaben in eine Tafel gegraben und im Heiligthum der Athene zu Lindos aufgestellt.

Erste Strophe.

Wie wenn ein Mann die Schale
Aus reichspendender Hand,
Während sie vom Thau der Rebe schäumend rauscht,
Dem jugendlichen Bräutigam
5 Zutrinkend reicht als
Gastliche Gabe, des Reich=
thums goldene Krone, des Mahls
Lieblichen Schmuck; und den Eidam ehrend, stellt er
Vor den versammelten Freunden

10 Als beneidenswerth ihn dar
Um die selige Liebe der Ehe:
Erste Gegenstrophe.
So send' auch ich den Nektar,
Gabe der Musen, dem Mann,
Den ein Kampfpreis schmückt, des Geistes süße Frucht
15 Ausströmend, hold Olympia's
Und Pytho's Siegern.
Aber o seliger Mann,
Wem feiernd der Ruhm sich gesellt!
Andre zu anderer Zeit schmückt oft die Charis,
20 Wonnig das Leben erheiternd,
Mit der Lyra süßem Klang
Und melodischem Halle der Flöten.
Erste Epode.
Ich, von den beiden gefolgt,
Kam jetzt mit Diagoras an und singe sie,
25 Kypris' meerumströmte Tochter,
Rhodos, des Helios Gattin,
Den gewaltigen, nie
Wankenden Helden zum Lohne des Faustkampfs
Mit Ruhm zu verherrlichen, Ihn,
30 Der bekränzt ward am Alpheios
Und an Kastalia's Born,
Auch Damagetos, den Vater, den Liebling des Rechts,
Die der weitherrschenden Asia Felsvorsprunge zunächst
Dreier Städt' Eiland mit Argos' Heer bewohnen.
Zweite Strophe.
35 Ich will aus altergrauer
Zeit von Tlepolemos an
Ihnen ein gemeinsam Wort kundthun im Lied,

Siebenter olympischer Gesang.

Herakles' machtgekröntem Stamm.
Aus Zeus' Geschlechte,
40 Rühmen sie, stamme der Ahn,
Von König Amyntor des Stamms
Gründerin, Astydameia. Wahn und Irrthum
Schlingt sich um menschlichen Sinnes
Trachten ohne Zahl, und nie
45 Nie mag es gelingen zu finden,

Zweite Gegenstrophe.

Was jetzt und was in Zukunft
Ihm das Ersprießlichste sei.
Denn er schlug Alkmene's Bastardbruder einst,
Gab mit des Oelbaums hartem Stab
50 Den Tod in Tiryns
Ihm, dem Likymnios, als
Aus Midea's Kammer er trat,
Glühend von Zorne, der Gründer dieses Landes.
Denn des Gemüthes Erregung
55 Blendet oft den Weisen auch.
Da ging er und fragte den Phöbos.

Zweite Epode.

Thronend im heiligen Duft
Von Pytho, gebot ihm der goldgelockte Gott,
Daß er schnell vom Strande Lerna's
60 Segle zum wogenumströmten
Eilande, wo einst
Zeus, der Unsterblichen König, den Grund
Mit goldenen Flocken benetzt,
Als sich durch Hephästos' Künste
65 Unter dem ehernen Beil
Pallas Athene vom Haupt des Kroniden erhob,

38 Siebenter olympischer Gesang.

Und im Aufstürmen mit mächtigem Ruf durchdröhnte das
  Land,
Daß vor ihr der Himmel bebt' und Mutter Erde.
Dritte Strophe.
Da gebot auch Hyperions
70 Erdenerleuchtender Sohn
Seiner Söhne Schaar, des künftigen Dienstes Amt
Achtsam zu wahren, und zuerst
Zu bau'n der Göttin
Stolzen Altar und zugleich
75 Ehrwürdiges Opfer zu weih'n,
Wonne dem Zeus und der speerumrauschten Jungfrau.
Tugend und freudigen Trieb
Senkt in weiser Menschen Brust
Vorsichtige Pflege der Klugheit.
Dritte Gegenstrophe.
80 Doch es zieht auch unbemerkt wohl
Auf — des Vergessens Gewölk,
Und entrückt dem Geist des Handelns sich're Bahn.
So ließen sie denn außer Acht
Der Flamme Samen,
85 Als sie zur Höhe der Burg
Aufstiegen, und weihten für nicht
Feurige Opfer den Hain. Da führt' er ihnen
Röthliche Wolken herauf,
Daß in Strömen floß das Gold;
90 Sie gab vor den Sterblichen allen
Dritte Epode.
Ihnen in jeglicher Kunst
Und fleißiger Hände Geschick den ersten Rang.
Bilder, gleich als lebten, gleich als

Siebenter olympischer Gesang.

  Schritten sie, sah man am Wege.
95 Hoch strahlte der Ruhm.
  Uebt ja die höhere Weisheit auch
  Der Erfahrene sonder Betrug.
  Wie der Menschen graue Sage
  Meldet, erschien in der Zeit,
100 Als die Unsterblichen dort in die Erde mit Zeus
  Sich getheilt, Rhodos im Meere noch nicht am Strahle
     des Tags;
  Nein, es lag tief eingehüllt im salz'gen Abgrund.
     Vierte Strophe.
  Und es zog für Helios Niemand
  (Ferne ja war er) das Loos.
105 Also ward er um sein Landestheil verkürzt,
  Der keusche Gott. Gemahnt von ihm,
  Will Zeus von Neuem
  Loosen; doch Helios wehrt's.
  Denn, sprach er, von Wogen umspült
110 Hab' er in düsterem Meer ein Land gesehen
  Wachsen vom Grunde herauf,
  Das den Menschen reiche Kost,
  Und Wonne den Heerden gewähre.
     Vierte Gegenstrophe.
  Und er hieß die goldgeschmückte
115 Lachesis ohne Verzug
  Ihre Hand ausstrecken und bei'm großen Eid
  Der Götter ihm mit Kronos' Sohn
  Truglos beschwören,
  Daß es, gesandt an des Tag's
120 Lichthöhen, ein Ehrengeschenk
  Ihm in der kommenden Zeit sei. Und die stolzen

Worte vollendeten sich,
Und die Wahrheit krönte sie.
Bald sproßte das Inselgefild' aus

Vierte Epode.

125 Salzigen Fluten empor.
Hier waltet der Gott, der die scharfen Strahlen zeugt,
Flammensprüh'nder Rosse Lenker.
Und in Umarmungen hier einst
Zu Rhodos gesellt,
130 Zeugte die sieben Söhne der Gott,
Die Weisesten früherer Zeit,
Deren Einer dann Kameiros,
Lindos, Jalysos auch
Zeugte, den ältesten Sohn. Sie bewohnten getrennt,
135 Da sie dreifältig das heimische Land, ihr Erbe, getheilt,
Jeder seine Stadt, genannt nach seinem Namen.

Fünfte Strophe.

Und ein süßer Lohn für Leiden
Ward dem Tlepolemos dort
Dargereicht, dem Heeresfürsten von Tirynth,
140 Gleich einem Gott: der Schafe Zug,
An Opferdüften
Reich, und der Kämpfe Gericht,
Wo zweimal Diagoras' Haupt
Sich mit Gewinden bekränzt. Ihn krönte viermal
145 Isthmos, der herrliche; Sieg
Gab zu Sieg ihm Nemea
Und steinige Fluren Athenä's.

Fünfte Gegenstrophe.

Und in Argos kennt das Erz ihn,
Auch im Arkadierland,

Siebenter olympischer Gesang.

150 Auch zu Thebä manche That, der Kampfesbrauch
  Böotia's, Pellana dann;
  Aegina sah ihn
  Sechsmal erkämpfen den Sieg;
  Der Megarer steinerne Schrift
155 Meldet das Gleiche von ihm. Drum, Vater Zeus, der
  Auf Atabyrios' Höhn
  Waltet, nimm huldvoll das Lied
  Zum Preis des Olympiasiegers,

     Fünfte Epode.

  Ehre den Mann, der im Faust=
160 kampf Ruhm sich gewann, und verleih' ihm bei der Stadt,
  Bei dem Fremdling Gunst und Anseh'n,
  Weil er gerad' und des Stolzes
  Feind wandelt die Bahn,
  Weil er erkannt, was biederer Sinn
165 Rechtliebender Väter ihn hieß.
  Nicht in Dunkel birg den hohen
  Ruhm von Kallianax' Haus!
  Denn mit der Feier von Eratos' Stamme vereint
  Sich in Festmahlen die Stadt; doch mit Eines Pulses Schlag
170 Weh'n in andern Zeiten andre Windeshauche.

Achter olympischer Gesang.

Auf Alkimedon aus Aegina,
dem Sieger im Ringspiele der Knaben.

Die Ode gilt zunächst dem Alkimedon, dem Sohne des Iphion, aus Aegina, der, ein sechzehnjähriger Knabe, als Ringer in Olympia gesiegt hatte. Dabei webt der Dichter das Lob seines Bruders Timosthenes ein, der vor Alkimedon ebenfalls im Ringspiele zu Nemea gesiegt. Wenn er gleichwohl vorzugsweise von dem olympischen Siege des Letzteren spricht, so ist der Grund hievon wohl der, weil eine zu Olympia gewonnene Auszeichnung für die höchste galt. Die Jünglinge gehörten dem Hause der Blepsiaden an, und Meilesias von Athen, einer der berühmtesten Kampflehrer seiner Zeit, dessen Pindar in drei Gedichten rühmend gedenkt, war auch ihr Lehrer gewesen. Zugleich verherrlicht der Dichter das Vaterland des Siegers, Aegina, dessen Heldensage, namentlich die Sage von Aeakos, dem uralten Könige der Insel, eingeflochten wird.

Erste Strophe.

Höre mich, Olympia, Mutter des goldumkränzten Kampfs,
O du, der Wahrheit Königin, wo die Propheten,
Aus der Opfer Flamme zu deuten bemüht,
Zeus' Rath, des erblitzenden, ausspähn,
5 Ob er der Männer in Huld gedenke, die
Ringen mit tapferem Muth,
Zu gewinnen hohen Ruhm,
Siegeslust nach Kampfesmühn.

Achter olympischer Gesang.

Erste Gegenstrophe.

Gnadenreich willfahrt der Kronide des frommen Sinnes Fleh'n.
10 Drum, Pisa's Hain, mit Bäumen am Alpheos prangend,
Nimm den Festzug auf und die Kränze des Siegs!
Groß lebt in unsterblichem Ruhme,
Wen du mit glänzendem Ehrenlohne schmückst.
Manchen beseliget Dies,
15 Jenen Das; auf manchem Pfad
Fällt das Glück aus Götterhand.

Erste Epode.

Doch euch, o Timosthenes, gab des Schicksals Loos
Zeus, dem erzeugenden Gotte,
Der dir in Nemea Glanz,
20 Und dem Alkimedon bei des Kronos Höh'n
Sieg in Olympia schenkte.
Schön von Gestalt und die Schönheit
Nicht durch Thaten entehrend,
Nannt' er, im Ringen gekrönt,
25 Aegina, die Ruderer stadt, sein heimisch Land,
Wo, vereint thronend dem gastlichen Zeus,
Themis, des Rechtes Hüterin,

Zweite Strophe.

Hoch in Ehren blüht. Das Verwickelte, das vielfältig
    schwankt,
Mit rechtem Geist, nicht wider Gebühr, zu entscheiden,
30 Ist so schwer. Doch ewiger Götter Gesez
Stellt' auch das umflutete Land hier
Wanderern jegliches Volkes hin, des Heils
Göttliche Säule zu sein.
Und die Zukunft möge nie
35 Müde werden, so zu thun!

44 Achter olympischer Gesang.

Zweite Gegenstrophe.

Dort gebieten Männer von dorischem Stamm seit Aeakos,
Den einst der Leto Sohn und der Herrscher Poseidon,
Da sie Troja's Thürme zu bau'n sich vereint,
Als Helfer heran zu dem Werke
40 Riefen: es war ja der Beste vorbestimmt,
Wenn sich erhübe der Krieg,
Auszuwehen heißen Qualm
Im Verheerungskampf der Stadt.

Zweite Epode.

Drei bläuliche Drachen, sobald neu stand der Bau,
45 Schossen zur Mauer hinan: zwei,
Stürzend in Eile zurück,
Hauchten, umfangen von Tod, ihr Leben aus;
Zischend erklomm sie der Eine.
Aber Apollon, das Unholt=
50 zeichen erblickend, begann schnell:
„Pergamos stürmen sie dort,
Held Aeakos, wo du mit deiner Hand gebaut:
(Also sagt, was der Kronide gesandt,
Des Donn'rers Zeichen sagt es mir.)

Dritte Strophe.

55 Deine Söhne stürzen's: der Erste beginnt den Kampf,
und ihn
Kämpft aus der Vierte." Solches verkündet Apollon,
Fährt zum Xanthos, eilt zu dem reisigen Volk
Amazonen, und eilt an den Istros.
Aber der Schwinger des Dreizacks lenkt die Fahrt
60 Schnell zu der isthmischen Flut,
Und entließ den Aeakos
Heim in goldnem Roßgespann,

Achter olympischer Gesang.

Dritte Gegenstrophe.
Sah Korinths Bergrücken und labte sich dort am hehren
Mahl
Wohl gibt es Nichts, das Jeglichem gleich sich empföhle.
65 Feir' ich denn Meilesias' Ruhm in dem Lied,
Der ihm von den Jünglingen wurde,
Werfe mit spizigem Stein mich nicht der Neid!
Denn zu Nemeia gewann
Er in gleicher Art den Sieg;
70 Im Gesammtkampf rang er dann

Dritte Epode.
Mit Männern und siegte. Die Kunst zu lehren wird
Kundigen leichter; ein Thor ist,
Wer das Erlernen verschmäht.
Nichtiger ist des Erfahrungslosen Geist.
75 Besser, denn Andre, vermag nur
Jener die Künste zu lehren,
Welche den Mann zu dem Ziele
Fördern, im heiligen Kampf
Siegreich zu gewinnen den heißersehnten Preis.
80 Jezt errang glücklich den dreißigsten Sieg,
Des Meisters Ruhm, Alkimedon,

Vierte Strophe.
Der, gekrönt durch Göttergeschick und mit Mannesmuth bewehrt,
Vier andre Knaben niedergeworfen und heimkehrt
Ohne Schmach, nicht ehrlos verstummend und scheu
85 Hinschleichend verborgene Pfade,
Aber dem Geiste des Ahns einhaucht die Kraft,
Welche das Alter besiegt.
Es vergißt des Todes selbst,
Wem des Glückes Wonne blüht.

Vierte Gegenstrophe.

90 Doch ich muß, von Blepsias' Haus das Gedächtniß weckend
auch
Die Blume singen, welche sie brachen im Faustkampf,
Denen schon dies sechste Gewinde das Haupt
Von krönenden Kämpfen umwindet.
Auch den Geschiedenen ist ein Theil des Ruhms
95 Schicklich als Opfer geweiht:
Es verhüllt des Grabes Staub
Nicht der Freunde stolzen Glanz.

Vierte Epode.

Vernehmend die Kunde, des Hermes Tochter, wird
Iphion melden des Schmuckes
100 Glanz dem Kallimachos dort,
Den in Olympia Zeus dem Hause lieh.
Mög' er das Edle zum Edlen
Fürder gewähren und ferne
Halten die Pfeile der Krankheit!
105 Wehr' er, ich flehe, dem Neid,
Sich hadernd zu mischen in ihres Glückes Loos:
Ohne Leid lass' er ihr Leben entflieh'n,
Erhöhe sie und ihre Stadt!

Neunter olympischer Gesang.

Auf Epharmostos aus Opus,
den Sieger im Ringkampfe.

Epharmostos aus Opus (Opunt) in Lokris, der Mutterstadt der epiknemidilchen Lokrer, Euböa gegenüber, hatte zu Olympia im Ringkampfe, früher, außer in kleineren Spielen, in den Isthmien, Pythien und Nemeen gesiegt. Neben dem Sieger, als einem durch Naturanlage ausgezeichneten Helden, wird von dem Dichter die Vaterstadt desselben gefeiert, und aus alten Sagen angereiht, was örtliche Beziehung auf Opus hatte und die Stadt in irgend einer Weise zu verherrlichen geeignet war.

Erste Strophe.

Des Archilochos Lied erklang
Wohl hell in Olympia,
Dreifach rauschenden Lautes, Sieg verkündend,
Und genügte, des Epharmostos
5 Und der Genossen
Festaufzuge voranzuziehn
Am Hügel des Kronos:
Doch nun sende mir solch Geschoß
Vom treffenden Bogen
10 Deines Gesanges hinaus zu dem Gott,
Der röthliche Blize
Schleudert, und zu dem heiligen
Vorberge von Elis,
Den Pelops, der Lyder Held, einst

15 Sich auserkoren, die kostbare
Mitgift Hippodameia's.

Erste Gegenstrophe.

Den geflügelten süßen Pfeil
Auch sende nach Pytho! Nicht
Niedrig schleichender Rede darfst du fröhnen,
20 Wenn die Saiten vom Ringersiege
Dröhnen des Mannes
Aus der stolzen Opunt, ihr selbst
Zum Preis und dem Sohne,
Die sich Themis erkor und sich
25 Eunomia, ruhmreich,
Ihre segnende Tochter, erkor.
In Tugenden blüht sie
Bei Kastalia's Born und an
Alpheios' Gewässern,
30 Von wannen der Kränze Blumen
Dich hoch erheben, o baumreiche,
Hehre Mutter der Lokrer!

Erste Epode.

So will ich denn die traute Stadt
Mit des Liedes hellem Strahl beleuchten,
35 Und behender wie stolze Rosse,
Wie das ruderbeschwingte Schiff, allhin
Tragen die Botschaft dieses Siegs,
Wofern ich, bewehrt mit der himmlischen Kunst,
Anbaue den köstlichen Garten der Huldinnen:
40 Die spenden alle
Wonnen: Gnade der Götter gibt
Den Sterblichen Kraft und Weisheit.

Neunter olympischer Gesang.

Zweite Strophe.

Denn wie mochte Herakles sonst
Wohl gegen des Gottes Drei=
45 zack mit mächtigem Arm die Keule schwingen,
Als Poseidon für Pylos kämpfend
Wider ihn andrang,
Als ihn Phöbos mit silberner Wehr
Anstürmend bedrängte,
50 Als in Aides' Hand der Stab
Nicht ruhte, mit dem er
Sterbliche Leiber in hohles Geklüft
Der Todten hinabführt?
Doch fern bleibe mir, Zunge, fern
55 Mit solchem Gerede!
Denn häßliche Weisheit ist es,
Von Göttern Schlimmes zu sagen, und
Prahlen wider Gebühr stimmt

Zweite Gegenstrophe.

Zu den Weisen der Raserei.
60 Nicht schwaze mir Solches jezt;
Laß von Göttern den Krieg und allen Haber
Fern sein: wende das Lied zur Stadt der
Protogeneia
Hin, wo nach dem Geschicke des
65 Donnerschleudernden Zeus einst
Mit Deukalion Pyrrha vom
Parnassos herabstieg,
Wo sie zuerst sich erbauten ein Haus,
Und ohne Vermählung
70 Ein Volk gründeten, Steingeschlecht
Vom Steine geheißen.

Weck' ihnen die hellen Hauche
Des Liedes, lobe den alten Wein,
Doch auch neuer Gesänge

Zweite Epode.

75 Festblüthe. Sagen melden, daß
Der Gewässer Schwall den dunkeln Grund einst
Des Gefildes bedeckt; doch plözlich
Nach dem Rathe des Zeus verschlang ein Schlund
Wieder die Flut. Von jenen stammt
80 Eu'r Ahnengeschlecht mit dem ehernen Schild
Aus ältester Zeit, von Japetos' Urstamme,
Und Söhne stolzer
Kronossprößlinge waren stets
Des heimischen Landes Herrscher,

Dritte Strophe.

85 Bis Olympos' erhab'ner Fürst
Vom Land der Epeier des
Opus Tochter entführte, dann in Liebe
Sich auf Mänalos' Höhen ihr
Verband, und dem Lokros
90 Sie zubrachte, damit die Zeit,
Da nahte der Tod, nicht
Kinderlos ihn entraffe. Jezt
Entwand sich der Gattin
Schooße der göttliche Sproß, und der Held
95 Sah freudig den Pflegsohn,
Hieß dem Vater der Mutter ihn
Gleichnamig, dem Opus,
Den stattlichsten Mann an Schönheit
Und Kraft zu Thaten, und gibt ihm Stadt,
100 Gibt ihm Volk zu beherrschen.

Dritte Gegenstrophe.

Da gesellten sich Fremdlinge
Von Argos und Theben ihm,
Aus Arkadien And're, dann von Pisa;
Doch hoch hielt er vor diesen Gästen
105 Allen Aegina's
Sohn und Aktors, Menötios,
Dessen Sproß, mit des Atreus
Söhnen ziehend in Teuthras' Flur,
Allein mit Achilleus
110 Stand, als Telephos siegend das Heer
Muthvoller Achäer
Auf die Steuer der Schiffe warf,
Daß Kenner Patroklos'
Gewaltigen Troz erkannten.
115 Darauf ermahnt' ihn der Thetis Sohn,
Nimmerdar im Gewühle

Dritte Epode.

Des mordbewehrten Streites sich
In die Kämpferreih'n von seinem Speere,
Dem vertilgenden, fern zu stellen.
120 O fänd' ich ein Lied, um würdig im
Wagen der Musen aufzuzieh'n,
Und folgte mir allesumfassende Kraft
Und Kühnheit! Denn des Lampromachos gastlichen Sinn
Und Tugend feiernd
125 Komm' ich, feiernd den Isthmoskranz,
Da Beide den Sieg errangen

Vierte Strophe.

Mit einander an Einem Tag.
Zwei andere Wonnen dann

4*

Kränzten dort an Korinthos' Thoren, and're
130 Bei Nemeia den Epharmostos
Unten im Thalgrund:
Argos reichte dem Mann den Preis,
Dem Knaben Athenä.
Und wie stand er in Marathon,
135 Kaum Jüngling geworden,
Wider bejahrtere Ringer im Kampf
Um Silberpokale!
Als er fest mit behender List
Die Männer gebändigt,
140 Wie schritt er umrauscht von Jubel
Den Kreis durch, blühend und schön und der
Schönsten Thaten Vollbringer!

Vierte Gegenstrophe.

Dem parrhasischen Volke dann
Erschien er bewundernswerth
145 Dort an Zeus', des Lykäers, Völkerfeste,
Und als wider die kalten Lüfte
Wärmende Schuzwehr
Ihm Pellana gewährte. Wohl
Bezeugt Iolaos'
150 Grabmal auch und Eleusis am
Seestrande den Sieg ihm.
Was die Natur gibt, ärntet den Kranz;
Doch trachtet im Volke
Mancher Ruhm zu gewinnen durch
155 Erlernte Verdienste.
Was ohne der Götter Hülfe
Geschieht, ist, wenn man's in Dunkel hüllt,
Nicht werthloser. Ein Weg ja

Vierte Epode.
Führt weiter als der andre Weg,
160 Und das gleiche Streben hebt nicht Alle.
Steil geh'n der Vollendung Pfade.
Doch bringst du dem Freunde den Kampflohn,
Rufe mit kühner Stimme laut:
„Er ward durch die Gnade der Götter ein Held,
165 Handfertig, gelenk an den Gliedern, im Blick voll Muth,
Hat Ajas' Herd, des
Oeleussohnes, am Festgelag
Mit Kränzen geschmückt ein Sieger!"

Zehnter olympischer Gesang.

Auf Agesidamos, den epizephyrischen Lokrer,
den Sieger im Faustkampfe der Knaben.

 Agesidamos, der Sohn des Archestratos, war ein Lokrer aus der Pflanzstadt, welche die ozolischen Lokrer in Unteritalien am westlichen Vorgebirge Zephyrion gegründet hatten, woher ihnen der Name der Epizephyrier (der am Zephyrion) ward. Das kleine Gedicht wurde wohl gleich nach dem Siege für die Feier in Olympia verfaßt; ein größeres sollte nach der Verheißung des Dichters V. 11 ff. für die Feier in Lokroi folgen, ward aber erst spät, jedoch mit um so größerer Sorgfalt ausgearbeitet, in der elften olympischen Ode nachgeliefert.

Strophe.
Oft erscheint den Menschen belebender Windhauch
Heilsam, oft auch Wasser, dem Himmel entströmt,
Regenguß, der Sohn des Gewölks.
Doch den Mann, den Sieg nach Arbeit krönte, verherr
   licht des Liedes
5 Holder Laut, nachblühenden
Ruhms Beginn, ein treues Unterpfand dem erhab'nen Ver
   dienst.

Gegenstrophe.
Solcher Kranz welkt nie dem Olympiasieger,
Keinem Neid erreichbar, und freudig verlangt
Unser Mund zu pflegen den Schmuck.
10 Blühen doch durch Gottes Huld stets weise Gedanken im Herzen.

Zehnter olympischer Gesang.

Wisse nun, Archestratos'
Sohn, Agesidamos, weil du siegtest im Kampfe der Faust,

Epode.

Werde zum goldenen Oelzweige süßen Liedes
Zierde gefügt, im Gesange
15 Hoch zu verherrlichen deiner westlichen Lokrer Geschlecht!
Dort, o Musen, führet mit die Reigen an,
Und ich will's verbürgen, kein ungastlich Volk,
Kein dem Schönen fremdes, nein,
Tapfere Männer und einsichtreiche sollt ihr finden; denn
20 Weder mag der Fuchs im rothen
Pelze noch der brüllende
Leu der Urart Weise wandeln.

Elster olympischer Gesang.

Auf Agesidamos, den epizephyrischen Lokrer,
dem Sieger im Faustkampfe der Knaben.

Man vergleiche die Einleitung zu der vorangehenden Ode. Der Inhalt der vorliegenden ist dieser. Von dem Preise der Vaterstadt des Siegers, die sich durch Gerechtigkeit, Kunstliebe und Tapferkeit auszeichne, wendet sich der Dichter zum Lobe des Siegers selbst, der, obwohl der Kampf ihm große Anstrengung gekostet, dennoch durch seinen Kampflehrer Ilas, wie Patroklos durch Achilleus, ermuntert und angefeuert, den Sieg errungen habe. Dieser Sieg in Olympia gibt ihm dann Veranlassung zu einer genauen Beschreibung der ersten Feier dieser Spiele und ihrer Stiftung durch Herakles nach Besiegung des Augeas, worauf er die ersten Sieger in den verschiedenen Kampfarten jener Wettspiele feiert, und zuletzt wieder auf das Lob des Agesidamos und seines Volkes zurückkommt.

Erste Strophe.

Des Archestratos Sohn, den Sieger Olympia's,
O leset nach, wo ich in meinem Geist
Ihn eingegraben!
Denn ich vergaß ihm, was ich ihm schulde,
5 Süßen Gesang. Auf denn,
Musen, und Wahrheit du,
Des Zeus Tochter, wehrt des Trugs arge Schmach,
Der frevelnd Gastfreunde täuscht,
Von mir ab mit erhob'ner Hand!

Erste Gegenstrophe.

10 Denn die lange Verfallzeit schreitet von fern' heran,
Und weckt mir Scham über die tiefe Schuld.

Doch kann vom herben
Tadel mich wohl der wuchernde Zins noch
Lösen. Wohin nunmehr
15 Soll den geschleuderten Stein,
Wohin wälzen des Gesangs jäher Strom?
Wohin bezahl' ich den Dank
Des Lieds Allen zu süßer Lust?

Erste Epode.
Es waltet in der Gemeine der Lokrer Recht und Biederkeit;
20 Sie, sie pflegen der Muse Gesang,
Und huldigen dem Ares. Doch es zwang
Selbst den gewaltigen Herakles
Einst Kyknos. O danke,
Wie Patroklos dem Achilleus,
25 Dem Ilas der Kämpe der Faust,
Agesidamos, für
Den olympischen Sieg!
Ja, wenn du geborene Helden entflammst,
So führst du sie hoch zu des Ruhms
30 Gipfel empor, ein Gott zeigt dir die Bahn!

Zweite Strophe.
Doch die Freude, von Harm frei, kosteten Wenige,
Dies Lebenslicht, heller denn jede That.
Den hohen Kampf im
Liede zu feiern, mahnen Kronions
35 Satzungen mich, den Kampf,
Welchen Herakles' Gewalt
Am Grabmal des Pelops einst aufgestellt.
Er schlug des Meergottes Sohn,
Den untadlichen Kteatos,

Zweite Gegenstrophe.

40 Und den Eurytos, daß ihm Augeas' Uebermuth,
Gedrängt von ihm, seinen bedung'nen Lohn
Entrichte. Lauernd
In den Gebüschen unter Kleonä,
Zwang und erschlug auch sie
45 Herakles, nahe dem Weg,
Sie, die früher ihm das Heer aus Tirynth
Einmal vertilgt hatten, als
Es still lagert' in Elis' Schlucht,

Zweite Epode.

Die trozigen Molionen. Und weil er seinen Gast getäuscht,
50 Sah bald dann der epeiische Fürst
Das heimische gesegnete Gefild'
Unter verheerenden Feuers Glut
Und den Schlägen des Mordstahls
In die Grube der Vernichtung
55 Hinsinken, die eigene Stadt.
Wohl ist es schwer, dem Streit
Mit den Starken entfliehn.
Auch jener Bethörte ja sah sich zulezt
Erliegen, gefangen im Kampf,
60 Daß er dem jähen Tod nimmer entrann.

Dritte Strophe.

Er versammelt in Pisa nun das gesammte Heer
Und alle Kriegsbeute, der starke Sohn
Des Zeus, vermaß dort
Einen geweihten Raum für den großen
65 Vater, umhegt ihn rings,
Scheidet in offnem Gefild
Den Altis aus, bestimmt rundumher

Das Feld zu Festschmaus und Rast,
Und ehrt Alpheos' Strom zugleich

Dritte Gegenstrophe.

70 Mit den Göttern, den zwölf Herrschern. Auch Kronos' Höhn
Benennt er; denn ohne den Namen einst,
Als noch Oenomaos
Waltete, troff der Hügel, umstürmt von
Flocken des Winters. Hier
75 Schirmend des Festes Geburt
Zu weih'n, standen des Geschick's Mächte nah,
Gesellt der Zeit, die allein,
Von Trug ferne, die Wahrheit lehrt.

Dritte Epode.

Sie meldete getreulich und wahr, fortwandelnd ihre Bahn,
80 Wie dort aus dem gewonnenen Raub
Absondernd er die Erstlinge dem Gott
Weihte, darauf einsezte die
Fünfjährige Festzeit,
Die Olympias beginnend
85 Und der Sieger Bekränzungen.
Wer hat zuerst den Kranz
Sich, den frischen, erkämpft
Mit Händen, mit Füßen, im Wagenlauf,
Mit Ruhm sich geschmückt und des Siegs
90 Ehre gewonnen durch rüstige That?

Vierte Strophe.

In dem Stadion siegreich auf der geraden Bahn,
Gewann's im Schnellaufe Likymnios'
Sprößling, Oeonos:
Führend ein Heer, kam er von Mideia.
95 Sieger im Ringspiel war

Echemos, Tegea's Ruhm.
Im Faustkampf errang den Preis Doryklos,
Der aus Tirynth kam, der Stadt,
Im vierspännigen Wagen dann

Vierte Gegenstrophe.

100 Halirothios' Sohn, Samos von Mantinea.
Zum Ziele traf Phrastor im Lanzenwurf.
Weit schwang Enileus
Hoch in die Lüfte wirbelnd den Diskos
Ueber sie all' hinweg,
105 Und in der Freunde Gewühl
Erscholl lauter Jubelruf. Pisa's Flur
Umfing des Monds heller Blick
Mit holdseligem Abendlicht.

Vierte Epode.

Bei wonnigen Gelagen ertönte da der ganze Hain
110 Von siegfeiernder Lieder Gesang.
Doch früherem Geseze mich auch heut
Fügend, gedenk' ich in Weisen, werth
Des gewaltigen Sieges,
Zu verherrlichen den Donner
115 Und das feuriggeschwungene
Geschoß des Donnerers,
Den zu jeglichem Sieg
Gerüststeten flammenden Wetterstrahl.
Die schmelzende Weise des sanft=
120 hallenden Liedes antworte dem Rohr!

Fünfte Strophe.

Von der preislichen Dirka Wellen erscheint es spät,
Doch gleich dem Sohn, den die Gemahlin noch
Dem Vater schenkt, der

Ueber den Lenz der Jugend hinausschritt:
125 Liebe durchglüht ihm heiß
Um den Ersehnten das Herz.
Denn Reichthümer, die an Herrn andern Stamms,
In fremde Hut übergehn,
Sind Hinscheidenden grause Qual.

Fünfte Gegenstrophe.

130 Und wo sonder Gesang nach rühmlicher That ein Held
In Hades' Haus wandelt hinab, umsonst,
Agesidamos,
Rang er, mit kurzer, spärlicher Lust nur
Lohnte der Schweiß ihm. Dir
135 Streut unvergänglichen Reiz
Des Rohrs und der Lyra süßstimmiger Hall,
Und deinen Ruhm tragen weit
Die Pieriden, die Töchter des Zeus.

Fünfte Epode.

Ich, ihnen mich gesellend, umfing in Liebe das Geschlecht
140 Der hochherzigen Lokrer, die Stadt,
Die blühende, mit Honig zu bethau'n.
Dich, des Archestratos holder Sohn,
Dich preis' ich: ich sah es,
Wie du siegtest mit des Arms Kraft
145 Am Herd in Olympia;
Du warst in jener Zeit
Die schönste Gestalt,
Umwoben von blühender Jugend, die
Durch Huld Aphrodita's einst
150 Von Ganymedes abwehrte den kühnen Tod.

Zwölfter olympischer Gesang.

Auf Ergoteles aus Himera,
dem Sieger im langen Laufe.

Ergoteles, der Sohn des Philanor, war in der kretischen Stadt Knossos geboren. Einheimischer Aufruhr zwang ihn, nach Himera auf Sicilien zu fliehen, wo er das Bürgerrecht erhielt, weßwegen er auch, wie die Alten bemerken, sich in den Spielen als Himeräer ausrufen ließ. Pausanias erwähnt von ihm zwei olympische und eben so viel pythische, isthmische und nemeische Siege. Die vorliegende Ode feiert seinen ersten olympischen Sieg im „langen Laufe," wo das Stadion mehrmals umlaufen ward.

Strophe.

Höre mich, o Kind des befreienden Zeus,
Schirmend schweb' um Himera's mächtige Veste, rettendes
    Glück!
Du ja steuerst auf der See rascheilende
Schiffe, lenkst auf festem Grund wildstürmenden Krieg,
5 Lenkst die Rathversammlungen: doch mit den Menschen
Rollt der Hoffnung schwankend Boot
Durch nichtigen Truges Gebiete
Oft hinauf und oft hinab.

Gegenstrophe.

Noch hat niemals Einem des Erdengeschlechts
10 Sichre Zeichen über die werdenden Ding' erschlossen ein Gott,
Und in Zukunftsferne bringt kein ird'scher Blick.
Oft ja wider Hoffen fiel der Sterblichen Loos,

Und die Freude wandte sich ab; und ein Andrer,
Den der unheilvolle Sturm
15 Fortraffte, vertauschte das Leid mit
Hohem Glück nach kurzer Frist.
Epode.
Wahrlich, o Sohn des Philanor, wie dem Hahne,
Welcher im Hofe daheim kämpft,
Wäre dir der Füße Ruhm
20 Ungekrönt am heimischen Herd in die Lüfte verweht,
Wenn männerempörender Streit dir
Nicht die Heimat Knossos raubte.
Aber nun bekränzt in Olympia, zu
Pytho zweimal und am Isthmos, preisest du wohl
25 Deiner Nymphen warmen Born, Ergoteles,
Wandelnd auf den eignen Fluren.

Dreizehnter olympischer Gesang.

Auf Xenophon aus Korinthos,
den Sieger im Bahnlauf und im Fünfkampfe.

Xenophon, der Sohn des Thessalos, gehörte zu dem Hause der Oligäthiden in Korinthos. Dieses Geschlecht hatte in den griechischen Kampfspielen zahlreiche Siegeskronen errungen; Xenophon selbst hatte in den Isthmien zweimal, in den Nemeen und in vielen kleineren Spielen gesiegt, so wie sein Vater und Großvater und noch andere Glieder der Familie an vielen Orten Sieger gewesen waren. Das Lied ist vorzugsweise Loblied auf Korinthos, und scheint hier öffentlich gesungen worden zu sein, wahrscheinlich in Gegenwart des Dichters, der von der ganzen Stadt, nicht bloß von dem Hause der Oligäthiden, zu dem Siegesfeste geladen war.

Der (einfache) Bahnlauf bildet den Gegensaz gegen den langen Lauf, der mehrmals um das Stadion herumging. Der Fünfkampf war aus fünf Arten der Wettkämpfe zusammengesezt, in welchen allen zugleich siegen mußte, wer den Preis erringen wollte. Diese waren 1) das Laufen, Reiten und Fahren, das unter Einem Worte (δρόμος, Lauf) begriffen ward; 2) das Springen; 3) das Werfen des Diskos (der Wurfscheibe) nach einem Ziele; 4) das Zielschießen mit dem Wurfspeere; 5) das Ringen. Der Name Fünfkampf blieb, auch als in der dreiundzwanzigsten Olympiade der Faustkampf hinzukam.

Erste Strophe.

In Olympia dreimal
Mit Sieg gekrönt, Bürgern, Fremdlingen hold ist
Das Haus, von welchem wir singen, und mit ihm
Preis' ich Korinth voll blüh'nder Jünglinge,

Dreizehnter olympischer Gesang

5 Den beglückten Vorhof des Poseidon am Isthmos.
Hier wohnt Eunomia, wohnen
Ihre Schwestern, Säulen der Städte, die nie wanken, wohnt
Das Recht und von sanftem Gemüth
Der Friede, die Wahrer des Reichthums,
10 Sie, der hochweisen Themis goldnes Geschlecht.

Erste Gegenstrophe.

Sie verlangen dem Hochmuth,
Des Frevelgeists kecken Vater, zu wehren.
Viel Schönes darf ich verkünden: kühner Muth
Erregt zu stolzem Worte mir den Mund.
15 Des Gemüthes Urart ist schwer zu verbergen.
Doch euch, ihr Kinder Aletens,
Lieh'n sie oft siegprangenden festlichen Glanz, weil ihr euch
In heiligen Kämpfen voran
Durch herrliche Tugenden schwanget,
20 Pflanzten oft Männerweisheit früherer Zeit

Erste Epode.

In die Herzen, die blühenden Horen.
Denn Jegliches dankt man dem ersten Finder.
Sprecht, woher entsprang dionysische Lust,
Wo der Dithyrambos zum Lohne den Stier reicht?
25 Wer verlieh der Zügel Maß dem Roßgeschirr,
Setzte dich auf Tempelgiebel,
König der Vögel, zu zweien? Es blüht
Hier der Muse süßes Lied,
Hier der Schlachten grauser Gott
30 Durch der Jugend wilde Lanzen.

Zweite Strophe.

O gewaltiger Herrscher
Olympia's, neige meinen Gesängen

In allen Zeiten, o Zeus, huldreich das Ohr;
Vor Leid bewahre dieses Volk, und gib
35 Dem Geschicke Xenophons günstigen Fahrwind!
Empfange freundlich den Festzug,
Den er heim aus Pisa geleitet, mit Siegskränzen geschmückt,
Im Rennen der Bahn und im Fünfkampf
Sieger zumal: er errang sich
40 Einen Preis, wie zuvor kein Sterblicher noch!

Zweite Gegenstrophe.

In den Spielen am Isthmos
Umrankten ihn zweimal Eppichgewinde,
Den Helden; Gleiches bezeugt ihm Nemea.
Noch glänzt der Ruhm des Vaters Thessalos
45 In der stolzen Rennbahn am Strom des Alpheios.
Zu Python ward ihm an Einer
Sonne der Preis in schlichtem und doppeltem Lauf. Dreimal flocht
Im selbigen Monde noch Ein
Rascheilender Tag vor Athen's
50 Felsen ihm schönsten Ruhmes Kranz um das Haupt,

Zweite Epode.

Hellotis umwand ihn mit sieben.
An dem wogenumrauschten Spiel Poseidons
Feiert einst Plödoros, den Vater, des Lieds
Fülle, preist den Terpsias, preist Eritimos.
55 Und wie oft sah Python euch im Siegerkranz,
Und des Löwen Waldgehege!
Wahrlich, ich wette mit Vielen, wie viel
Kronen schon euch schmückten; doch
Sicher kann ich, traun, am Meere
60 Nicht die Zahl der Kiesel nennen.

Dritte Strophe.

Und in Allem geziemt sich
Das Maß; die Zeit wohl zu achten, ist weise.
Ich Einzler, in die Gemeinde jetzt gesandt,
Will, nun ich eurer Ahnen klugen Geist,
65 Der Heroen Hochsinn im Kampfe verkünde,
Nicht lügen über Korinthos:
Sisyphos erheb' ich, den Weisen, an Rath Göttern gleich,
Und welche, dem Vater zu Troz,
Dem Feind sich vermählte, Medeia:
70 Argo's Schiff samt den Männern rettete sie!

Dritte Gegenstrophe.

Sie bestanden in beiden
Kriegsheeren einst auch vor Darbanos' Mauern
Mit hoher Kraft und entschieden kühn den Kampf,
Vereint mit Atreus' liebem Stamme die,
75 Menelaos' Weib heimzuholen, die Andern,
Mit Macht es wehrend. Vor Glaukos'
Arm, des Lykers, bebten die Danaer. Da rühmte der,
Daß dort in der Burg an dem Quell
Peirene des Ahnes Gebiet sei,
80 Dort des Erbschazes Fülle, dort der Palast.

Dritte Epode.

Der strebte den Pegasos einmal,
Der geschlängelten Gorgo Sohn, am Brunnquell
Einzufah'n und duldete Vieles fürwahr,
Bis den Zaum mit goldenen Spangen die Jungfrau
85 Brachte, Pallas. Aus dem Traumbild ward sofort
Wirklichkeit. Sie sprach: „du schlummerst,
König vom Stamme des Aeolos? Hier
Nimm den Rossezauber, ihn

Zeige deinem reisigen
90 Vater, opfernd weiße Stiere."

Vierte Strophe.

In dem nächtlichen Traume
Schien ihm die Jungfrau mit dunkelem Schilde
Dies Wort zu sprechen; er sprang aufrecht empor,
Griff nach dem Wunderzaum, der nahe lag,
95 Und begegnete freudvoll dem heimischen Seher,
Erzählte Köranos' Sohne
Treu den Hergang, meldete, wie er, gemäß seinem Spruch,
Die Nacht an der Göttin Altar
Geschlummert, und wie sie das Gold ihm
100 Selbst gereicht, Zeus', des blizeschleudernden, Kind,

Vierte Gegenstrophe.

Den Bezähmer des Trozes.
Der Seher hieß ohne Weile dem Traumbild
Ihn folgen, hieß ihn dem erdumgürtenden,
Gewaltigen Gott den Farren opfern und
105 Den Altar sofort bau'n der reisigen Pallas.
Erschafft doch göttliche Macht auch
Wider Eidschwur, wider Erwarten ein mühloses Glück.
So fing er in stürmischem Lauf,
Der gewaltige Bellerophontes,
110 Rasch des Zaums sanften Bann ihm schlingend um's Kinn,

Vierte Epode.

Das geflügelte Roß und bestieg es
In der ehernen Wehr und begann sein Kampfspiel,
Flog mit ihm und schleuderte nieder und traf
Aus dem kalten Schooß der veröbeten Lüfte
115 Auch der Amazonen wurffpeerschwingend Heer,
Zwang Chimära's Flammenhauche,

Tödtete Schaaren des Solymervolks.
Seinen Tod verschweigt mein Lied;
Dort das Roß empfangen Zeus'
120 Alte Krippen im Olympos.

Fünfte Strophe.

Doch ich muß die Geschosse
Gerad' hinaus senden, nicht an dem Ziele
Die vielen Pfeile vorüberschnellen; denn
Den Musen ja, den herrlichthronenden,
125 Oligäthos' Hause zu dienen erschein' ich
Am Isthmos und zu Nemeia.
Großes sei mit wenigen Worten enthüllt: eidlich ist
Mir Zeuge des trefflichen Herolds
Redlicher Ruf, der an beiden
130 Orten schon sechzigmal süßstimmig erscholl.

Fünfte Gegenstrophe.

Den olympischen Thaten
Ertönte schon früher unser Gesang hier.
Was künftig noch sich begibt, enthüll' ich dann.
So hoff' ich nun; doch ruht in Gottes Schooß
135 Der Erfolg. Verbleicht nicht der Stern des Geschlechtes,
So stellen wir Zeus die Vollendung
Und dem Gott der Schlachten anheim. An des Parnassos
        Stirn,
Um Argos, in Thebe, wie groß!
Wie häufige Siege bezeugen
140 Zeus', des Lyhäers, Herd, Arkadia's Fürst,

Fünfte Epode.

Pellana mit Sikyon, auch
Megara dort und der Aeakiden Festhain,
Dann Eleusis, Marathon, leuchtend in Glanz,

Auch an Aetna's ragenden Höhen die reichen
145 Städte samt Euböa! Durch ganz Hellas hin
Forsche, bald erspähst du Größ'res,
Als du zu fassen vermagst. Wohlan,
Laß sie fortan leichten Schritts
Wandeln, Zeus, gib fromme Scheu
150 Und des Glückes süße Freuden!

Vierzehnter olympischer Gesang.

Auf Asopichos aus Orchomenos,
den Sieger im Wettlaufe der Knaben.

Asopichos, der Sohn des Kleobamos (Kleubamos), aus Orchomenos, der Stadt dieses Namens in Böotien, am Einflusse des Kephissos in den kopaischen See, jenem uralten Sitze des Herrscherstammes der Minyer, hatte in der sechsundsiebenzigsten Olympiade als Jüngling im Wettlaufe gesiegt. Zu Verherrlichung seines Helden ruft der Dichter die Chariten an als die Schutzgottheiten der Stadt. Denn ein König der Gegend, Eteoklos, der Sohn des Stromes Kephissos, soll zuerst in Orchomenos den Huldgöttinnen geopfert haben; hier also, in der Heimat des Siegers, war ihr ältester Dienst. Die Namen der drei Huldgöttinnen, der Kinder des Zeus und der Eurynome, nennt bereits Hesiodos, welchem Pindar folgt, in der Theogonie V. 906:

Auch drei Chariten gab ihm Eurynome, rosige Jungfraun,
Thalia, lieblich an Wuchs, Euphrosyne, sammt der Aglaja.

Strophe.

Ihr hohen Chariten, an Kephissos' Wassern
Thronend im rossestolzen Wohnsitz,
Ewig geprief'ne Königinnen der hehren
Stadt Orchomenos, die ihr schirmt der Minyer altberühm=
ten Stamm,
5 Höret mich flehen! Denn mit euch kommt jegliches Liebliche,
Wonniglich Erquickende zu den Sterblichen herab,
Leuchten sie groß an Verstand, an Adel und Schönheit.
Auch die Götter zieh'n nicht ohne die heiligen

Charitan weder zu Tanz
10 Noch zu Mahlen; denn sie schaffen daheim
Im Himmel jedes Werk; beim Gott
Mit goldstrahlendem Bogen, dem
Pythischen Apollon, steht ihr Thron,
Wo sie den ewig jungen
15 Ruhm des olympischen Vaters feiern.

Gegenstrophe.

Erhab'ne Göttin Aglaja, Liederfreundin
Thalia, hört, des höchsten Gottes
Kinder, o hört mich jezt, Euphrosyna, höre,
Freundin des Liebes, du siehst ja diesen Reigen, des hol-
den Glückes froh,
20 Schwebenden Trittes nahen: kam ich doch, den Asopichos
In lydischem Gesange zu verherrlichen, heran;
Denn in Olympia ward die Minyerveste
Siegerin durch dich. Geh' izt in Persephone's
Düstere Hallen hinab,
25 Echo: wenn du dort Kleudamos erblickst,
Den Vater, bring' ihm dann vom Sohn
Das ruhmvolle Gerücht, wie der
In Pisa's hochgepries'ner Bucht
Sich mit den Schwingen stolzer
30 Kämpfe die jungen Locken krönte.

Anmerkungen
zu den olympischen Siegesgesängen.

Erster olympischer Gesang.

Vers 1. Der Sinn ist: wie das Wasser die herrlichste Gabe der Natur, wie das Gold aller Güter bestes, und die Sonne das hellste Gestirn ist, das alle andern überglänzt: so ragt der olympische Wettkampf unter den übrigen Wettkämpfen hervor.

" 14. Unter den Weisen sind die Dichter gemeint, von welchen außer Pindar noch andre am Hofe des Hieron sich aufhielten, wie Aeschylos, Bakchylides, Simonides.

" 17. Des Kronos Sohn ist Zeus Olympios, der Herr und Beschützer der Spiele, in welchen Hieron gesiegt.

" 28. Pisa, ein von Pelops gegründeter Ort bei Olympia in Elis, von Pindar oft für Olympia gebraucht.

" 32. Der Alpheos (mit kurzer Mittelsylbe) oder Alpheios, Strom bei Olympia.

" 39. Unter der Pflanzstadt des Pelops ist zunächst Pisa in Elis gemeint.

" 41. Die in der Einleitung erwähnte Sage von der Schlachtung des Pelops verwirft der fromme Dichter als eine der Götter unwürdige Rohheit, und deutet sie so um: Poseidon habe den Pelops, welchen Klotho, die Göttin des Schicksals und der Geburt, mit weißschimmernder Schulter aus der heiligen Badewanne hervorgezogen, wegen seiner Schön-

Anmerkungen.

heit am Mahle liebgewonnen und zu sich emporgehoben, wie Zeus den Ganymedes: vgl. B. 71 f.

Vers 62. **Zu dem tadellosen Mahl**, im Widerspruche mit dem, was die Sage meldete, weil bei diesem Mahle kein Gräuel vorfiel, wie der vom Mythos erwähnte.

- 63. **Sipylos**, die Königsstadt des Tantalos in Lydien an einem gleichnamigen Berge.

- 96. **In vierfältigem Unheil**. Denn zu den drei Mühen, die aus der homerischen Sage hervorgehen, zu Hunger, Durst und Ermüdung durch Stehen, kam noch die vierte, die Furcht vor dem über seinem Haupte schwebenden Felsen.

- 110. Daß sein Sohn Pelops wieder in die Sterblichkeit kam, war gleichfalls eine Strafe für Tantalos.

- 111. Pelops, zum Manne reifend, will Hippodameia, die Tochter des Königs Oenomaos, freien. Dieser verlangte von jedem Freier, daß er mit ihm im Wagenrennen kämpfe, ließ ihn voranfahren, eilte dann nach, mit einer Lanze bewehrt, und wenn er ihn eingeholt, warf er die Lanze nach ihm. So waren bereits dreizehn Freier gefallen. Aber Pelops, mit Hülfe seines alten Gönners Poseidon, des Vorstehers der Rossezucht, und von Hippodameia selbst, die neben ihm im Wagen saß, ermuntert, gewann den Sieg über Oenomaos und erhielt seine Tochter, mit welcher er sechs Söhne zeugte, darunter Atreus und Thyestes.

- 149. Am Grabmale des Pelops, dessen Gebeine in einem ehernen Sarge bewahrt wurden, opferte man dem Geiste des alten Königs blutige Opfer, schwarze Widder nach Pausanias 5, 13, 2. Es lag nahe dem großen Altare des Zeus, und später wurden in seiner nächsten Umgebung die Spiele von Herakles eingesetzt.

- 182. Das Kronion, bemerkt ein alter Ausleger, ist das Hochgebirge bei Pisa. Um den kronischen Hügel werden die olympischen Spiele begangen.

———

Anmerkungen.

Zweiter olympischer Gesang.

Vers 4. Als Gott wird Zeus, der Beschützer der olympischen Spiele, als Heros ihr Gründer, Herakles, genannt; als Sterblicher reiht sich ihnen Theron an, der Sieger in jenen Kampfspielen, welchen er jezt besingt.

6. Herakles gründete die olympischen Spiele von der Kriegsbeute, die er dem König Augeias in Elis abgenommen hatte. S. zu Olymp. 11, 38.

16. Am Strome, der selbst Akragas hieß, ward Akragas erbaut, ursprünglich eine Pflanzstadt von Gela, nach Syrakus die zweite Stadt Siciliens.

22. Der Kronide ist Zeus, des Kronos und der Rhea Sohn.

24. Die Krone der Kampfspiele sind die olympischen, die am Strom Alpheios gefeiert wurden.

40. Daß auf das Unglück das Glück folge, wird an den Töchtern des Kadmos gezeigt, an Semele und Ino. Jene ward durch Zeus Mutter des Dionysos; diese, von ihrem rasenden Gemahl Athamas verfolgt, stürzte sich mit ihrem Sohne Melikertes vom lechäischen Felsen in's Meer, und ward zur Seegöttin Leukothea.

71. Der Sohn ist Oedipus, der seinen ihm unbekannten Vater, den König von Thebä, Lajos, erschlug.

76. Die Söhne des Oedipus, Eteokles und Polyneikes, gaben sich im Kampf um Thebä gegenseitig den Tod.

78. Die Mutter des Thersandros war Argeia, die Tochter des Adrastos, Königs von Argos. Thersandros wird der Schirm des Adrastidenstammes genannt, weil, nachdem der Sohn des Adrastos im Kampfe gefallen war, nur noch die Enkel von seinen Töchtern zum Schutze des Hauses übrig waren.

91. Der Bruder des Theron war Xenokrates, dessen Rosse in den Pythien und Isthmien gesiegt hatten.

98. Reichthum umfaßt bei Pindar auch was in seinem Gefolge erscheint: neben großen Mitteln auch Macht und Ansehen. Sodann Tugend nächst der Tüchtigkeit des

Anmerkungen

Leibes und der Seele zu Allem, was damals als rühmlich galt, auch was dadurch gewonnen wurde, hauptsächlich Siege in den heiligen Spielen und in ihrem Gefolge Ruhm und Ehre. Daher diese Begriffe oft auf einer Linie und statt einander gebraucht werden. Es umfassen also Reichthum und Tugend im Verein — Alles, was der Mensch Wünschenswerthes erlangen konnte, und sind zugleich das Unterpfand jedes Gedeihens. Thiersch.

Vers 105. **Er kennt die Zukunft**, d. h. das in dem Folgenden näher beschriebene zwiefache Loos in der vergeltenden Ewigkeit.

, 108. **Des Zeus Reich** ist die Oberwelt, die Erde.

, 128. Nach der Lehre des Pythagoras gelangen die Seelen zu der höchsten Stufe der Seligkeit erst, wenn sie eine dreimalige Wanderung durch die Erde und den Hades durchlaufen und sich auf diese Weise geläutert haben.

, 129. **Den Pfad des Zeus**, den Himmelspfad; denn er geht durch den Aether.

, 130. **Kronos**, der anderwärts in den Tartaros gesetzt wird, hat hier in den Eilanden der Seligen seine Veste, weil unter seiner Herrschaft auf der Erde das goldene Zeitalter blühte, das hier gleichsam zum zweitenmale wieder aufblüht.

, 140. Rhadamanthys, der Todtenrichter in der Unterwelt.

, 144. Rhea thront am höchsten als die Mutter aller Götter.

, 145. Kadmos und Peleus hatten sich durch ihren unsträflichen Wandel auf Erden eines Sitzes im Eilande der Seligen würdig gemacht, während es zu der Aufnahme des Achilleus, der zwar ein Held, aber jähzornig war, einer Fürbitte seiner Mutter, der Meergöttin Thetis, bedurfte.

, 151. Kyknos, ein Sohn des Poseidon, der mit Schiffen gekommen war, den Troern im Kampfe zu helfen, wurde von Achillens erschlagen, als er den Hellenen die Landung wehrte.

, 152. Memnon, der Eos Sohn, König der Aethiopen, zog nach Hektors Tode den Troern zu Hülfe und ward von Achilleus erlegt.

Anmerkungen.

Vers 177. Das Lob des Dichters wird durch das Zeugniß der Geschichte bestätigt. Diodor von Sicilien sagt: Theron, weil er seine Herrschaft mit weiser Mäßigung führte, genoß bei seinem Leben großer Liebe und Achtung unter den Bürgern und gewann nach seinem Tode die Verehrung eines Heros.

Dritter olympischer Gesang.

Vers 1. Die Söhne des Tyndaros (nach anderer Sage des Zeus) und der Leda, Kastor und Polydeukes, werden nebst ihrer Schwester Helena vom Dichter angerufen, da sie mit Herakles, der sie zu Schutzherren der olympischen Spiele bestellt hat (V. 64 ff.), bei dem Feste Therons als gegenwärtig gedacht werden: vgl. V. 61 ff.

— 12. Die „gottempfangne Schuld" bezeichnet die von dem siegverleihenden Gotte dem Dichter auferlegte Pflicht, den Theron zu besingen.

— 21. Der „Mann ätolischen Stammes" ist der Kampfrichter (Hellanodikes), der immer ein Bürger aus Elis sein mußte. Der Aetoler Oxylos, welcher den Herakliden bei ihrer Eroberung des Peloponnesos beigestanden, hatte von diesen zur Belohnung dafür die Herrschaft über Elis empfangen; daher die Bürger von Elis auch Aetoler heißen. Freilich war Theron bei dem Kampfe zu Olympia persönlich nicht zugegen gewesen, hatte also auch selbst den Kranz nicht in Empfang genommen, erschien aber nun mit diesem geschmückt am Festmahle.

— 34. Mena (die Mondgöttin Selene) ließ in der Mitte des Monats ihm ihr volles Auge, die volle Scheibe des Mondes, entgegenleuchten. Denn vor dem Tage des Vollmondes wurden die olympischen Kampfspiele gehalten, so daß der letzte Tag derselben mit dem Vollmonde zusammenfiel.

Vers 40. **Pelops** heißt der Ironische, weil er durch seinen Vater Tantalos sein Geschlecht auf Kronos zurückleitete.

„ 47. **Leto's rossebeflügelndes Kind**, Artemis, nahm den Herakles auf, als er auf den Bergen Arkadiens die goldgehörnte Hindin jagte, welche die spartische Bergnymphe Taygeta der Artemis, die sie den Nachstellungen des Zeus entzogen, aus Dankbarkeit geweiht hatte. Diese Hindin zu jagen, war eine der zwölf Arbeiten, welche Eurystheus, König von Mykenä, dem Herakles auferlegt hatte.

„ 66. **Die Emmeniden**, bemerkt der alte Ausleger, sind das Haus (oder Geschlecht) des Theron. Ein Telemachos löste die Gewaltherrschaft des Phalaris in Akragas auf und gewann die königliche Würde. Sein Sohn war Aenesidamos, der Vater des Theron. Uebrigens schreibt der Dichter den Sieg des Theron den Tyndariden zu, weil sein Geschlecht ihrem Dienste besonders ergeben war. Der siegverleihende Gott in Olympia war eigentlich Zeus; aber auch andere Götter vermitteln wenigstens solche Gunst bei Zeus für ihre frommen Diener.

„ 77. **Eine bei Pindar häufige Metapher.** Der Sinn ist: Theron hat das äußerste, Menschen erreichbare, Ziel gefunden. Als Herakles, fabelte man, zu den beiden Bergen Kalpe und Abyla, die gegen einander über die Meerenge bei Gibraltar bilden, gelangt war, richtete er zwei große Säulen auf als Denkmale seiner Wanderungen bis zur westlichen Gränze der Welt.

Vierter olympischer Gesang.

Vers 1. Nachhomerische Dichter geben dem Zeus einen mit Rossen bespannten Donnerwagen, auf welchem der Gott einherfährt.

„ 3. Der Sinn ist: die kreisenden Stunden des Jahres haben dein Fest, das Fest in Olympia, wiedergebracht und auch

Anmerkungen.

mich dahin gezogen, daß ich beim Kampfe zeuge, den Sieg besinge. Die Horen tanzen nach Gesang und Leier, da man in der regelmäßigen Abwechselung der Zeiten eine Harmonie fand.

Vers 10. Der Zeus des Aetna wird angerufen, weil der Sieger aus Sicilien war.

" 11. Der Aetna heißt die Bürde des hundertshäuptigen Riesen Typhon, weil er ihm der Sage nach von Zeus auf die Brust gewälzt worden war.

" 18. Der Siegeshymnos wird sehr kühn als auf dem Siegeswagen des Psaumis daherfahrend vorgestellt. Da Pindar selbst an anderen Stellen den Wagen des Sieges besteigt (vgl. Olymp. 6, 37 ff.), so kann wohl auch der Siegesgesang als den Siegeswagen mitbesteigend gedacht werden.

" 31. Den Satz: die Erfahrung ist es, die über die Menschen richtet (V. 29 f.), erläutert Pindar mit einem Beispiel aus der Geschichte des Argonautenzuges. Erginos, der Sohn des Klymenos, ward bei den Leichenspielen, welche Hypsipyle, die Tochter des Königs Thoas auf Lemnos, für ihren Vater anstellte, von den lemnischen Frauen seiner grauen Haare wegen verspottet, als er in die Schranken des Wettlaufes trat; gleichwohl gewann er, ein noch junger Mann, den Kranz selbst über seine windschnellen Mitrenner, die Söhne des Boreas. Die Anwendung ist: so wird die Erfahrung, der Erfolg, auch über die Wahrheit meines Lobes entscheiden, wird mich und den Psaumis rechtfertigen.

Fünfter olympischer Gesang.

Vers 2. Die Okeanide (Tochter des Okeanos) ist Kamarina, der See und die Nymphe, von welcher auch die Stadt den Namen trug. Sie heißt aber eine Tochter des Okeanos, weil aus dem Okeanos alle Gewässer ihren Ursprung haben.

Anmerkungen.

Vers 10. Während der olympischen Spiele, die fünf Tage währten, opferten die Wettkämpfer an den sechs Doppelaltären, welche Herakles für zwölf Götter (je einen für je zwei) errichtet hatte. Diese Götter waren Zeus und Poseidon, Hera und Athene, Hermes und Apollon, die Charitren und Dionysos, Artemis und der Stromgott Alpheios, Kronos und Rhea.

- 15. Er rief aus, für: er ließ durch den Herold ausrufen. Nach dem Siege rief der Herold mit dem Namen des Siegers zugleich den seines Vaters und seiner Vaterstadt aus.

- 19. Kamarina heißt der neue Wohnsitz, weil die Stadt zweimal von den Syrakusern zerstört und erst vor kurzem wieder aufgebaut worden war.

- 20. Nach den zwei alten Königen Oenomaos und Pelops wird hier der Peloponnes bezeichnet, aus dessen Stadt Olympia der Sieger heimkehrt und alle heimischen Orte besingt.

- 25. Danos (mit langer Mittelsylbe) und Hipparis sind Flüsse bei Kamarina. Der „See des Heimatlandes" ist der See Kamarina, durch den sich der Hauptfluß der Stadt, Hipparis, in's Meer ergießt. Dieser lieferte aus den nahen Wäldern Holzstämme zum Neubau der von den Syrakusern zweimal zerstörten Stadt.

Sechster olympischer Gesang.

Vers 1. Der Dichter weiht dem Agesias sein Lied, weil er Sieger in Olympia, von den Vätern her Priester am Seheraltare des Zeus daselbst und durch ebendieselben (wie die Urschrift wörtlich sagt) „Mitgründer Syrakus's", und darum jedes Lobgesanges würdig sei. Er vergleicht die Anlage seines Liedes mit dem Bau eines Palastes und den Eingang desselben mit goldenen Säulen, von welchen der Vorhof des Gemaches umstellt ist. „Die

Anmerkungen.

Stirne des beginnenden Werkes soll weithin in die Ferne leuchten", um die Aufmerksamkeit sogleich zu fesseln.

Vers 7. Agesias ist zwar, weil er in Syrakus wohnte, ein auswärtiges Mitglied des Priestergeschlechtes der Jamiden; aber er hatte doch ein Erbrecht auf die Pyromantie, das er, in Olympia anwesend, ausüben konnte. Zugleich „half er an Syrakusens Pracht mitbauen" durch seine Vorfahren, die mit dem Korinther Archias Syrakus gegründet und daher zu den bevorzugten alten Geschlechtern daselbst gehörten.

- 12. Der Sinn ist: das bisher im Allgemeinen ausgesprochene Lob paßt ganz auf Agesias.

- 14. Nicht der ohne Gefahr errungene Ruhm, sondern nur der in Arbeit und Mühen erprobte Muth wird im gewöhnlichen Leben, wie besonders auch zur See, hochgeachtet. Nach diesem allgemeinen Saze kommt Pindar auf sein besonderes Thema, den Agesias als Kämpfer und Seher zu preisen, ein Lob, wie es Abrastos dem Wahrsager und Kämpfer Amphiaraos am Scheiterhaufen spendete.

- 19. Von den sieben Fürsten, welche sich vereinigt hatten, um den aus Thebe vertriebenen Polyneikes wieder einzusezen, und die Stadt belagerten, blieb Abrastos, König von Argos, allein am Leben, wie der Seher Amphiaraos vorhergesagt. Der Leztere wurde von der unter seinem Wagen berstenden Erde vor Thebe verschlungen.

- 23. Die sieben Scheiterhaufen waren für die Leichname der von den sieben Heerschaaren Gefallenen errichtet, da die Siebern selbst nicht alle gefallen waren.

- 29. Das Lob, welches Abrastos dem Amphiaraos gibt, daß er gleich vortrefflich als Seher und als Kämpfer sei, wendet der Dichter auf Agesias an, die Lauterkeit seines Ausspruches mit einem Eide bekräftigend.

- 37. Der Sieg des Agesias veranlaßt den Dichter, von seinen Vorfahren, besonders der Pitana, der Ahnfrau des Geschlechtes, zu erzählen. Er besteigt im Geiste den Sieges-

wegen seines Helden, um zu den Stammeltern desselben
in die Urzeit zurückzufahren. Phintis, der Wagenlenker
des Agesias, (wiewohl dieser in Olympia das Gespann
selbst lenkte) und seine sieggekrönten Mäuler führen ihn
zu denselben.

Vers 46. Von Pitana, der Tochter des Eurotas, und von Poseidon
stammt Evadne; diese gebar von Apollon den Jamos.
Evadne ward gleich nach der Geburt von Pitana heimlich zu dem Könige von Phäsana, Aepytos, dem Sohne
des Elatos, nach Arkadien zur Erziehung gesandt.

" 66. Den Purpurgürtel um die Hüften legte sie ab, weil die
Geburtsstunde kam. Das Wassergefäß zeichnet die Königstochter der alten einfachen Welt, die sich nicht schämte,
selbst Wasser zu schöpfen.

" 71. Apollon, der goldgelockte Vater des Jamos, sendet der
Mutter Eleutho (Eileithyia), die Göttin der Geburtshülfe und Beisitzerin der Moiren, der Schicksalsmächte,
(Nem. 7, 1.) und diese selbst, die gleich bei der Geburt
die Schicksale der Menschen bestimmten.

" 95. Evadne nannte das Kind Jamos, Veilchensohn, (von
Jon, Veilchen,) weil es unter Veilchen gefunden ward.

" 101. Delos, eine der Kykladen, die vorher unstät umherschwamm,
wurde nach freundlicher Aufnahme der flüchtigen Leto von
ihren dort geborenen Kindern, Apollon (dem „treffenden
Horte von Delos") und Artemis, im Meere befestigt;
daher sie die „gotterschaffene" heißt.

" 112. Der Gottesstimme wahren (truglosen) Laut zu
hören. Gemeint ist die Weissagung durch unmittelbare
Eingebung des Gottes.

" 118. Der Altar des Zeus in Olympia, an welchem Apollon
seinem Sohne bei Stiftung der Olympiaden durch Herakles eine Weissagung verheißt, bestand aus zwei Theilen,
einem unteren und einem oberen. Der untere hatte 125
Fuß, der obere 32 Fuß im Umfang.

" 129. Die „mütterlichen Ahnen" sind die Vorfahren, welche
von Evadne stammen, die in Arkadien erzogen ward.

Anmerkungen.

Der „Götterherold" ist Hermes, der auf dem Berge Kyllene vorzüglich gefeiert wurde und Vorsteher aller Spiele war. Ihm, den auch seine Ahnen verehrten, verdankt Agesias nächst dem Zeus seinen Sieg.

Vers 140. Das Wort, das dem Dichter, wie vom Wetzsteine geschärft, auf der Zunge brennt, ihn zum Sprechen anregt, ist: daß auch er selbst aus Stymphalos sei, weil eine Stymphalerin, Metope, die Tochter des arkadischen Flusses Ladon, die Mutter Theba's gewesen und er aus Theben stamme, das von der Nymphe Theba den Namen trägt. So sei denn er ein Landsmann des Siegers von mütterlicher Seite.

„ 148. Aeneias ist nach den alten Auslegern der Chorlehrer, dessen sich der Dichter zur Darstellung seiner Gesänge bei Festen und Opfern bediente, weil er selbst von schwacher Stimme war und den Chor nicht selbst einüben konnte.

„ 150. Hera Parthenia, die vom arkadischen Berge Parthenion den Namen trägt, ist eine vaterländische Göttin, die zu Stymphalos verehrt wurde, wo ihr Agesias (nach den alten Erklärern) ein Standbild errichtete.

„ 151. Aeneias soll im Vereine mit dem Dichter von ihrem verachteten Volke den alten Schimpf hinwegnehmen und zeigen, daß auch die Böoter den Musen befreundet sind.

„ 157. Ortygia, die Insel von Syrakus, mit welchem das Eiland durch eine Brücke verbunden war. Hier als im ältesten Theile der Stadt war wohl Hierons Palast und das Haus des Agesias, so wie der Tempel der Demeter (Deo) und ihrer Tochter Persephone.

„ 159. Deo (Demeter) heißt die purpurfüßige, wohl, weil sie den Erdboden mit röthlicher Frucht bekleidet. Ihre Tochter Persephone hat ein weißes Gespann, weil sie nach ihrer Entführung von Demeter auf weißen Rossen in den Himmel zurückgeführt ward. Beide Göttinnen werden darum erwähnt, weil Hieron bei dem von seinen Ahnen ererbten Cultus derselben Priester war.

6*

Anmerkungen.

Vers 162. Seit der Gründung von Aetna war Hieron auch Priester des ätnäischen Zeus.

* 167. Wenn er von der einen Heimat, dem Stammsitze Stymphalos in Arkadien, in seine zweite Heimat, nämlich Syrakus, einzieht.

* 170. Der Sinn ist: es ist besser und sicherer, wenn man ein doppeltes Vaterland hat, sich auf zwei Vaterstädte verlassen kann.

* 174. Diesen hier, jenen dort, den Stymphalern und den Syrakusern.

* 176. Der Dichter schließt mit einem Gebet an Poseidon, den Urahnherrn der Jamiden, für die glückliche Fahrt der Heimkehrenden, womit er noch einen Wunsch für sich verbindet, da die glückliche Heimkehr des Agesias ein Unterpfand für neue Siege, neue Siegeslieder ist.

Siebenter olympischer Gesang.

Vers 1. Mit einem von Wein schäumenden Pokal, welchen der Schwäher dem Eidam als Sinnbild der feierlichen Verlobung zutrinkt und übergibt, vergleicht der Dichter das Lied, welches er den Siegern in Olympia und bei Delphi weiht.

* 19. Die Charis ist bei Pindar oft die lyrische Dichtkunst im Vereine mit der Tonkunst.

* 23. Gefolgt von beiden, von Lyra und Flöte, wandert der Dichter dem Diagoras zur Seite von Olympia nach Rhodos, um dort den Diagoras zu preisen, d. h. bei dem Anlaß seines Sieges will er auch sein Vaterland Rhodos im Gesange feiern, wie Diagoras es durch seinen Sieg verherrlicht habe.

* 25. Die Nymphe Rhodos, welche der Insel den Namen lieh, die Tochter des Meergottes Poseidon und der Aphrodite, und die Insel Rhodos sind in der Vorstellung des Dich-

Anmerkungen.

ters in Eins verwoben. Wie diese das Eigenthum des Sonnengottes ist, so ist jene (die Nymphe Rhodos) dessen Gemahlin.

Vers 27. Diagoras heißt „der gewaltige" von seiner außerordentlichen Körpergröße; er war acht Fuß und darüber hoch.

» 31. An Kastalia's Born, d. i. in den pythischen Wettspielen. Kastalia ist die Musenquelle am Parnassos bei Delphi.

32. Der Vater des Diagoras, Damagetos, war der „Liebling des Rechtes" in der Verwaltung des Prytanenamtes auf Rhodos, da die früher in diesem Geschlecht erbliche Königswürde aufgehört hatte.

» 33. Die Insel Rhodos liegt der spitzvorlaufenden Landzunge Kleinasiens gegenüber.

» 34. Vor Erbauung der Stadt Rhodos waren Lindos, Jalysos und Kameiros die drei Hauptstädte.

Mit Argos' Heer. Tlepolemos, der Sohn des Herakles, hatte von Argos eine Colonie der Herakliden in's Land geführt, die nach dorischem Brauche drei Pläze besezten, und zwar die Eraliten Jalysos. Unter diesen war die königliche Familie des Kallianax, und von dieser stammten Damagetos und Diagoras.

» 39. Durch seinen Vater Herakles war Tlepolemos Enkel des Zeus, durch seine Mutter Astydameia Enkel des Amyntor, Königs der Doloper in Thessalien.

» 42. Der Mensch wandelt dahin, von Wahn und Irrthum geblendet; aber der Gott lenkt Alles zum Guten. Dies ist die Lehre der folgenden Erzählung. Tlepolemos erschlug in einem Streite den Likymnios, den Bruder seiner Großmutter Alkmene, (die Elektryons Tochter von Lysidike, seinem rechtmäßigen Weibe, war, während jener von einer Magd, Midea, stammte,) in seiner Wohnung zu Tiryns bei Argos mit einem Stabe von Olivenholz. Wegen dieses an dem Großoheim verübten Mordes wandte sich Tlepolemos an Apollon, der ihm die Weisung gab, von Argos (an dessen Strande Lerna lag) gen Rhodos auszuwandern.

Anmerkungen.

Vers 60. Die Worte des Orakels, worin das Eiland nicht mit Namen genannt, sondern nur als die vom Goldregen des Zeus benetzte Insel angedeutet wird, leiten den Dichter zu der zweiten Sage aus der Geschichte von Rhodos. (Die erste Sage ist die von der dorischen Ansiedelung durch die Vorfahren des Diagoras, die Herakliden: V. 35 ff.). Dieser Goldregen fiel damals, als Pallas aus dem Haupte des Zeus hervorsprang und Helios seinen Söhnen befahl, der neugeborenen Göttin sogleich einen Dienst auf Rhodos zu stiften. Aber diese versündigten sich; denn sie vergaßen vor großer Eile, Feuer auf die Burg zum Opfer mitzunehmen. So kamen ihnen die Athener zuvor; daher Pallas diese in ihre besondere Obhut nahm. Dennoch segnete sie die Rhodier, indem sie ihnen Kunstfertigkeiten aller Art mittheilte, wie denn auch Zeus ihnen zur Belohnung Gold niederträufeln ließ.

77. Der erste dieser beiden Sprüche bezieht sich auf die freudige Bereitwilligkeit, mit welcher die Kinder des Helios das Gebot des Vaters vollzogen, um die Gunst des Zeus und der Athene zu gewinnen; der zweite geht auf die Versäumniß, welcher sie gleichwohl sich dabei schuldig machten, und von welcher V. 80 ff. die Rede ist. Auf die Anzeige des Helios von der Geburt Athene's eilen sie zwar auf die Burg, aber ohne Feuer mit sich zu nehmen, und brachten der Göttin „nicht feurige Opfer", also Trankopfer und Früchte.

84. Der Flamme Samen, d. i. den glimmenden Funken, um das Opfer anzuzünden.

94. Die ältesten Kunstmänner auf Rhodos, die Telchinen, standen auch im Rufe der Zauberei. Wahrscheinlich in Bezug darauf wurde gesagt, daß sie lebendige, wandelnde Bilder gemacht. Pindar versteht das von Bildern gleich den lebendigen, und erklärt die Sage dahin, daß die größere Kunst (Weisheit) Veranlassung gab, jene Kunstmänner des Betrugs und der Zauberei zu bezüch-

Anmerkungen.

tigen, in der Bemerkung: der Erfahrene übe höhere Kunst auch ohne jenen Betrug. Thiersch.

Vers 98. Hier wird die dritte Sage aus der Landesgeschichte von Rhodos eingeleitet, wie Helios durch einen Irrthum der Götter selbst in den Besitz des Landes gekommen ist.

- 115. Die Lachesis ist eine der Moiren, die (was auch schon ihr Name andeutet) den Einzelnen ihr Loos zutheilt und es hier selbst unter den Göttern thut. Sie schwört „den großen Eid der Götter" bei der Styx.
- 132. Dieser Eine der sieben Söhne des Helios, welche der Gott mit der Nymphe Rhodos zeugte, hieß Kerlaphos.
- 137. Die Leiden, wofür dem Tlepolemos ein süßer Ersatz wird, sind das Verbrechen des Todtschlags und die Verbannung. Vgl. V. 48 ff.
- 140. Bei dem Grabe des Tlepolemos in Rhodos, wo er Tempel und Altäre hatte, wurden jährlich Kampfspiele gefeiert, Tlepolemien genannt. Der Preis war ein Kranz aus weißen Pappeln.
- 147. In Athen waren von Kampfspielen im Gebrauch die Panathenäen, die Herakleen, die Eleusinien. Welche von diesen hier gemeint sind, wissen wir nicht.
- 148. Ein eherner Schild war der Preis in den Heräen, den Kampfspielen, welche der Hera zu Ehren in Argos gefeiert wurden. In Arkadien treten unter den Kampfspielen besonders hervor die Lykäen, am Altar des lykäischen Zeus begangen, in Thebä die Herakleen, andere in anderen Städten Böotia's, in Pellana, einer Stadt Achäa's, die Hermäen, in Aegina die Aeakeien, in Megara die Kampfspiele des Zeus. Hier wurden die Namen der Sieger in Steinsäulen eingegraben. Daher „die steinerne Schrift der Megarer", die von Diagoras zeugt.
- 155. Die Ode schließt mit einem Gebet an den Zeus, der auf Atabyrios, dem Gebirge der Insel, waltet, um Erhaltung des ruhmreichen Siegers und des königlichen Hauses von Kallianax; denn Diagoras ist auch gerecht und ver-

ständig, und das Fest der Eratiden, zu welchem er gehört, muß ja doch auch ein Fest der Stadt Jalysos sein. Menschengeschick aber und Familiengeschick ist veränderlich ohne die Obhut des Zeus.

Achter olympischer Gesang.

Vers 1. Olympia wird personificirt als Mutter der Kampfspiele, die dort gefeiert wurden, und zugleich als Königin der Wahrheit wegen des Orakels der Jamiden, die daselbst am Altare des Zeus als Priester und Wahrsager bestellt, den Männern, die zum Kampfe sich einfanden, aus den Opferflammen die Erhörung und den Erfolg ihrer Wünsche verkündigten. Dieses Brandopferorakel hatte wohl auch Alkimedon und (da sein Vater gestorben war) sein Großvater befragt; weßhalb sich das Lob des Brüderpaares sogleich anschließt.

- 14. Die Bemerkung, daß zu Glück und Ruhm mancherlei Wege führen, steht wohl in Beziehung auf den olympischen Sieg des Alkimedon, während sein Bruder Timosthenes in Nemea gesiegt hatte V. 19.

- 17. Der Sinn ist: euch theilte das Schicksal dem Zeus zu, welcher der Ahnherr und Beschützer eures Stammes ist. Denn auch das Haus des Blepsias scheint von den Aeaciden, den Stammherren Aegina's, sein Geschlecht abgeleitet zu haben, und der Vater des Aeakos war Zeus.

- 25. Die Insel Aegina war eine der ansehnlichsten Seemächte in Hellas. Der dort blühende Handel zog viele Fremde dahin; daher die Erwähnung des gastlichen Zeus. Aber diese zahlreiche Einkehr von Fremden machte auch eine tüchtige Rechtspflege nothwendig. In dieser Beziehung zeichnete sich Aegina von Alters her aus, wie denn Aeakos, der allgerechte, der Todtenrichter in der Unterwelt, Prototyp der Haupttugend seiner Nachkommen ist; und es war dadurch, daß es die „verwickelten, vielfältig

Anmerkungen.

schwankenden" Verhältnisse mit rechtem Sinne zu entscheiden und für jeden Fremdling in jedem Verhältniß das Recht zu finden verstand, eine „Säule des Heils" geworden.

Vers 36. Apollon und Poseidon führten dem König Laomedon von Troja die Mauer um diese Stadt auf. Aber blos von Göttern erbaut, hätte die Mauer nicht zerstört werden können, wie es doch vom Schicksal bestimmt war. Sie riefen daher einen Sterblichen, den Heros Aeakos, zu Hülfe, daß die Mauer an der Stelle, wo dieser gebaut, einnehmbar würde.

* 47. Die beiden todt hinstürzenden Drachen bedeuten den Achilleus und Ajas, die, Enkel des Aeakos, im troischen Krieg umkamen; der eine Drache, dem es gelingt, „zischend die Mauer zu erklimmen," ist Neoptolemos oder Pyrrhos, der Sohn des Achilleus.

* 55. Troja wurde zweimal von den Griechen erobert. Der „Erste" unter den Söhnen und Nachkommen des Aeakos, „der den Kampf beginnt", ist Telamon, der, dem Herakles zum Kriege gegen Laomedon folgend, das erstemal Troja zerstörte; der Vierte, der den lezten Kampf vor Troja kämpft, ist Neoptolemos. Wenn übrigens dieser als der Vierte von Aeakos angegeben wird, so ist Aeakos selbst hier mitgezählt; denn Neoptolemos war der Urenkel des Aeakos.

* 57. Apollon fährt über den Xanthos bei Troja zu den Amazonen, die am Thermodon in Pontos wohnten, von da zu seinen Verehrern, den Hyperboreern am Istros. Poseidon eilt zum korinthischen Isthmos, wo er in einem berühmten Tempel und durch die isthmischen Spiele verehrt wurde, und läßt den Aeakos auf Aegina zurück, das in der Mitte seines Weges zwischen Troja und dem Isthmos lag.

* 64. Mit dem Saze: daß Nichts allen Menschen gleich erwünscht sei, bereitet der Dichter das Lob des Melesias vor, das den Neidern des Mannes nicht erfreulich sein werde. Melesias hatte als Knabe im Ringkampf zu Olympia,

Anmerkungen.

dann zu Nemea gesiegt, und war der Kampflehrer der beiden Brüder, die Pindar in dieser Ode verherrlicht.

Vers 70. Der Gesamtkampf (das Pankration) war eine aus Faustkampf und Ringspiel zusammengesetzte Kampfart, zu welcher große Geschmeidigkeit und Lenksamkeit des Körpers erforderlich war, um aus der einen Art des Kampfes zur rechten Zeit schnell in die andere überzugehen.

80. Alkimedon hatte nicht selbst dreißigmal gesiegt, sondern er war nur der dreißigste Sieger unter den Schülern des Melesias.

86. Der Sieg des Enkels macht den Großvater so glücklich, daß er den Beschwerden des Alters Trotz bieten und des Todes darüber vergessen kann.

96. Auch zu den Todten in's Grab bringt der Ruf von den Thaten ihrer Verwandten. Die Kunde, die als Tochter des Hermes, des Götterboten, personificirt wird, trägt die Nachricht von den Siegen in die Unterwelt. Zunächst gelangt die Botschaft an den Vater des Alkimedon, von dem sie dann erst dem Oheim Kallimachos mitgetheilt wird.

Neunter olympischer Gesang.

Vers 1. In Olympia ward bei dem ersten feierlichen Zuge gleich nach dem Siege der kleine von Archilochos auf Herakles verfertigte Hymnos mit dem dreimaligen Refrain: Tenella Kallinike! d. i. Tenella, Heil dir Sieger! angestimmt. Dies ist der Siegergruß mit „dreifach rauschendem Laute." Nun aber, bei dem Festmahl in Opunt, soll dem Zeus, als Verleiher des Sieges, und dem Orte, wo der Sieg gewonnen ward, ein eigenes volleres Lob, lieb erklingen.

8. Solch Geschoß (solchen Gesang), wie ihr es hier rauschen hört.

Anmerkungen.

Vers 14. Wie Pelops mit Hippodameia, der Tochter des Königs Oenomaos, Elis als Brautschaz erhielt, ist im ersten olympischen Gesang erzählt.

- 17. Epharmostos hatte kurz vorher auch in den Pythien gesiegt.
- 22. Ihr selbst, der Stadt als Mutter, und dem Sohne, dem Bürger der Stadt, die durch seinen Sieg ebenso geehrt wird, als er selbst.
- 24. Themis, die Göttin der Gerechtigkeit, hat zur Tochter Eunomia, die gesezliche Ordnung, die das Glück der Staaten schafft.
- 32. Die Mutter der Lokrer ist Opus, ihre Hauptstadt.
- 39. Der Garten der Huldinnen, Bild der Dichtkunst.
- 41. Den Saz: daß die Gnade der Götter den Sterblichen Heldenkraft verleihe, beweist der Dichter durch das Beispiel des Herakles, der mit drei Göttern siegreich gerungen habe. Herakles kam nach dem Morde, den er an dem Trachiner Iphitos, dem Sohne des Königs Eurytos von Oechalia, verübt, zu Neleus, dem Sohne des Poseidon und der Tyro, nach Pylos, um durch ihn sich entsündigen zu lassen. Da Neleus sich weigerte, überzog Herakles ihn mit Krieg, und Poseidon stand seinem Sohne bei. Ebenso kam Herakles einmal nach Delphi, das Orakel zu befragen, und als die Priesterin keinen Bescheid geben wollte, weil der Gott nicht zugegen sei, stieß er im Zorne den prophetischen Dreifuß um, und gerieth darüber mit dem Gotte selbst in einen Kampf. Mit dem Hades kämpfte Herakles, als er auf Befehl des Eurystheus den Kerberos aus dem Todtenreiche holte. Der Dichter hat aus dem, was in der Sage drei verschiedene Kämpfe sind, Einen Kampf gemacht, indem er andeutet, daß die genannten drei Götter zugleich in Pylos gegen Herakles gestritten.
- 63. Die Stadt der Protogeneia ist Opus, dessen älteste Sagen hier erwähnt werden. Protogeneia war die Tochter Deukalions und der Pyrrha. Ihr Sohn war der (erste) Opus, dessen Tochter, mit Lokros vermählt, auf dem

Mänalos von Zeus umarmt wurde, und den (zweiten) Opus gebar. Vgl V. 65 ff.

Vers 70. Anspielung auf die bekannte Sage, wonach aus den Steinen, welche Deukalion und Pyrrha nach der großen Ueberschwemmung hinter sich warfen, Menschen entstanden.

- 72. Ihnen, d. i. den Opuntiern, dem Steingeschlechte, das von Protogeneia stammt.

- 73. Der alte Wein bezeichnet die alten Sagen, welche die Stadt Opus betreffen, die frische Gesangesblüthe die Siege des Opuntiers Epharmostos.

- 80. Eure Ahnen, zu welchen auch die des Epharmostos gehören, sind Sprößlinge jenes Steingeschlechtes. Der eherne Schild ist Bezeichnung des kriegerischen Adels.

- 82. L. κύρον (d. i. ἐκύρον) τε κοῦροι φέρτατον.

- 86. Epeier, der alte Name der Bewohner von Elis im Peloponnes.

- 68. Mänalos, ein hohes Waldgebirge im südlichen Arkadien.

- 105. Aegina ward, nachdem sie von Zeus den Aeakos geboren, Gemahlin des Aktor, dem sie den Menötios, den Vater des Patroklos, gebar.

- 108. Die Flur des Teuthras ist Mysien, so von einem alten Könige genannt, dessen Nachfolger Telephos war. Hieher verirrten sich die Griechen auf ihrer Fahrt nach Troja, und hielten es anfangs für troisches Gebiet. Telephos trieb sie zurück, mußte aber nachher vor Achilleus und Patroklos weichen.

- 123. Lampromachos war nach den alten Auslegern ein naher Verwandter des Epharmostos.

- 129. An Korinthos' Thoren, d. i. auf dem korinthischen Isthmos, so daß Epharmostos außer dem isthmischen Siege, den er mit Lampromachos gemeinschaftlich davontrug, noch zwei andere Siege in den Isthmien für sich allein errungen hätte.

- 130. Bei Nemeia in den Spielen, die zum Andenken des von Herakles in dem nahen Walde erlegten Löwen gefeiert wurden.

Anmerkungen.

Vers 134. Wer zu Marathon in den Spielen zu Ehren des Herakles (den Herakleen) gesiegt hatte, empfing einen silbernen Pokal.

- 143. Dem parrhasischen Volke, d. i. dem Volke der Stadt Parrhasia in Arkadien, wo Zeus unter dem Beinamen Lykäos verehrt wurde.

- 147. Die wärmende Schutzwehr ist eine Chlamys (ein großer Mantel von Wolle), der Kampfpreis zu Pellene in Achaja. Dem Apollon zu Ehren wurden dort Theoxenien gefeiert.

- 149. Jolaos, der Waffengenoß des Herakles, hatte zu Theben eine Kapelle nahe bei seinem Grabmale, wo gleichfalls Spiele gefeiert wurden.

- 152. Solche Größe, wie die des gefeierten Siegers, wird, wie alle Größe, von der Natur, von den Göttern verliehen. Was nicht von diesen kommt, ist ebenso werthlos, wenn man seiner gar nicht erwähnt („wenn man's in Dunkel hüllt"), als wenn davon geredet wird. Der Eine gelangt auf kürzerem, der Andere auf längerem Wege zum Ruhme, wie denn die Bestrebungen der Menschen verschieden sind; am steilsten ist der Pfad, der zur Vollendung führt, d. h. zu dem Höchsten in jeder Kunst. Doch dürfen wir von Epharmostos ohne Zagen behaupten, daß ihm von Natur und durch Götter, so wie durch seine Abstammung, die Tugend eingeboren ist.

- 162. Den Kampflohn, d. i. dieses Lied als Preis des Sieges.

- 166. Der siegreich zurückkehrende Lokrer weihte dem Ajas, dem Sohne des Oileus, als heimischem Heros, den Kranz, den er wohl auf dem Altare desselben niederlegte, bevor das feierliche Mahl am Altare selbst gehalten wurde.

Zehnter olympischer Gesang.

Vers 1. Wie der Wind bei der Seefahrt, der Regen bei'm Ackerbau den Menschen dient, so dient den Vollbringern edler und großer Thaten der Gesang zur Erhaltung und Fortpflanzung ihres Ruhmes im Andenken der Welt.

Vers 10. Durch die Gnade der Götter blühen stets weise Gedanken in der Brust des Dichters. Mit diesem Gedanken, den Pindar nach seiner Weise allgemein ausdrückt, bezeichnet er sich selbst als den großen Dichter, der es durch die Götter geworden ist.

" 13. Nicht ein goldener oder vergoldeter Kranz war es, sondern nur ein grüner Oelzweig, der aber um die Stirne des Siegers wie Gold schimmerte.

17. Die Lokrer werden hier als gastfreundlich, als kunstliebend und tapfer bezeichnet. Diese drei Tugenden sind ihnen eingeboren, und so wenig die im Gedichte genannten Thiere ihre Natur ablegen, so wenig sind die Lokrer der Art ihrer Ahnen untreu geworden.

― ― ― ― ―

Elfter olympischer Gesang.

Vers 1. Im Eingange versichert der Dichter, daß es bloße Vergessenheit sei, wenn er bisher die verheißene Hymne nicht gesungen habe, daß er aber nun, wenn auch nach langer Zeit, das Schuldige mit Zins entrichten und sein Lied nur um so reicher ausstatten wolle. Dazu sollen ihm die Musen und die Wahrheit (das Lösen des gegebenen Wortes) helfen, daß er nicht als Lügner dastehe.

" 15. Der geschleuderte Stein ist das eben begonnene Lied. Wohin soll ihn der Strom des Gesanges wälzen? Wem soll das Lied gelten? Den Lokrern (V. 19), die durch Biederkeit, Kunstliebe und kriegerischen Muth sich auszeichnen.

" 21. Die Lokrer sind kriegerisch und tapfer; aber auch dem Ideale der Tapferkeit, dem Herakles, lächelte nicht immer das Glück. Um so mehr muß Agesidamos seinem Lehrer dankbar sein, von welchem angefeuert, er zuletzt seinen Gegner bewältigte, gerade wie Herakles, der zuerst dem

Anmerkungen.

Kyknos, dem Sohne des Ares, gewichen war, diesen doch später bezwang.

Vers 31. Die „Wenigen" (bemerkt Mommsen) sind die seltenen Götterlieblinge, die auch das Schwerste wie scherzend vollenden. Hat ja doch auch der vorhin in ähnlicher Weise erwähnte Herakles nur nach schwerem Kampfe, worin er anfangs verlor, nachher siegte, diese Spiele gegründet, und die dort gewonnenen ersten Kränze kosteten auch Arbeit. Dies der Uebergang zum Folgenden.

, 37. Das Grabmal des Pelops war es, in dessen Nähe Herakles die olympischen Spiele einsetzte.

, 38. Augeas, König der Epeier in Elis, ward mit seinem Gastfreunde Herakles einig, daß dieser ihm für eine Belohnung mit dem zehnten Theil seiner Heerde seinen Stall reinigen sollte. Herakles that es, aber Augeas hielt die Belohnung zurück. Daher überfiel Herakles die Bundesgenossen des Augeas, die Söhne des Poseidon und der Molione, Kteatos und Eurytos, als sie zu den isthmischen Spielen zogen, bei Kleonä südlich von Korinth in Argolis, wie sie selbst ihn, als er mit seinen Tirynthern das erste Mal gegen Augeas in Elis zog, überfallen und zurückgeworfen hatten. Augeas wurde zuletzt selbst noch erschlagen, sein Land verwüstet und erobert. Aus der gewonnenen Beute stiftete Herakles die olympischen Spiele.

, 49. Die Molionen, die Söhne der Molione und des Poseidon.

, 63. Olympia lag am nördlichen Ufer des Alpheos. Zwischen diesem Flusse und dem Kronoshügel lag der für Zeus eingehegte Olivenhain (Altis); östlich von dem Hügel und hart daran war das Stadion für die Wettläufer, und weiterhin etwas südöstlich der Hippodromos für die Roß- und Wagenkämpfe; westlich vom Hügel lag das Gymnasion, das Theater, das Prytaneion.

, 70. Von den zwölf oberen Göttern hatten immer zwei und zwei zusammen einen Altar in Olympia. S. zu 5, 10.

Anmerkungen.

Vers 71. Der Kronoshügel war vor der Herrschaft des Pelops, der den Oenomaos besiegte, ohne Namen.

- 75. Bei der Weihe der olympischen Spiele sind die „Mächte des Geschickes", die Moiren, zugegen, da von der Bestimmung des Schicksals die Einsezung derselben abhängig ist, und um den Spielen selbst Glück und Ruhm zu gewähren; die Zeit (Chronos, der Gott der Zeit,) ist anwesend, um denselben Dauer und Bestand zu verleihen, zugleich aber auch, um in ihrem Fortgange den Werth jener Einsezung zu erhärten und das Andenken der Stiftung auf die Nachwelt zu bringen.

- 107. Die olympischen Spiele fielen immer in die Zeit des Vollmondes.

- 111. Der Dichter will, wie es bei der ersten Feier dieser Spiele geschah, die Macht des Zeus, der über dieselben waltet und den Sieg verleiht, zugleich mit dem Siege preisen.

- 121. Der verheißene Gesang kommt spät von den Wellen der Dirke, von Theben, aber um so willkommener dir, wie dem greisen Vater der spätgeborene Sohn.

- 138. Die Pieriden, die Musen, Töchter des Zeus und der Mnemosyne.

- 141. Mit Honig zu bethauen, d. i. in süßem Liede zu preisen.

Zwölfter olympischer Gesang.

Vers 1. Der Gedankengang ist einfach. Das Glück, welches die Welt lenkt, bereitet uns oft wider Vermuthen Unglück; aber ebenso unvermuthet schafft es aus Leid Freude. So hat sich dem Ergoteles der Aufruhr, der ihn aus Knossos vertrieb, zum Segen umgewandelt, da er jezt als ruhmreicher Sieger, als hochgeehrter Bürger dasteht.

Unter dem Namen des Befreiers wurde dem Zeus nach dem Siege bei Plataͤa͏̈ ein Tempel errichtet, weil

Anmerkungen.

durch diesen Sieg die Freiheit Griechenlands gerettet war. Zu der gleichen Zeit, kurz vor dem Siege des Ergotreles, waren unweit Himera die Karthager, welche die Freiheit Siciliens vernichten wollten, in einer Seeschlacht besiegt worden. Diese Freiheit zu schützen, wird Tyche (die Glücksgöttin) als Tochter des Zeus, des Retters und Erhalters der Freiheit, angerufen. Tyche ist Herrscherin des Meeres und Beschützerin der Städte: Himera war eine Seestadt.

Vers 17. Hahnengefechte waren hin und wieder üblich, so in Athen. Auf das Bild vom Hahne, dessen Kämpferruhm sich auf den Hausbof beschränkt, wurde der Dichter vielleicht durch die Münzen der Himeräer geführt, auf denen ein Hahn, das heilige Thier der Pallas, der Beschützerin Himera's, abgebildet ist.

» **25.** Die warmen Bäder Himera's waren berühmt. Daher auch, nach Zerstörung Himera's durch die Karthager, die Stadt, welche die Himeräer in der Nähe wieder erbauten, Thermä (warme Bäder) genannt wurde. Als Herakles von dem Zuge gegen den dreileibigen Geryon auf Erythela zurückkehrte, eröffneten ihm die Nymphen, um den Ermatteten zu erquicken, die warme Quelle bei Himera.

Dreizehnter olympischer Gesang.

Vers 3. Der Isthmos (die Landenge) von Korinthos, welcher den Peloponnes mit dem übrigen Griechenland verband, war dem Poseidon heilig; Korinth lag vorn auf dieser Landenge, war also gleichsam der Vorhof Poseidons.

» **10.** Themis, das Sinnbild aller geordneten Einrichtung und Verfassung menschlichen Vereins, ist durch Zeus die Mutter der drei Horen, die über allem Thun der Sterblichen segnend walten, der Eunomia (Gesetzlichkeit), Dike (Gerechtigkeit) und Eirene (Friedseligkeit).

Vers 15. Dieser allgemeine Satz gilt rückwärts für den Dichter, vorwärts für die Korinther, denen alle Tugend angeboren ist.

- 16. Die Kinder des Aletes, des Urenkels von Herakles, sind die Korinther. Denn Aletes, einer der Herakliden, die den Peloponnes eroberten, war Herrscher von Korinth.

- 24. Den Dithyrambos, den dem Dionysos (Bakchos) geweihten Gesang, bei welchem ein Stier die Belohnung des Siegers war, erfand Arion in Korinth, als er dorthin zu Perianber kam.

- 25. Die Lenkung der Rosse erfand der Korinther Bellerophontes (Bellerophon), der mit dem Götterzaume den Pegasos zähmte.

- 20. Auf dem länglich dreieckigen Giebel der Tempel war in den früheren Zeiten vorn und hinten je ein Adler zum Schmucke angebracht. Auch diese Erfindung schreibt Pindar den Korinthern zu, so wie er in den folgenden Versen ihrer Liebe zu den Musen und ihres kriegerischen Muthes gedenkt.

- 41. In den Isthmien war der Preis ursprünglich ein Fichtenkranz, später ein Eppichkranz, der auch zu Nemea den Sieger verherrlichte.

- 47. Im schlichten, einfachen, und im doppelten Laufe, bei dem man die Rennbahn hinauf und wieder zurückliefe.

- 51. Das Spiel der Athene Hellotis, unter welchem Namen die Göttin zu Korinth verehrt wurde, war ein Wettlauf der Jünglinge mit Fackeln.

- 52. Das wogenumrauschte Spiel Poseidons sind die Isthmien. Ptöodoros war der Vater des Thessalos; Terpsias, der Bruder des Ptöodoros, war der Vater des Eritimos.

- 56. Des Löwen Waldgehege bezeichnet die nemeischen Spiele. S. zu 9, 130.

- 57. Wenn ich auch, führt der Dichter fort, um die Menge der Siege, die das Haus des Xenophon erkämpft, mit Vielen in die Schranken treten könnte: ich vermöchte sie

Anmerkungen.

doch nicht alle zu nennen; und wenn ich's vermöchte, Maß halten muß man überall, und nicht über Zeit und Gebühr bei Einem Gegenstande verweilen. Daher will ich davon abbrechen, und wende mich vom Lobe der Klugheit und Tapferkeit des siegreichen Geschlechtes zu dem Lobe der Klugheit und Tapferkeit von ganz Korinth, das mich ja berufen hat (B. 63). In Beziehung auf das Erste (die Klugheit) erwähnt nun der Dichter des Sisyphos und der Medeia, deren korinthische Abstammung und Geschichte bekannt ist; in Beziehung auf das Zweite (die Tapferkeit) gedenkt er der tapfern Korinther, die im troischen Kriege für und wider Troja kämpften, was ihn auf den Glaukos und dessen Großvater Bellerophon führt.

Vers 71. Im troischen Kriege waren in beiden Heeren Korinther, bei den Achäern unter Agamemnons Befehl Euchenor, der Sohn des Polyidos, auf der andern Seite Glaukos, der ein Lykier, nach seiner Herkunft aber (durch seinen Großvater Bellerophon) ein Korinther war. Dieser Herkunft rühmte sich Glaukos im Gespräch mit Diomedes in der Ilias 6, 119 ff.

* 75. Auf der Burg von Korinth war die Quelle Peirene. Sie sollte aus den Thränen der Peirene entsprungen sein, die sie um den von Artemis auf der Jagd getödteten Sohn Kenchrias weinte. Der römische Dichter Statius weiß, daß auch sie, gleich der Hippokrene, vom Hufschlage des Pegasos entsprang: Thebaid. 4, 60 f.

* 79. Der Ahn ist des Glaukos Großvater, Bellerophontes.

* 82. Als Perseus der Gorgo Medusa den Kopf abgehauen hatte, sprangen aus dem Blute Chrysaor und Pegasos hervor. Der epische Zusammenhang der nun folgenden Erzählung ist dieser. Bellerophontes hatte von dem lykischen Könige Jobates den Auftrag, die Chimära zu bekämpfen. Hiezu bedurfte er des Flügelrosses Pegasos. Als er diesen nicht zu bändigen vermochte, fragte er den korinthischen Seher Polyidos, den Sohn des Köranos, um Rath.

7 *

Dieser befahl ihm, im Heiligthum der Athene neben ihrem Altare zu schlafen. Da erschien ihm die Göttin im Traume mit einem goldenen Zaum in den Händen, und ermahnte ihn, seinem Vater, dem rossebezähmenden Poseidon, zu opfern. Er erwacht, und das Gebiß liegt neben ihm. Froh eilt er damit zu dem Seher, und nachdem er, gemäß der Anleitung desselben, dem Poseidon das Opfer gebracht hatte, fängt er den Pegasos, den er am Quell Peirene trinkend findet, und besteht, auf ihn geschwungen, die Kämpfe gegen die Chimära, die Amazonen und das Volk der Solymer in den lykischen Gebirgen.

Vers 99. Das Gold, der Bezähmer des Trozes, ist der goldene Zaum.

- 105. Unter dem Namen der Rossezügelnden (Chalinitis, auch Hippia) hatte Pallas Athene zu Korinth einen Tempel.
- 106. Die Macht der Götter vermag selbst Etwas, dessen Erreichbarkeit man nicht geahnt, ja dessen Unmöglichkeit man beschworen haben würde, leicht und ohne Mühe zum Ziele zu führen.
- 118. Der Pegasos warf ihn ab, als er sich erkühnte, mit ihm zu den Göttern aufzufliegen zu wollen; er irrte schwermüthig im aleïschen Gefilde umher und verkam in Elend; das gottgeborne Roß ward in den Olympos aufgenommen und diente fortan am Donnerwagen des Zeus.
- 121. Der Dichter ruft sich von der Abschweifung auf die korinthische Heldensage zurück, um wieder auf das Geschlecht des Siegers und seinen Ruhm einzulenken und mit ihm den Gesang abzuschließen. Die „Pfeile", die er „am Ziele vorüberschnellt", bezeichnen das, was im Gesange den Sieger und sein Geschlecht nicht unmittelbar betrifft.
- 127. Herolde, wie Richter, waren vereidet.
- 129. An beiden Orten, am Isthmos und zu Nemea, haben sie sechzigmal gesiegt.
- 135. Wenn „der Stern des Geschlechtes nicht verbleicht", wenn Hoffnung auf neue olympische Siege verstattet ist,

Anmerkungen.

so dürfen wir die Erfüllung derselben getrost dem Zeus und dem Ares anheimstellen, dem Zeus, weil der Festkampf ihm geweiht ist, dem Ares, als dem Gotte kühner Tapferkeit, ohne den auch in den Wettspielen kein Sieg errungen wird, und zugleich als dem einheimischen und landschirmenden Gott der Eleer, dem Vater des Oenomaos, der in vielen Gegenden König war.

Vers 137. An des Parnassos Stirn, in den pythischen Spielen.

" 140. Der Altar des Zeus Lykäos in Arkadien heißt der Fürst Arkadia's, weil man von ihm, dem König aller Altäre auf dem Gipfel des Berges, wie Pausanias bemerkt, den ganzen Peloponnes übersah.

" 141. In den hier genannten Städten wurden Wettspiele gehalten, in welchen das Haus des Tenophon siegreich gewesen war. Der Aeakiden Festhain ist die Insel Aegina, die vom Dienste des Aeakes und seiner Söhne voll war.

" 146. leichten Schrittes, d. l. ohne Anstoß, ohne Unglück.

Vierzehnter olympischer Gesang.

Vers 4. Die Minyer (bemerken die alten Ausleger) stammen von dem Thessalier Minyas, der ein Sohn Poseidons und der Okeanide Kallirrhoe war. Er war der erste König in Orchomenos, und von ihm stammen die Argonauten.

" 8. Auch die Götter ziehen nicht ohne die Chariten weder zu Reigen noch Gastmahlen, auch im Leben der Götter, besonders bei ihren Reigen und Mahlen, ist Alles Freude und Anmuth.

" 12. Zu Delphi war neben der Bildsäule des Apollon auch die der Chariten aufgestellt.

" 16. Thalia mit kurzer Mittelsylbe zum Unterschied von der Muse Thaleia.

Anmerkungen.

Vers 21. Die lydische Tonart war die sanfteste, darum für die Chariten am angemessensten. Pindar erwähnt oft dieser Tonart seiner Gesänge.

- 25. Echo wird, wie in Olymp. 8, 98 die Kunde, die Tochter des Hermes, in die Unterwelt hinabgesandt, um dem hingeschiedenen Vater den Sieg seines Sohnes zu verkünden. — Kleudamos, dorische Wortform für Kleodemos.
- 29. Die Schwingen stolzer Kämpfe bezeichnen den Siegeskranz, der den Ruhm des Siegers wie auf Schwingen zu den Wolken emporträgt.

II.
Pythische Siegesgesänge.

Erster pythischer Gesang.

Auf Hieron von Aetna,
den Sieger mit dem Wagen.

Hieron, König von Syrakus, hatte die alten Einwohner der Stadt Katana vertrieben, neue Pflanzer hingeführt, und nun die Stadt nach dem Namen des Berges, an dessen Fuße sie lag, Aetna genannt. Er liebte die neue Gründung so sehr, daß er, um ihr Namen und Ehre zu erwerben, als Wagensieger in den pythischen Wettspielen sich nicht als Syrakuser, sondern als Aetnäer ausrufen ließ. Gerade in dem Jahre, in welchem die neue Stadt gegründet wurde, war ein starker Ausbruch des Aetna gewesen, und in derselben Zeit hatte Hieron durch einen Seesieg über die Tyrrhener bei Kyme seine Macht aufs Neue befestigt.

Erste Strophe.

Gold'ne Lyra, schwarzgelockten
Musen und Phöbos gesellt
Als gemeinsam eigenes Gut,
Die der Tanzschritt leise belauscht in des Festes Beginn:
5 Deinem Anklang horcht des Sängers Ohr,
  Sobald du des Hymnos, des reigenführenden,
  Erstlingstöne bebenden Saiten entlockst.
  Auch des Blitzstrahls Pfeil, den ewig flammenden,
  Löschest du aus, und es schlummert
10 Auf Zeus' Machtstabe der Adler, und senkt
  Die hurtigen Fittige nach
  Beiden Seiten,

Erste Gegenstrophe.

Er, der Vögel Fürst. Du gießest
Blickend wie Nacht ein Gewölk
15 Um sein schöngebogenes Haupt,
Seine Brau'n anmuthig zu fesseln. Er schlummert, indeß
Sich sein Rücken sanftaufwogend hebt,
Von den stürmenden Tönen bewältigt. Auch des Kriegs
Wilder Gott läßt starrender Speere Gewühl
20 Hinter sich und labt sein Herz an Liebeslust.
Selbst ja die Herzen der Götter
Durchdringt dein Zaubergeschoß, von der Hand
Des Apollon gepflegt und der Kunst
Holder Musen.

Erste Epode.

25 Aber die Wesen, die Zeus nicht
Liebt, entsezen sich, den Laut
Singender Musen vernehmend,
Auf dem Festland und in der tosenden See,
Samt dem hunderthaupt'gen Typhos,
30 Der, den Ewigen verhaßt,
In Tartaros' Bette versenkt liegt. Ihn umschloß
Einst die vielberuf'ne kilikische Felskluft: aber nun
Drückt die meerumfriedete Beste von Kyma,
Drückt Sikelia des Unthiers
35 Zottige Brust; auch hält die Säule,
Tragend den Himmel, ihn fest,
Aetna, der auf schneeigem Haupt
Scharfen Frost im ganzen Jahr hegt.

Zweite Strophe.

Aus den Schlünden speit er Bäche
40 Lauteren Feuers empor,

Erster pythischer Gesang.

Das unnahbar Alles verschlingt;
Tags ergießt sein glühender Strom des gerötheten Rauchs
Wogen, und in dunkeln Nächten wälzt
Wildprasselnd die purpurne Glut Felssteine weit
45 Auf der See tiefgründigen Spiegel hinaus.
Jenes Unthier sendet aus der Tiefe die
Schrecklichen Bäche des Feuers,
Ein staunenswürdiges Wunder zu schaun
Und ein Wunder zu hören von dem,
50 Der's gesehen,

Zweite Gegenstrophe.

Wie des Aetna schwarzbelaubter
Gipfel in Banden ihn hält
Samt dem Grund; sein zackiges Bett
Sticht durchfurchend rings den gelagerten Rücken ihm wund.
55 Möcht' ich dir, ja dir gefallen, Zeus,
Der dieses Gebirge beherrscht, fruchtreicher Au'n
Schöne Stirn, nach dem die benachbarte Stadt
Ward genannt vom Gründer, der ihr Ruhm verlieh.
Denn in den Bahnen zu Python
60 Erscholl ihr Name von Heroldes Mund,
Als Hieron herrlichen Siegs
Lohn im schnellen

Zweite Epode.

Wagen errang. Für die Schiffer
Ist's die erste Freude, wenn
65 Schon im Beginne der Fahrwind
Rauschend bläht die Segel, ein sicheres Pfand,
Daß der Heimkehr auch ein frohes
Ende werde: so gewährt
Bei diesem Gelingen das Wort mir Hoffnung auch,

70 Noch in Zukunft prange mit Rossen und Kränzen stolz die
Stadt,
Bei Gesang und Freudengelagen verherrlicht.
Lykterkönig, Herr in Delos,
Phöbos, der am Berg Parnassos
Liebt den kastalischen Born,
75 Sei bir das im Geiste genehm,
Gib dem Lande starke Männer!

Dritte Strophe.

Denn von Gott nur stammt zu jeder
Menschlichen Tugend die Kraft,
Alle Weisheit, Armes Gewalt,
80 Oder wer ein Meister des Wortes. Und wenn ich den Mann
Dort zu preisen strebe, hoff' ich, irrt
Der Speer mit den ehernen Wangen an der Bahn
Nicht vorbei, vom rüstigen Arme geschnellt;
Mächtig überfliegt er weit der Feinde Schwarm!
85 Möge die kommende Zeit ihm
Die Wohlfahrt also bewahren und Glück
Und Schäze verleih'n und des Leids
Hold Vergessen!

Dritte Gegenstrophe.

Traun, sie hieße dann gedenken,
90 Wie er in Schlachten des Kriegs
Festen Muths ausharrend gesiegt,
Als sie Ruhm durch Hülfe der Götter gewannen und Macht,
Wie sie kein Hellene noch gepflückt,
Die strahlende Krone des Reichthums. Aber nun,
95 Pöas' Sohn gleich, zog er hinaus in den Kampf,
Als, gedrängt von Noth, ein stolzer Gegner ihm,
Werbend um Gunst, wie dem Freunde,

Erster pythischer Gesang.

Geliebtost. Ihn, von der Wunde gequält,
Aus Lemnos zu holen, erzählt man,
100 Kamen dorthin

Dritte Epode.

Göttliche Helden zu Pöas'
Pfeilbewehrtem Sohne, der
Priamos' Veste zerstörte
Und den Müh'n der Danaer sezte das Ziel,
105 Zwar mit schwachem Tritte wandelnd;
Doch gebot es das Geschick.
So führe den Hieron auch ein rettender
Gott in noch herschreitender Zeit, und gewähr' ihm jeden
    Wunsch!
Muse, bei Deinomenes auch zu besingen
110 Des Gespanns Ruhm, folge mir: nicht
Fremde Lust ist ihm der Siegspreis,
Welchen der Vater gewann.
Nun wohlan, ersinnen wir denn
Holden Sang für Aetna's König,

Vierte Strophe.

115 Dem mit gottgeschaff'ner Freiheit
Hieron nach dem Gesez,
Nach des Hyllos strengem Gebot,
Diese Stadt gegründet. Pamphylos' Geschlecht und der
    Stamm
Aus Herakles' Heldenblute, die
120 Um Höh'n des Taygetos wohnen, wollen stets
Halten auf Aegimios' dorischen Brauch.
Denn sie bau'n Amyklä, groß in Glück und Ruhm,
Seit sie dem Pindos entstürmten,
Benachbart Tyndaros' Söhnen, die hoch

125 Auf schimmernden Rossen, des Speers
Meister, blühten.

Vierte Gegenstrophe.

Laß, o Zeus Vollender, solches
Glück an des Amenas Flut
Bürgern stets und Königen blüh'n,
130 Das in Wahrheit rühmend erhebe der Menschen Gerücht!
Mit dir möge denn des Landes Fürst,
Berathend und lehrend den Sohn, das Volk zur Ruh
Und zur Eintracht lenken und krönen mit Ruhm!
Gib, ich flehe, Sohn des Kronos, daß daheim
135 Friedlich verweile der Pöner,
Daheim tyrrhenisches Schlachtengeschrei,
Anblickend den Jammer, die Schmach,
Wie vor Kyma

Vierte Epode.

Durch Syrakusens Beherrscher
140 Ihre Macht in Trümmer sank,
Als er die tapfere Jugend
Aus den schnellen Schiffen hinab in das Meer
Stürzte, Hellas aus der Knechtschaft
Joch erlösend. Salamis,
145 Ich hole von dir der Athener Preis zum Lohn,
Singe dann in Sparta die Schlacht an Kithärons hohem Fels,
Wo die Meder sanken, die bogenbewehrten:
Doch am anmuthreichen Ufer
Himeras' erschalle noch Dei=
150 nomenes' Söhnen ein Lied,
Das gewann ihr tapferer Muth,
Dem das Heer erlag der Feinde.

Fünfte Strophe.

Wenn du klug einhältst das Lob, von
Vielem die Enden in Ein
155 Kurzes Wort versammelnd, so folgt
Dir der Tadel minder; die Sättigung schafft Unlust,
Lähmt des regen Ohres Ungeduld.
Von fremdem Gedeih'n zu vernehmen, weckt den Neid,
Drückt den Muth der Bürger im Stillen herab.
160 Dennoch — besser ja beneidet als beklagt! —
Strebe zum Ziele des Schönen,
Und lenke das Volk mit dem Steuer des Rechts,
Und schmiede die Zung' an dem Am=
boß der Wahrheit.

Fünfte Gegenstrophe.
165 Wenn du wenig nur gestrauchelt,
Achten's die Menschen für groß,
Als von dir: Viel ward dir vertraut;
Viele sind untrügliche Zeugen von jeglicher That.
Halte fest an deiner schönen Art,
170 Verlangt dich ein süßes Gerücht zu hören stets,
Nicht zu karg laß ruhen die spendende Hand!
Laß es frisch im Winde, gleich dem Steuermann,
Flattern, das luftige Segel,
Nie, Freund, durch gleißende Listen berückt!
175 Nur Stimmen des Ruhmes, den Tod
Ueberlebend,

Fünfte Epode.
Sind von entschwundener Männer
Sinnesart und Wandel noch
Zeugen in Wort und Gesang. Nie
180 Stirbt des Krösos herzenerfreuende Huld;

Doch auf ihm, der wilden Sinnes
Menschen briet im eh'rnen Stier,
Auf Phalaris lastet des Abscheus ewiger Fluch.
Ihn begrüßt kein Lautengesang im Gemache, ruft ihn nicht
185 Zum Verein bei'm lieblichen Spiele der Knaben.
Glücksgenuß ist erster Kampflohn,
Edler Ruf der Loose zweites:
Wer im Vereine die zwei
Sich errang und glücklich bewahrt,
190 Hat den schönsten Kranz gebrochen.

Zweiter pythischer Gesang.

Auf Hieron von Syrakusä,
den Sieger mit dem Wagen.

Der Ort des Sieges ist in unserer Ode nirgends angedeutet. Dagegen meldet Pausanias 8, 42, daß Hieron in den olympischen Spielen auch einen Wagensieg errungen, und erwähnt zugleich der Inschrift auf den Weihegeschenken des Königs im Tempel des olympischen Zeus, welche bezeugte, daß dem Hieron sein höchster Wunsch, in Olympia mit dem Viergespann zu siegen, gewährt worden, daß er dafür Geschenke gelobt, und daß sein Sohn Deinomenes das Gelübde des Vaters gelöst habe. Auch hatte der Dichter am Schlusse des ersten olympischen Gesanges versprochen, auch den Wagensieg Hierons, den er ihm dort in Aussicht stellt, im Liede zu verherrlichen, wie er in jener Ode seinen Sieg mit dem Rennpferde gefeiert. Hiernach ist die Meinung alter Schriftsteller, welche der Scholiast anführt, und welchen auch einzelne neuere Ausleger gefolgt sind, nicht unwahrscheinlich, daß unser Gesang für einen olympischen anzusehen ist, gedichtet auf den von Hieron gewünschten und errungenen Wagensieg in Olympia.

Erste Strophe.

O Syrakusä, große Stadt,
Des Ares Heiligthum,
Der im Gewühle der Schlacht weilt,
Erzliebender Männer und Rosse
5 Göttliche Pflegerin!
Ich komme zu dir von der strahlenden Thebe,
Dies Lied dir zu bringen, das zeugende Wort

Vom erdenerschütternden Viergespann,
Mit welchem Hieron zu Wagen gesiegt,
10 Den ferne schimmernden Kranz
Um Ortygia windend, den Siz,
Wo der Leto Tochter am Strom
Weilt, ohne die er nie mit gelinder Hand
Jene buntgezäumten
15 Füllen gebändigt hätte.

Erste Gegenstrophe.

Die Göttin, froh der Pfeile, legt
Mit beiden Händen selbst
Ihnen den funkelnden Schmuck an,
Samt Hermes, dem Lenker des Wettkampfs,
20 Wann er den blanken Stuhl
Und zügelgehorchenden Wagen dem stolzen
Gespanne vereint, und den mächtigen Gott,
Den Dreizackschwinger, um Hülfe ruft.
Wohl Mancher hat schon manchem König ein Lied,
25 Das süß in den Ohren ihm klang,
Geweiht, dem Verdienste zum Dank.
Also schallt um Kinyras oft
Der Lobgesang des Kypriervolkes noch,
Den Apollon innig
30 Liebte, der goldgelockte,

Erste Epode.

Der Aphrodita geweihten Priester.
Es treibt sie der fromme Dank,
Welcher die fromme That edler Liebe vergilt.
Und dich, Sohn des Deinomenes,
35 Singen in Chöre geschaart
Vor dem Hause die lokrischen

Zweiter pythischer Gesang.

Jungfrau'n, die von des Kriegs
Schwerer Noth durch dein
Mächtiges Wort erlöst, umherschauen frei.
40 Nach Götterrath soll
Irion der Welt die Lehre
Verkünden, er, an dem geflügelten Rad
Umher im Kreise gerollt:
Dem Wohlthäter müsse man stets vergeltend
45 Mit freundlichem Danke zahlen.

Zweite Strophe.

Und klar empfand er's. Durch die Huld
Der Kronossöhne ward
Ihm ein Leben der Wonne;
Doch trug er das hohe Glück nicht,
50 Weil er in keckem Wahn
Nach Hera gelüstete, welche Kronion
Zur reizenden Braut sich erkoren: ihn trieb
Zu rasendem Frevel der Uebermuth.
Doch büßend nach Gebühr, empfing er sofort
55 Das auserlesene Leid,
Und was er gedoppelt verbrach,
Schuf ihm Qualen, weil er zuerst
Das Blut des eignen Stammes vergoß, der Held,
Und mit arger List der
60 Menschen Geschlecht befleckte,

Zweite Gegenstrophe.

Dann weil er in geräumigen
Gemaches Hallen einst
Zeus' Gemahlin versuchte.
Es suche zu jeglichem Thun doch
65 Jeder das Maß in sich!

Ihn stürzte die schmähliche Lust in ein großes
Leid, als er hinan zu dem Lager gelangt;
Denn einem Gewölke verband er sich,
Nach süßen Wahnes Truge haschend, der Thor;
70 Glich's doch an hehrer Gestalt
Der schönsten der himmlischen Frau'n,
Kronos' Tochter; die Hände des Zeus
Erschufen ihm zum Truge das schöne Leid,
Und die Fessel schuf er
75 Selber, das Rad mit Speichen,

Zweite Epode.

Sich zum Verderben: von unentrinnbar'n
Fußbanden umstrickt, erwies
Er an sich selbst den allgültig mahnenden Spruch.
Den unzähmbaren Sohn gebar
80 Ihm, von den Huldinnen fern,
Die Wolk' einzig den Einzigen,
Nicht bei Menschen geehrt,
Nicht von Götterart,
Welchem die Amme den Namen Kentauros gab.
85 Der zeugte später,
Thessalischen Stuten sich gattend,
An Pelions Abhange das Wundergeschlecht,
Den Eltern beiden verwandt,
Das abwärts der Mutter Gestalt und Bild trug
90 Und oben dem Vater gleich sah.

Dritte Strophe.

Ein Jedes führt der Gott dem Ziel
Nach seinem Willen zu:
Auch den geflügelten Adler
Erreicht er und eilt im Meere

Zweiter pythischer Gesang.

95 Selbst dem Delphine voran;
Er beugt der Gewaltigen herrisches Trachten,
Und Andern verleiht er unsterblichen Ruhms
Nicht alternden Glanz. Doch geziemt es mir,
Zu fliehn der übeln Rede grimmigen Biß.
100 Ich weiß von Archilochos ja,
Dem lange verblich'nen, wie der
Oft in Armuth schmachtete, weil
Er lästernd sich in schmähendem Haß erging.
Reich und weise sein, ist
105 Wahrlich der Loose schönstes.

Dritte Gegenstrophe.

Dir wurde das, du zeigst es frei
Mit königlichem Sinn,
Du, der gewaltige Herrscher
Des Volkes und thurmumkränzter
110 Städte. So Jemand sagt,
Daß schon von den Frühergebor'nen ein Andrer
Im Volke von Hellas an Ehren sich mehr
Und Schäzen gewonnen, als du gewannst,
Der ringt mit eitlem Sinn Vergeblichem nach.
115 Mein Schiff mit Blumen bekränzt,
So zieh' ich hinaus, das Verdienst
Preisend. Tapferer Muth in des Kampfs
Gefahren steht dem Jünglinge bei, woher
Dich auch sonder Ende
120 Schmückte der Kranz des Ruhmes,

Dritte Epode.

Da du mit reisigen Männern hier, dort
Mit Schaaren zu Fuß im Kampf
Rangst. Auch gestattet wohl dein ergrauter Verstand

Uns ohn' alle Gefahr das Wort,
125 Wenn wir in jeglicher Art
Dich lobpreisen. O sei gegrüßt!
Ueber das schäumende Meer
Send' ich dieses Lied,
Gleich der phönikischen Waare send' ich's zu dir,
130 Das Kastorlied hier:
O schau in äolischen Saiten
Es freundlich an, neige der Harfe das Ohr
Zum siebentönigen Klang!
Dich selbst kennend, ringe dem Schönen nach; Kin=
135 der nennen den Affen immer

Vierte Strophe.

Schön: Rhadamanthys aber hat
Das beste Theil erwählt,
Daß er die lauteren Früchte
Des Geistes gepflückt und an Trug nicht
140 Weidet das Herz, berückt,
Wie Flüsterer immer die Menschen berücken.
Für Beide ja bleibt ein entsezliches Leid
Des Verläumders geheim zuflüsterndes Wort,
Der ganz dem Fuchse gleicht in Tücken und Art
145 Doch welchen großen Gewinn
Gewinnen die Füchse dabei?
Denn wie der Kork, wo das andre Geräth
In Meeres Grund arbeitet, noch oben schwimmt,
Schwimm' ich unversenkbar
150 Ueber dem Zaun der Fluten.

Vierte Gegenstrophe.

Unmöglich, daß beim edlen Mann
Verschmiztten Bürgers Wort

Sich des Erfolges erfreue:
Doch schmeichelt er Allen, und listig
155 Krümmt er den regen Schweif.
Nie theil' ich die Frechheit mit ihm: ich verharre
Dem Freunde getreu und berenne den Feind,
Als ehrlicher Feind, in des Wolfes Art,
Und wandle rings auf krummen Pfaden umher.
160 Der Mann des offenen Worts
Ist besser in jeglichem Staat,
Ob ein Fürst herrscht, oder Gewalt
Der Menge schaltet, oder die Weisen am
Steuer sizen. Nimmer
165 Ziemt sich mit Gott zu hadern,

Vierte Epode.

Welcher den Einen erhöht und Andre
Dann wieder zu hohem Ruhm
Leitet. Indeß auch dies kann des Neidischen Herz
Nicht versöhnen; und weil er an
170 Mächtiger Leine sich schleppt,
Gräbt er, ringend in Mühen, sich
Eher in's eigene Herz
Heiße Wunden ein,
Eh' er die Ziele, wonach sein Sinn steht, erreicht.
175 Mit leichtem Muthe
Das Joch an dem Halse tragen,
Frommt uns allein; wider den Stachel indeß
Ausschlagend, gleiten wir leicht
Vom Pfad aus. O mög' ich gefallend immer
180 Im Kreise der Edlen weilen!

Dritter pythischer Gesang.

Auf Hieron von Syrakusä,
den Sieger mit dem Rennpferde.

Nicht eigentlich ein Siegeslied, sondern mehr ein Trostgesang, gerichtet an den kranken König, der an Steinbeschwerden litt, um ihn in seinen Leiden aufzurichten. Lebte Cheiron noch, der Arzt und Erzieher des Asklepios, des Gottes der Heilkunde; so würde der Dichter ihn durch Gesänge bewegen, dem König einen Helfer zu senden. Doch da Cheiron nicht mehr unter den Lebenden ist, so ruft der Dichter die Göttermutter und den Pan neben seinem Hause um Hülfe an. Hierauf Trostgründe, geschöpft aus der ungleichen Mischung guter und böser Gaben der Götter und dem Wechsel auch des größten Glückes. Dazwischen wird, aber nur im Vorbeigehen, der einst errungenen pythischen Siege des Hieron gedacht, um den erkrankten König durch die Erinnerung an eine ruhmvolle Vergangenheit aufzuheitern. Mit der Aussicht Hierons auf unsterblichen Ruhm im Gesange, wie er nur Wenigen zu Theil geworden, schließt das Gedicht.

Erste Strophe.

Lebte doch noch Cheiron, der Philyra Sohn,
(Wenn es ziemt, daß unsere Zunge den Wünschen
Aller fromme Worte leiht,)
Der lange verblichen, im Licht,
5 Kronos', des Uranossohnes, gebietender Sproß!
Beherrschte Pelions Gründe noch
Der wilde Kentaur,

Holdgesinnt der Menschen Geschlecht, wie er einst auch ihn gepflegt,
Welcher mit freundlicher Kunst
10 Linderung der Schmerzen schuf, Asklepios,
Der sich in jeglichem Weh hülfreich bewährte!
Erste Gegenstrophe.
Noch bevor des reisigen Phlegyas Kind
Ihn gebar mit helfender Hand der Eleutho,
Stieg sie, durch der Artemis
15 Goldstrahlenden Bogen entseelt,
Aus dem Gemache zum Hause des Hades hinab
Durch Phöbos' Anschlag. Zürnt doch Groll
Der Söhne des Zeus
Nicht umsonst. Sie hatte, verführt von des Herzens leich=
tem Sinn,
20 Frevelnd verachtet den Gott,
Heimlich vor dem Vater andre Lieb' erwählt,
Früher umarmt von dem schöngelockten Phöbos.
Erste Epode.
Und des Gottes heiligen Samen im Schooß,
Harrte sie nicht auf des Hochzeitfestes Mahl
25 Noch den Klang vollstimmiger bräutlicher Lieder, wie sie wohl
Mädchen gern anstimmen in Abendgesängen,
Jugendgespielen der Braut:
Denn nach dem fernen Jünglinge
Zog es die Liebende hin,
30 Wie's schon so manches Herz erfuhr.
Unter den Sterblichen ist am thörichsten jenes Geschlecht,
Das der Heimat Schäze verachtend, zur Ferne stets den
Blick lenkt,
Und nach Eitelem nur in ungestilltem Sehnen hascht.

Zweite Strophe.

Solcher Art auch war die gewaltige Schuld,
35 Der die schöngeschmückte Koronis erlag. Denn
Liebe pflog sie mit dem Gast,
Als der von Arkadia kam,
Nicht unbemerkt von dem Späher. Wo Pytho sich hebt,
An Heerden reich, enthüll' es ihm,
40 Dem König der Burg
Loxias, sein treuster Genoß, dem allein der Gott vertraut,
Sein allwissender Geist;
Keine Täuschung rührt an ihn, kein Gott betrügt,
Keiner der Sterblichen ihn durch Thun und Denken.

Zweite Gegenstrophe.

45 Als er da den Ischys, des Eilatos Sohn,
Bei geheimer sträflicher Liebe gewahrte,
Sendet er die Schwester, die
Umstürmt in gewaltiger Wuth,
Gen Lakereia, da dort an des böbischen Sees
50 Felshang die Jungfrau wohnte. Doch
Der feindliche Geist,
Der zur Schuld trieb, gab ihr den Tod. Und mit ihr
erlagen dort
Viele der Nachbarn umher,
Weggerafft vom Tode. Dichtes Waldgebirg
55 Tilgte das Feuer, aus Einem Keim entsprungen.

Zweite Epode.

Als den Leichnam drauf die Verwandten der Braut
Auf den Holzstoß legten, als Hephästos' Glut
Rings umherlief prasselnd, erhob sich der Gott: „nie,"
sprach er, „nie
Trägt's mein Herz, daß also der eigene Sohn mir

60 Sterbe den kläglichsten Tod,
Vereint der Mutter grausem Loos!"
Sprach es und eilte hinan,
Reißt aus der Leiche seinen Sohn
Flugs — und es spaltete sich und wich ihm die flammende
Glut —
65 Trägt ihn nach Magnesia, gibt ihn dem Cheiron, daß er lerne,
Wie der Sterblichen vielfach schmerzlich Weh zu heilen sei.

Dritte Strophe.

Wer, von selbstentstandenen Wunden gequält,
Sich nach Heilung sehnte, wem blinkendes Eisen
Oder wem der ferne Wurf
70 Des Steines die Glieder verletzt,
Wem von den Gluten des Sommers, vom Froste der Leib
Hinzehrte, Jedem schuf er aus
Vielfältiger Qual
Lösung, dem hier lindernd das Weh mit der Kraft an=
muthigen Spruchs,
75 Dem mit erquicklichem Trank;
Andern band er Kräuter um die Glieder rings,
Andere richtet' er auf durch Messerschnitte.

Dritte Gegenstrophe.

Auch die Weisheit wird vom Gewinne bestrickt.
Jenen auch verlockte mit stattlichem Lohne
80 Gold, in Händen blinkend, ihn
Vom Grabe zu wecken, der schon
Lag in den Banden des Todes. Da warf er den Bliz
Durch Beide, Zeus, daß ihrer Brust
Der Odem erlosch
85 Plözlich und sein flammender Strahl sie zerschmetternd traf
mit Tod.

Was für den sterblichen Geist
Ziemt, um das nur flehe man die Götter an,
Prüfend in ruhigem Sinn, was unser Loos sei.

Dritte Epode.

Wünsche dir kein ewiges Leben, o Herz;
90 Nur an Ausführbarem übe deine Kraft!
Wohnte noch der sinnige Cheiron in seiner Grotte, daß
Unsre süßen Lieder ihm Wonn' in den Busen
Strömten: ich wollte fürwahr
Ihn rühren, daß er einen Arzt
95 Biederen Männern auch jezt
Für heiße Qualen sendete,
Sei er vom Sohne der Leto, sei er vom Vater genannt.
Und in hohem Schiffe die jonische See durchschneidend, eilt' ich
Zu dem Quell Arethusa, zu dem Gastfreund, Aetna's Hort,

Vierte Strophe.

100 Der ein König herrscht in der Stadt Syrakus,
Bürgern hold, nie neidisch den Edlen, dem Fremdling
Wunderbar voll Vatersinn.
Wenn doppelte Wonnen ich ihm
Brächte sodann, mit der gold'nen Genesung ein Lied,
105 Den Preis des kranzumstrahlten Spiels
Auf pythischer Bahn,
Den zu Kirrha siegend im Lauf Pherenikos einst errang:
Funkelnd in schönerem Glanz,
Als ein Stern des Himmels, käm' ich ihm, ein Licht,
110 Ueber die Wogen der tiefen See gefahren.

Vierte Gegenstrophe.

Doch ich will zur Mutter mit Flehen hinan
Treten, vor die Göttliche, welcher die Jungfrau'n
Samt dem Pan vor meinem Hof

Dritter pythischer Gesang.

Lobsingen in nächtlichem Chor.
115 Hieron, wenn du der Sagen erhabenen Sinn
Erkannt, so weißt du, durch den Mund
Der Väter belehrt:
„Gegen Ein Gut hat der Unsterblichen Rath den Men-
schen zwei

Uebel gesellt." Es vermag
120 Wohl der Thor sie nicht gefaßt zu tragen, doch
Kann es der Edle, der auswärts kehrt das Gute.

Vierte Epode.

Dich bekränzt mit seliger Wonne das Glück.
Denn es schaut ja, wenn auf Eines Menschen Haupt,
Auf des Volkes Herrscher das große Geschick. Lust ohne Leid
125 Wohnte nicht bei Kadmos, dem göttlichen, nicht bei
Peleus, des Aeakos Sohn,
Die doch des höchsten Glückes einst,
Sagt man, im Menschengeschlecht
Genossen, die selbst reizender
130 Musen Gesang im Gebirg' und Thebe's erhabener Burg
Hörten, als Harmonia, strahlenden Blicks, des Kadmos
Weib ward,
Und der Andre die Thetis freite, Nereus' hohes Kind.

Fünfte Strophe.

Beide Fürsten luden die Götter zum Mahl;
Beide sah'n auf goldenen Stühlen des Kronos
135 Söhne, sah'n die Herrscher mit
Brautgaben erscheinen. Von Zeus
Nahmen sie Gnade dahin für das frühere Leid,
Und neuer Muth erhob ihr Herz.
In späterer Zeit

140 Warb dem Kadmos, was er gewonnen an Glück, durch schweres Leib
    Der drei Töchter geraubt;
    Nur Thyona's, jener lilienarmigen,
    Reizendes Lager erkor sich Zeus, der Vater.

Fünfte Gegenstrophe.

    Jenem Andern wurde der einzige Sohn,
145 Den in Phthia Thetis geboren, die Göttin,
    Durch den Pfeil im Kampf entseelt,
    Und weckte die Klage des Heers,
    Lobernd in Flammen empor. So des Sterblichen Geist
    Erkennt der Wahrheit Pfad, genießt
150 Er freudig des Glücks,
    Das die Götter senden. In anderer Zeit weht andre Luft
    Hoch sich erhebenden Winds.
    Nie ja kehrt auf lange Glück bei Menschen ein,
    Beut es in lastender Fülle seine Gaben.

Fünfte Epode.

155 Groß in großem, niedrig in niedrigem Glück
    Will ich sein, will stets das Schicksal, das mir fällt,
    Ehren und mit willigem Sinne nach Kraft ihm huldigen.
    Wenn der Gott mir üppige Fülle verliehe,
    Hofft' ich erhabenen Ruhm
160 Mir noch in Zukunft auszuspähn.
    Nestor und, Lykier, dich,
    Sarpedon, die in Menschenmund
    Leben, erhebt der Gesang, den sinnige Meister erdacht
    Durch die Zeit forthallend; gefeiert im Liede, blüht die Tugend
165 In unsterblichem Glanz: doch solches Glück wird Wenigen leicht.

Vierter pythischer Gesang.

Auf Arkesilas von Kyrene,
den Sieger mit dem Wagen.

Der größte Theil dieser Ode, wozu der pythische Wagensieg des Arkesilas (Arkesilaos), Königs von Kyrene in Libyen, und der Tag der Siegesfeier am Hofe dieses Fürsten die nächste Veranlassung bot, beschäftigt sich mit der Erzählung des Argonautenzuges. Argonauten waren die Ahnherren der Fürsten von Kyrene. Battos, welcher Kyrene gegründet, und von welchem Arkesilaos im achten Gliede abstammte, war ein Nachkomme des Argonauten Euphemos, welchem schon Medea auf jener Fahrt die dereinstige Ansiedelung seines Stammes in Kyrene geweissagt hatte. Dem Battos selbst bestätigte dies ein von Pytho oder dem delphischen Orakel ausgegangener Gottesspruch, der ihn bewog, seine Heimat auf der Insel Thera zu verlassen und sich in Libyen eine neue Heimat (Kyrene) zu gründen. Dieser Zusammenhang der Schicksale Kyrene's und des Hauses der Battiaden mit der Argonautenfahrt hat den Dichter veranlaßt, die Argonautensage sehr ausführlich zu behandeln.

Erste Strophe.

Heut, o Muse, mußt du mir neben dem Freund
Steh'n, dem Herrn der reisigen stolzen Kyrene,
Daß du beim Arkesilas, nun er den Sieg
Feiert, Leto's Kindern und Pytho zu Dank
5 Den frischen Hauch der Lieder schwellest,
Da wo den goldenen Adlern des Zeus zur Seite thronend,
(Phöbos verweilte nicht fern,)
Die Priesterin den Spruch enthüllt,

Gründer solle Battos werden
10 Fruchtbarer Auen im Libyerland,
Und von heiliger Inselflur entfernt, die roßstolze Stadt
Sich erbaun auf lichtem Hügel.

Erste Gegenstrophe.

Und Medeia's Sprüche bestätigen im
Siebenzehnten Gliede, die Sprüche von Thera,
15 Die Aeetes' muthige Tochter vordem,
Kolchos' Fürstin, aus dem unsterblichen Mund
Hervorgehaucht. Denn also sprach sie
Dort zu den göttlichen Schiffern des speergewalt'gen Jason:
„Söhne der Götter und ihr,
20 Großherz'ger Helden Söhne, hört!
Aus dem meerumströmten Land hier
Wird sich die Tochter des Epaphos einst
Eine Wurzel vieler Städte pflanzen, werth aller Welt,
Dort in Ammon's heil'gen Gründen,

Erste Epode.

25 Daß sie statt kurzflossiger Fische daselbst
Sich Rosse wählen kühnes Flugs,
Daß sie für Ruder den Zaum
Eintauschend, Wagen lenken mit Schwingen des Sturms.
Jenes Pfand erfüllt sich euch, daß
30 Mächtigen Städten bereinst
Thera zur Mutterstadt erwählt sei, jenes Pfand,
Das bei des tritonischen Sees
Ausflusse der Gott in des Menschen Gestalt
Euphemos darbot, der die Scholl' als Gastgeschenk
35 Nahm, als er am Bug
Niederstieg. Heilkündend erdröhnte von Zeus
Ueber ihm der Ruf des Donners.

Vierter pythischer Gesang.

Zweite Strophe.

Als sie schon den Anker mit ehernem Zahn
Dort am Schiff aufwanden, der eilenden Argo
40 Zaum, erschien er. Aber wir hatten zuvor
Aus der See zwölf Tage des Schiffes Gebält
Wohl auf des Erdreichs ödem Rücken
Fürder geschleppt; wir enthoben's der Flut auf meinen Rath hin.
Und es begegnete nun
45 Allein der Gott uns, wunderbar
Widerstrahlend hehren Mannes
Hehre Gestalt, und mit freundlichem Wort
Hob er an, gleich Wirthen, die mit holdem Sinn kommende
Gäste gleich zum Mahle laden.

Zweite Gegenstrophe.

50 Doch verbot uns längere Weile der Wunsch
Süßer Heimkehr. Daß er Eurypylos sei, des
Erdumgürters Sohn, des unsterblichen Gottes,
Sagt er. Als er sah, wie wir drängten zur Fahrt,
Da rafft er alsbald, was der Zufall
55 Bot, von der Erde sich auf, um ein Gastgeschenk zu reichen.
Jener verachtet es nicht;
Schnell springt der Held zum Strand hinab;
Hand der Hand entgegenstreckend,
Nimmt er die göttliche Scholle von ihm.
60 Doch ich höre, daß sie Abends, aus dem Schiff weggespült,
Tief in Meeres Flut versunken,

Zweite Epode.

Fortgerafft von schäumenden Wogen; das Pfand
Mit Fleiß zu hüten, hatt' ich oft
Lässige Diener gemahnt;
65 Doch ungescheut vergaßen sie meines Gebots.

Vor der Zeit ist hier in's Eiland
So der unsterbliche Keim
Libyscher Feldflur ausgestreut, der mächtigen.
Hätt' ihn in des Ares Schlund,
70 Heimkehrend an Tänaros' heiligen Berg,
Hinabgesenkt Euphemos, er, vom reisigen
Meergotte gezeugt,
Welchen einst Europa, des Tityos Kind,
An Kephissos' Strand geboren;

Dritte Strophe.

75 Dann gewann im vierten Geschlechte sein Stamm
Jenes Festlands Weiten mit Danaerhülfe;
Denn des Tags erhoben sich Alle zumal,
Aus der großen Stadt Lakedämon zu ziehn,
Aus Argos' Meerbucht und Mykenä.
80 Jezo gewinnt es ein stolzes Geschlecht, aus fremder Frauen
Schooße gezeugt, ein Geschlecht,
Das, dieses Eiland findend durch
Götterhuld, aus seinem Blute
Zeugt den Beherrscher der dunkelen Flur.
85 Diesen wird im goldumstrahlten Heiligthum Phöbos einst
Durch Orakelsprüche mahnen,

Dritte Gegenstrophe.

Wann er Pytho's heilige Schwelle betritt
Späterhin, zum fetten Gelände Kronions
Dort am Nil auf Schiffen zu führen ein Volk."
90 Also scholl Medeia's erhabenes Wort.
Und stumm in regungslosem Schweigen
Staunten die göttlichen Helden, den weisen Rath vernehmend.
Seliger Sohn Polymnests,
Ja dich erhob nach diesem Wort

95 Jener Spruch, der aus dem freien
Munde der delphischen Biene dir scholl,
Welche Dich, dreimal begrüßend, laut erklärt als den Herrn,
Vorbestimmt dem Volk Kyrene's,

Dritte Epode.
Als du forschtest, ob dir den stammelnden Mund
100 Nicht lösen könne Göttermacht.
Wahrlich, es hebt sich auch jezt,
Auch spät noch, wie mit rosigen Frühlinges Glanz,
Diesem Stamm ein ächter Sprosse,
Blüht in Arkesilas auf,
105 Welchem Apollons Huld und Pytho hohen Ruhm
Verlieh vor den Völkern umher
Im Kampfe der rennenden Wagen. Und ich
Will ihn der Muse weihen samt des Widders Bließ,
Dem goldenen: denn
110 Als nach dem die Minyer segelten, ward
Ihrem Stamm der Götter Ehre.

Vierte Strophe.
Welcher Anlaß trieb sie zu solcherlei Fahrt?
Welche Noth war's, die sie mit ehernen Nägeln
Band? Geweissagt war es, daß Pelias einst
115 Durch die Hand stolzherziger Aeolossöhne
Oder unbeugsame Listen
Falle. Da drang in das sinnende Herz ein grauser Spruch ihm,
Der von dem Mittel der Erde,
Der grünumlaubten Mutter, scholl:
120 Vor dem Mann mit Einem Schuh stets
Sorgsam in Acht sich zu nehmen, sobald
Er von hochgeleg'nen Hürden nach der lichthellen Flur,
Nach dem hehren Jolkos käme,

Vierte Gegenstrophe.

Sei er Fremdling oder ein Bürger. Und bald
125 Kam ein Mann, mit doppelter Lanze gerüstet,
Grauser Art: ihm deckte die Glieder ein Kleid,
Das sich, nach magnetischem Brauch, der Gestalt,
Der stolzen, wohl anschmiegte; wider
Schauernde Regen umhüllte des Panthers Fell die Schultern.
130 Nicht von der Scheere gemäht,
Floß seiner Locken reicher Glanz
Dicht hinab den ganzen Rücken.
Und mit erhobenen Schritten sofort
Trat er, unverweilt erprobend seinen furchtlosen Muth,
135 Auf den vollumschwärmten Markt hin.

Vierte Epode.

Und ihn kannte Keiner; doch blickten sie wohl
Ihn staunend an, und Mancher sprach:
Wahrlich, der Fremdling, es ist
Nicht Phöbos, nicht auf ehernem Wagen der Mann
140 Aphrodita's! Auch in Naxos'
Lachenden Fluren erlosch
Iphimedeia's Stamm, mit Otos starbst auch du,
Ephialtes, verwegener Held!
Auch Tityos fiel von der Artemis Pfeil,
145 Den unbesiegbar raschen Schwungs die Göttliche
Dem Köcher entrafft,
Daß der Mensch auf möglicher Liebe Genuß
Nur den Wunsch zu richten wage.

Fünfte Strophe.

Also dort im Wechselgespräche vereint
150 Sagten sie. Da nahte sich Pelias eilend
Auf gebohntem Stuhl mit dem Mäulergespann,

Vierter pythischer Gesang.

Hastigen Laufs; und als er den einzigen Schuh,
Den wohl bekannten, an dem rechten
Fuße gewahrte, da staunt er; doch listig seinen Schrecken
155 Bergend im Busen, beginnt er:
„Welches Land, o Fremdling, ist
Deine Heimat? Welcher erdent=
sprossenen Sterblichen dunkeler Schooß
Brachte dich an's Licht? Durch hassenswerthen Trug schände nicht
160 Dich selbst und nenne dein Geschlecht uns."
Fünfte Gegenstrophe.
Und beherzt entgegnet in freundlichem Wort
Jason dies: „ich bringe die Schule des Cheiron,
Hoff' ich, mit; aus waldiger Kluft des Kentaurs
Von Charillo komm' ich und Philyra, wo
165 Mich seine keuschen Töchter pflegten,
Habe vollendet das zwanzigste Jahr und nie in Worten
Oder in Werken daselbst
Unlauter mich bewiesen; nun
Kam ich heim, um meines Vaters
170 Alte Gewalt mir zu nehmen, die nicht
Nach Gebühr verwaltet wird, die Zeus dem Volksherrscher einst,
Aeolos, und seinem Stamm gab.
Fünfte Epode.
Denn ich höre, Pelias habe den Thron,
Bethört von blassen Neides Groll,
175 Unserem Vater geraubt,
Trugvoll, gewaltsam, und er besaß ihn mit Recht.
Aeson, als ich kaum das Licht sah,
Fürchtend des herrischen Manns
Trozigen Uebermuth, erhob, als wär' ich todt,
180 Um mich in dem Königspalast

Die Klage der Trauer und sandte mich dann,
Umhüllt von Purpurwindeln, ingeheim, indeß
Wehklagten die Frau'n,
Meinen Pfad heimstellend der Nacht, in die Hut
185 Cheirons hin, des Kronossohnes.
Sechste Strophe.
Doch ihr kennt von Allem das Wichtigste nun.
Jezt, o Bürger, zeigt mir der wackeren Väter
Königshaus, die prangten auf leuchtendem Roß.
Denn des Aeson Sprosse von heimischem Stamm,
190 Nicht fremd in fremdem Land erschien ich,
Und von dem göttlichen Cheiron empfing ich Jasons Namen."
Sprach es. Den kommenden Sohn
Erkennt des Vaters Auge schnell:
Aus den greisen Augenwimpern
195 Quollen die perlenden Thränen hervor;
Denn im Geist frohlockt' er, als er so den hochherrlichen
Sohn ersah, der Männer schönsten.
Sechste Gegenstrophe.
Auch die zwei Oheime, von seinem Gerücht
Angelockt, erschienen: es kam aus der Nähe
200 Pheres an, vom Quell Hypereis, es kam
Aus Messene dann Amythaon, und bald
Kam auch Admetos, kam Melampos,
Freundlich den Vetter begrüßend: mit holden Worten nahm sie
Bei dem gemeinsamen Mahl
205 Der Sohn des Aeson wirthlich auf,
Reichte schöne Gastgeschenke,
Stimmte die Töne zu jeglicher Lust,
Sonder Rast fünf volle Nächte, volle fünf Tage lang,
Heiliger Freude Blumen pflückend.

Sechste Epode.

210 Doch am sechsten legt er den ernsten Entschluß
In ernstem Wort von Anbeginn
Vor den Versammelten dar;
Sie rufen Beifall. Und von den Stühlen sofort
Springt er auf mit ihnen: Alle
215 Gingen zu Pelias' Haus,
Stürmten hinein und standen drinnen. Doch der Sohn
Der lockigen Thyro vernahm
Ihr Kommen und wandelte gegen sie her.
Und Jason, ihm zuträufelnd sanfter Rede Thau
220 Mit freundlichem Laut,
Legt den Grund zu weisem Gespräch und beginnt:
„Sohn des Felsenhorts Poseidon!

Siebente Strophe.

Schneller wohl sind sterbliche Herzen bereit,
Wider Recht trugvollen Gewinn zu erspäh'n, so
225 Bittre Nachweh'n auch sie beschleichen zuletzt.
Doch es ziemt uns Beiden, zu zügeln den Geist,
Und unsrer Zukunft Heil zu bauen.
Was ich erwähne, du weißt es: den Kretheus und Salmoneus,
Diesen Verweg'nen, gebar
230 Ein Schooß und Eine Mutter; wir,
Als ein dritter Sproß von ihnen
Stammend, erblicken des goldenen Lichts
Holde Kraft. Die Moiren fliehen, wenn der Haß Blut empört
Wider Blut, die Scham verleugnend.

Siebente Gegenstrophe.

235 Uns geziemt es nicht, mit dem ehernen Schwert
Oder Speer zu theilen das große Besitzthum
Uns'rer Ahnherrn. Gerne gewähr' ich dir ja

All das Kleinvieh, bräunliche Heerden der Rinder,
Auch die Fruchtau'n, die du meinen
240 Eltern geraubt und beweidest, des Reichthums Fülle mehrend.
Und es bekümmert mich nicht,
Wenn dies das Haus dir statlich baut.
Nur den Herrscherstab, den Thron, auf
Welchem des Kretheus fürstlicher Sohn
245 Sizend, einst dem rossefrohen Volke Rechtsprüche wog,
Gib zurück uns, ohne Beiden

Siebente Epode.

Kümmerniß zu schaffen; es könnte dir sonst
Daraus ein schweres Leid ersteh'n."
Sprach es, und Pelias auch
250 Entgegnet ihm gelassen: „es möge gescheh'n!
Aber schon umfängt mich dämmernd
Greisenden Alters Geschick,
Während in dir jezt noch der Jugend Blüthe schäumt;
Du könntest versühnen den Groll
255 Der Götter des Todes; denn Phrixos ermahnt
Uns heimzuholen seinen Geist, hinschiffend nach
Aeetes' Palast,
Nach dem Vließ des wolligen Widders, worauf
Er vordem des Meeres Wogen

Achte Strophe.

260 Und der Unheilsmutter Geschossen entrann.
So gebot ein Wundergesicht mir im Traume;
Doch ich frug alsbald an Kastalia's Born,
Was davon zu halten. Und Phöbos befahl mir,
Schnell ein Schiff zur Fahrt zu rüsten.
265 Willig bestehe mir diese Gefahr, und ich gelobe,
Scepter und Königsgewalt

Vierter pythischer Gesang.

Dir abzutreten, und den Zeus,
Beider Urahn, ruf' ich, Zeuge
Meines gewaltigen Eides zu sein."
270 Als sie dem Vertrag gemeinsam beigestimmt, schieden sie.
Aber Jason selbst erregt schon

Achte Gegenstrophe.

Ueberall Herolde, die nahende Fahrt
Kundzuthun. Schnell kamen die Söhne des Zeus, drei
Streiter, niemals wankend, mit Leda gezeugt
275 Und der freudigblickenden Heldin Alkmena,
Kamen auch zwei langgelockte
Männer, des Länderumstürmers Geschlecht, auf ihre Kühnheit
Trozend, von Tänaros' Höhn
Und Pylos, Helden, deren Ruhm
280 Weit erscholl, Euphemos mein' ich,
Dich, Perikhymenos, mächtiger Fürst.
Von Apollon kam, der Harfe froh, des Lieds Vater auch,
Allerwärts gepriesen, Orpheus.

Achte Epode.

Hermes auch, der Gott mit dem goldenen Stab,
285 Entbot zum schweren Kampfe zwei
Sprößlinge, brausend in Jugend,
Hier Echion, Eurytos hier. Und geschwind
Eilten aus Pangäos' Gründen
Dort die Bewohner heran;
290 Willig ja sandte Boreas in heiterm Muth,
Der König des Sturms, in den Kampf
Die Söhne, den Zetos, den Kalais, aus;
Um ihre Schultern rauschten Purpurfittige
In dunkelem Glanz.

295 Hera fachte solche gewaltige Lust
   Nach der Argo bei den Helden

Neunte Strophe.

Allen an, daß Keiner in Ruhe daheim
Bei der Mutter bliebe, das Leben gefahrlos
Fristend, nein, und wär' es mit Todes Gefahr,
300 Seiner Tugend süßesten Lohn im Verein
   Mit Kampfgespielen sich erränge.
   Doch da die Blume der Schiffer in Jolkos' Thal hinabstieg,
   Musterte Jason die Schaar,
   Und grüßte lobend. Sein Prophet
305 Mopsos, der aus Vogelflug und
   Heiligen Loosen zu deuten verstand,
   Hieß das Heer sogleich an Bord geh'n. Als am Schiffbuge dann
   Aufgehißt der Anker ruhte,

Neunte Gegenstrophe.

Nimmt der Fürst am Steuer die Schale von Gold
310 In die Hand, und fleht zu dem Vater der Götter,
   Zeus, dem blizeschleuternden Herrscher, und ruft
   Jäher Wind' und Wogen geflügeltem Sturm,
   Den Nächten und des Meeres Bahnen,
   Betet um heitere Tage, der Heimkehr frohes Ende.
315 Aus den Gewölken erscholl
   Entgegen ihm des Donners Ruf,
   Heil verkündend; aus dem Blize
   Brachen die leuchtenden Strahlen hervor.
   Jede Brust erhob sich wieder, solcher Wahrzeichen froh,
320 Die der Gott gab. Und der Hoffnung

Neunte Epode.

Holden Trost ankündigend, rief der Prophet:
„Ergreift die Ruder unverweilt!"

Vierter pythischer Gesang.

Unter dem Schwunge des Armes
Trieben rastlos ringend die Ruder voran.
325 Und zur unwirthbaren Mündung
Kamen sie dann, von des Süds
Hauchen geführt. Dort ward ein heil'ger Hain geweiht
Dem meerebeherrschenden Gott;
Es fand sich von bräunlichen Stieren ein Zug
330 Aus Thrake vor, auch eines Altars Fläche, neu
Aus Steinen erbaut.
Aber nun hinstrebend in tiefe Gefahr,
Flehten sie zum Herrn der Schiffe,

Zehnte Strophe.

Daß sie flöh'n aus schrecklich zermalmendem Stoß
335 Grauser Felshöhn, welche, belebt und beweglich,
An einander stürzten in raschem Lauf,
Als ein Heer wildtosender Stürme. Doch jezt
Hat diese Fahrt der Göttersöhne
Ihnen das Ende gebracht. Sie gelangten drauf zum Phasis,
340 Wo sie der Arme Gewalt
Mit dunkelfarb'nem Kolchervolk
Maßen vor Aeetes selbst. Doch
Kypris, bewehrt mit dem schärfsten Geschoß,
Band den bunten Jynx an vier Radspeichen unlöslich fest,
345 Sandte von Olympos' Höhen

Zehnte Gegenstrophe.

Da den wahnsinnweckenden Vogel zuerst
In die Welt, und lehrte dem sinnigen Jason
Liebesred' und Zaubergesänge, die Scheu
Vor den Eltern aus der Medeia Gemüth
350 Zu bannen, hinzuzieh'n mit Peitho's
Stacheln ihr glühendes Herz zu dem heißgeliebten Fremdling.

Schleunig enthüllt sie dem Freund,
Was ihm Aectes auferlegt,
Beut ihm klugerdachte Mittel,
355 Wider die Folter des Schmerzes den Leib
Sich mit Salböl einzureiben. Beide dann schwuren sich
Seliger Liebe süß Umfangen.

Zehnte Epode.

Aber als Aectes den ehernen Pflug
In ihre Mitte hingepflanzt,
360 Als er die Stiere gebracht,
Die Feuers Glut aus bräunlichen Nüstern hervor
Sprühten und die Erde wechselnd
Stampften mit ehernem Huf:
Schirrt er sie leicht allein in's Joch, treibt an und zieht
365 Gerade die Furchen dahin,
Und spaltet den Rücken des scholligen Lands .
Auf Klaftertiefe. Dann beginnt er: „wer im Schiff
Als König gebeut,
Ende mir dies Werk und entführe sofort
370 Diesen ewig reinen Teppich,

Elfte Strophe.

Dieses Vließ, hellschimmernd in Flocken von Gold!"
Also rief er. Jason, dem Gotte vertrauend,
Warf von sich sein Krokosgewand und begann
Schnell das Werk! — wohl störte das Feuer ihn nicht,
375 Der Freundin Zauberei'n gehorsam —
Rückte den Pflug aus den Furchen und band der Stiere Nacken
Zwängend mit Riemen und Joch,
Und warf den grausen Stachelstock
In die stolzen Hüften: also
380 Endet er kühn das gebotene Werk.

Vierter pythischer Gesang.

Aber bei sprachlosem Schmerze schrie der Fürst dennoch auf,
Ueber Jasons Kraft erstaunend.

Elfte Gegenstrophe.

Und mit off'nen Armen umfangen ihn dort,
Ihren Freund, die Freunde; mit Kränzen des Laubes
385 Schmücken sie den Helden, mit schmeichelndem Wort
Ihn begrüßend. Helios' herrlicher Sohn
Nennt schnell die Stätte, wo das lichte
Vließ von dem Schwerte des Phrixos im Hain lag ausgebreitet,
Hoffend, es werde der Held
390 Ihm solchen Kampf niemals bestehn.
Denn im Dickicht lag's, vom grausen
Schlunde des gierigen Drachen bewacht,
Der an Dick' und Läng' ein Fünfzigruderschiff übertraf,
Das des Stahles Schläge bauten.

Elfte Epode.

395 Doch zu langhin dehnte sich unsere Bahn;
Die Stunde drängt; wohl weiß ich auch
Kürzere Pfade zu gehn,
Bin vielen Andern Führer in weisem Gesang.
Ja, mit List, Arkesilaos,
400 Schlug er den Drachen, das Graun
Funkelnden Blicks, entführt mit ihm Medeia, die
Des Pelias Mörderin ward.
Bald drangen sie ein in Okeanos' See'n,
Ins rothe Meer, zum männermordenden Geschlecht
405 Der lemnischen Frau'n,
Wo sie kämpfend auch um ein festlich Gewand
Ihrer Glieder Kraft erprobten,

Zwölfte Strophe.
Und den Frau'n beiwohnten. In fremdem Gefild
Legte da den Keim zu dem Strahle von eurem
410 Glück die schicksalwaltende Stunde bei Tag
Oder Nacht. Hier ward des Euphemos Geschlecht
Gepflanzt und grünte fort in alle
Zeiten; gelangend sodann zu den Männersizen Sparta's,
Bauten sie später das Land,
415 Das ehedem Kallista hieß.
Und von da ließ Leto's Sohn euch
Pflanzen und mehren die libysche Flur,
Daß ihr, hoher Gottesgnade froh, der goldthronenden
Nymphe stolze Stadt Kyrene

Zwölfte Gegenstrophe.
420 Lenktet, stets nachsinnend ersprießlichem Rath.
Löse nun ein Räthsel mit Oedipus' Weisheit:
Hiebe Jemand Aeste mit schneidendem Beil
Aus des Eichbaums mächtigem Stamme heraus,
Den stattlich hohen Wuchs zu schänden:
425 Gibt er sich selbst, auch der Früchte beraubt, gleichwohl
noch Zeugniß,
Wenn er am Ende vielleicht
In winterliches Feuer kommt,
Oder auch am Fürstenhause
Ragenden Säulen als Stüze gesellt,
430 Mühevollen Dienstes Last am fremden Bau tragen muß,
Abgelöst von seiner Heimat.

Zwölfte Epode.
Aber du bist Arzt in gelegenster Zeit,
Und Päan segnet dein Geschick.
Eilernde Wunden berührt

Vierter pythischer Gesang.

435 Mit sanfter Hand nur, wer sie zu heilen verlangt.
Denn es ist auch schwachen Geistern
Leicht, zu zerrütten die Stadt,
Aber sie wiederum auf festen Grund zurück
Zu führen, ein schwieriges Werk,
440 Wo nicht, um das Steuer zu lenken, ein Gott
Alsbald erscheint den Fürsten. Dir wird solches Glück
Von Göttern gewebt.
Trachte nur, Kyrene'n, dem seligen Land,
Jede Sorge zuzuwenden.

Dreizehnte Strophe.

445 Von Homeros' Worten beherzige dann
Dieses auch: ein wackerer Bote verleihe,
Sagt er, jedem Dinge das höchste Gewicht.
Hohen Ruhm auch erntet der Muse Gesang
Von edler Botschaft. Ganz Kyrene
450 Samt dem gepriesenen Hause des Battos kennt das treue
Herz des Demophilos längst,
Der unter Jungen Jüngling ist,
Greis im Rathe, den in hundert=
jähriger Schule das Leben gelehrt,
455 Er, vor dem der Lästerzunge heller Ton scheu verstummt,
Der gelernt, den Stolz zu hassen,

Dreizehnte Gegenstrophe.

Nie mit Edeln hadert in feindlichem Groll,
Noch ein Werk jemals zu beendigen zögert,
Weil so schnell die günstige Stunde zerrinnt.
460 Wohl erkennt er diese; doch folgt er ihr frei,
Nicht als ein Sklave. Schmerzlich, sagt man,
Ist es vor Allem, zu kennen ein Gut und nothgedrungen
Traußen zu steh'n. Und fürwahr,

Mit höchster Himmel Beste ringt
465 Dieser Atlas jezt, der Heimat
Fern und vom Erbe der Ahnen verbannt.
Doch Titanen löste ja der ew'ge Zeus. Mit der Zeit
Ruht der Wind, dann wird das Segel

Dreizehnte Epode.

Umgestellt. Ja, nun er das schmerzlichste Leid
470 Durchkämpft, verlangt es endlich ihn,
Wiederzusehen sein Haus,
Am Born Apollons feiernd ein festliches Mahl,
Oft das Herz der Jugendlust zu
Weih'n, und zu Bürgern gesellt,
475 Freunden des Lieds, sein buntverziertes Saitenspiel
Im Arm, sich der Ruhe zu freun,
Niemanden bereitend ein Leid, noch ein Leid
Von andern Bürgern duldend. Wohl, Arkesilas,
Erzählt er dir auch,
480 Welchen Born unsterblicher Lieder er fand,
Als ihn Thebe jüngst bewirthet.

Fünfter pythischer Gesang.

Auf Arkesilas von Kyrene,
den Sieger mit dem Wagen.

Nach der gewöhnlichen Ansicht hat der fünfte pythische Gesang denselben Wagensieg zum Gegenstande, auf welchen der vorangehende gedichtet ist. Während dieser des pythischen Sieges nur im Anfange kurz gedenkt, und sich fast ausschließlich mit der Erzählung von dem Argonautenzuge beschäftigt, ist die fünfte Ode das eigentliche Loblied auf den Sieger, indem sie näher in die Umstände und den Fall selbst eingeht. Sie wurde bei der Heimkehr des Festzuges auf dem Wege zum Apollotempel öffentlich gesungen.

Erste Strophe.

Weit herrscht des Reichthums Gewalt,
Wenn ihn, mit lauterm Sinn ohne Makel gepaart,
Vom segnenden Geschick
Empfangen, ein Mann im Hause sich gesellt
5 Als liebliches Geleit.
Arkesilas, göttlicher Fürst,
Ja, du wandelst nun
Von seligen Lebens hohen Stufen her
Den Pfad hier zurück in des Ruhmes Glanz
10 Durch Kastors Huld, der im Goldwagen prangt
Und nach Sturmwetter und Regenguß
Jetzt deinen hochbeglückten Herd
Mit heiterm Strahl beglänzt.

Erste Gegenstrophe.

Der Weise trägt würdiger
15 Auch was ein Gott ihm verleiht an hoher Gewalt.
Du wandelst in der Bahn
Des Rechts, von des Glückes Segnungen umblüht:
Du bist König, hast
In mächtigen Städten Gewalt,
20 Und dein Auge sieht,
Wie hoch geehrt sei dieses Königthum,
Die Macht, deinem weisen Gemüth vermählt;
Und selig auch bist du jezt, weil du Ruhm
Auf dem Rennwagen im Glanze des Siegs
25 Von Python erntest und den Chor
Der Männer hier empfängst,

Erste Epode.

An dem Phöbos sich ergözt. Vergiß denn
Nicht in Kyrene, wenn man
In dem holden Garten
30 Aphrodita's im Liede dich preist,
Ueber Alles zu stellen den gewährenden Gott,
Und liebe vor allen Freunden Karrhotos:
Er hat nicht Epimetheus', des zu spät
Denkenden, Tochter, die Beschönigung, zurückgebracht
35 Zu Battos' Haus, dem Haus gerechter Herrscher;
Nein, im Rennwagen groß,
An Kastalia's Born
Gastfrei bewirthet, flocht er dir
Den Siegskranz in's Haar.

Zweite Strophe.

40 Mit Zügeln, ganz unversehrt,
Durchflog er sturmschnell der zwölf Umläufe Gefild.

Fünfter pythischer Gesang.

Kein Stück an dem Geräth
Zerschellte der Held; geweiht hängt es dort,
Was er, gebildet von
45 Meisterhand, Kunstreiches gebracht
Zum Berg Krissa's, als
Er in das hohle Thal des Gottes trat.
Bewahrt ruht es dort im Kypressenhaus
Zunächst der Bildsäule, die nebenan
50 Kreter einst, Meister im Schusse des Pfeils,
Geweiht in Delphi's Schatzgemach,
Gewächs aus Einem Stamm.

Zweite Gegenstrophe.

So ziemt es denn wohlgemuth
Dem edlen Wohlthäter frisch entgegenzugehn.
55 Alexibios' Sohn!
Wohl strahlen die lockigen Chariten dich an.
Seliger, der du nach
Unendlichen Mühen zum Preis
Ein Denkmal errangst
60 Im stolzen Lied! Denn unter Vierzig, die
Vom Rennwagen stürzten, bewahrtest du
Furchtlosen Sinns dein Gespann unversehrt,
Kamest schon aus dem gefeierten Kampf
In deiner Ahnen Stadt zurück
65 Zur Eb'ne Libya's.

Zweite Epode.

Von Müh'n ist der Menschen keiner frei, noch
Wird er es je. Doch waltet
Noch des Battos alter
Segen, mild spendend dieses und das,
70 Ist den Bürgern ein Thurm, ist ein leuchtender Stern

Den Fremden. Vor Battos flohen entsezt auch
Die tiefbrüllenden Leu'n, da sie die Stimm'
Ueber das Meer hörten herübertönen von ihm.
Des Zugs Führer, Phöbos selbst, erfüllte
75 Sie mit graunvoller Furcht,
Daß sein göttliches Wort
Sich an Kyrene's Herrscher nicht
Als Trug zeige; er,

Dritte Strophe.

Der gnadenvoll Heilung auch
80 In schweren Krankheiten Frau'n und Männern gewährt,
Der Kithara Geschenk
Und Kunde des Lieds verleiht, wem er will,
Und friedliches Gesez
In Herzen der Sterblichen senkt,
85 Und die Prophetenkluft
Umwandelt, wo nach Lakedämon er,
Zur gottgleichen Pylos und Argolis
Herakles' wehrhaften Stamm einst verpflanzt
Und des Aegimios Enkel. Und wohl
90 Tönt lieblich her vom Sparterland
Auch meines Ruhmes Preis.

Dritte Gegenstrophe.

Denn dort gezeugt, kamen aus
Aegeus' Geschlecht Männer, unsre Väter, gesellt
Von himmlischem Geschick,
95 Gen Thera: die Götter führten sie dahin.
Von dort nahmen wir
Das opferreiche Gelag,
Begehn, Phöbos, dein
Karneienfest an deinem Mahl zum Preis

Fünfter pythischer Gesang.

100 Kyrena's, der stattlichgethürmten Stadt.
Hier walten Ansiedler, froh eh'rner Wehr,
Troer sind's, aus des Antenor Geschlecht,
Die, da sie Troja rauchen sahn
Im Sturm, mit Helena

Dritte Epode.

105 Hieher flohen. Da nehmen dieses
Reisige Volk mit Opfern
Freundlich auf die Männer,
Die mit Festgaben wandeln heran,
Die in eilenden Schiffen Aristoteles her-
110 geführt, der See tiefe Bahnen erschließend.
Er weiht Göttern ein stattlicheres Haus,
Und das geebnete Gefilde dem Festzug des Gottes,
Der Fluch wehrt von Sterblichen, des Apollon,
Daß vom Hufschlag umhallt
115 Sei die steinerne Bahn,
Wo nun der Todte ganz allein
Am Marktende ruht.

Vierte Strophe.

Im Lichte noch weilend, war
Er selig, seitdem ein Held, vom Volke verehrt.
120 Getrennt, fern von ihm,
Ruh'n andre geweihte Herrscher in der Gruft
Vor den Palästen dort.
Doch herrlicher Tugenden Lob,
Vom anmuth'gen Thau,
125 Dem milden Strom des Festgesangs besprengt,
Vernimmt lauschend unter der Erd' ihr Geist,
Ihr eignes Glück und den Ruhm, der mit Recht
Auch den Sohn, ihren Arkesilas, schmückt.

Er muß im Jünglingschor erhöh'n
130 Den goldbewehrten Gott.

Vierte Gegenstrophe.

Aus Python her ward ihm ja
Der Lohn des Aufwandes, feiernd seinen Triumph,
Ein lieblicher Gesang.
Ihm zollen die Weisen Lob; ich spreche nach,
135 Was laut ruft die Welt:
Weil über sein Alter hinaus
Beseelt ihn der Geist,
Der Rede Kraft; er strahlt in Selbstvertrau'n
Ein Aar unter schwebenden Vögeln vor;
140 Im Kampfe wankt nie sein Muth, Mauern gleich.
Zum Gesang ist er beschwingt von dem Schooß
Der Mutter her, ist wohlbewährt
Als Wagenlenker auch.

Vierte Epode.

So viel Pforten sich daheim dem Schönen
145 Oeffnen, er schloß sie kühn auf,
Und die Götter krönen,
Reich an Huld, jezt auch seine Gewalt.
Ja, auch künftig, o selige Kroniden, verleiht
In jedem Rathschlusse, jeglichem Werk ihm
150 Gedeih'n, daß ein vernichtender Orkan
Eisigen Hauches in den Grund nicht schmettere die Frucht!
Die Glücksloose theurer Männer lenkt ja
Stets des Zeus großer Sinn;
Und ich flehe zu ihm:
155 Olympia schenke gleichen Preis
Des Battos Geschlecht!

Sechster pythischer Gesang.

Auf Xenokrates von Akragas,
den Sieger mit dem Wagen.

Das Gedicht ist dem Xenokrates, dem Bruder Therons, des Königes von Akragas, dem Enkel des Emmenides, dem Urenkel jenes Telemachos, der die Herrschaft des Phalaris stürzte, überschrieben, aber an den Thrasybulos, seinen Sohn, gerichtet, an welchen Pindar, als an einen von ihm geliebten Jüngling, auch das zweite isthmische geschrieben hat. Weil der Dichter ihn mit dem Antilochos, dem Sohne des Nestor, vergleicht, welcher durch Aufopferung des eigenen Lebens seinen Vater gerettet hat, und ihm ähnliche Gesinnungen gegen den Xenokrates beilegt, so muß die kindliche Liebe des Thrasybulos durch eine ausgezeichnete That bekannt gewesen sein. Es ist also die Annahme mehr als wahrscheinlich, daß Thrasybulos den Sieg gewonnen, aber seinen Vater als Sieger habe ausrufen lassen, so daß also die ganze Ehre desselben auf den Vater überging, dem Sohne aber der Ruhm einer großen kindlichen Liebe ward. Dem Dichter genügt dieses, um ihn dem Antilochos zu vergleichen, da ihm nirgend darum zu thun ist, bei seinen Beziehungen auf die Heldensage einen gleichen Fall, sondern nur eine Aehnlichkeit hervorzuheben. Beide Jünglinge aber hatten ihre Liebe zu den Vätern durch Aufopferung bewiesen, der eine des Lebens, der andere des Ruhms. Thiersch.

Erste Strophe.
Lauscht meinem Lied: denn ich bestelle der Aphrodita,
Der heiterblickenden, Au'n,
Auen der Chariten, wallend zu der heiligen Flur,
Der getösreichen Erde mittelstem Raum,

5 Wo dem beglückten Stamm seliger Emmeniden geweiht
Und der umfluteten Akragas,
Und dem Xenokrates auch,
Ein stolzes Schazhaus
Von Hymnen pythischer Siege
10 Im goldreichen Thal Apollens ward erbaut,
Zweite Strophe.
Das kein daherstürzender zorniger Winterschauer,
Kein unerbittliches Heer
Brausenden Donnergewölkes, kein wilder Sturm,
Vom Geröll fortgerafft, hinab in der See
15 Tiefen entführt. Das Antliz umstrahlt von heiterem Glanz,
Wird es den Sieg des Gespannes laut,
O Thrasybulos, dem Mund
Der Welt verkünden,
Den dein Geschlecht mit dem Vater
20 So glorreich errang in Krisa's tiefem Thal.
Dritte Strophe.
Ja, du bewahrst, ihm an die Rechte dich stellend, standhaft
Die Weise jenes Gebots,
Das dem verwaisten gewaltigen Peliden einst
Im Gebirg, sagen sie, der Philyra Sohn
25 Gab in die Seele: „mehr, als die Götter alle, zu scheu'n
Kronos' erhabenen Sohn, der hoch
Dröhnt im Gewölk' und dem Bliz
Machtvoll gebietet,
Und gleiche Ehre den Eltern
30 Zu weih'n allezeit, so lang sie weilen im Licht."
Vierte Strophe.
In solchem Sinn hat sich ein Held in den alten Zeiten
Bewährt, Antilochos, der

Sich für den Vater im Tod opfernd den Kampf bestand
Mit dem Heerfürsten Aethiopiens, dem
35 Memnon. Des Nestor Roß war von Paris' Pfeilen durchbohrt,
Daß es den Wagen ihm hemmte: schon
Drang mit gewaltigem Speer
Heran der Mörder:
Da rief, erschüttert im Geiste,
40 Der Messenergreis um Hülfe seinem Sohn.

Fünfte Strophe.

Sein Wort verscholl nicht in den Lüften: er blieb zur Stelle
Kühn steh'n, der göttliche Mann.
Und er erkaufte des Vaters Heil durch den Tod,
Und erschien unter Helden früherer Zeit
45 Jüngeren, weil er dies ungeheuer Kühne vollbracht,
Als das erhabenste Musterbild
Kindlichen frommen Gefühls.
Dies sah die Vorwelt:
Jezt wandelt auch Thrasybulos
50 Dem Vorbild des Vaters am getreusten nach.

Sechste Strophe.

Dem Ohme nachfolgend, bewährt er den Glanz der Tugend;
Bescheiden nüzt er sein Gut;
Nicht in verwegenem Stolz der Lust lebend, pflückt
Er die Weisheit im Thal pierischer Frau'n.
55 Dir, o Poseidon, und Ritterkünsten, die du gelehrt,
Weiht er mit inniger Seele sich,
Ländererschütternder Gott!
Sein sanftes Herz, sein
Frohsinn bei Freundesgelagen
60 Besiegt selbst der Bienen Seim an Süßigkeit.

Siebenter pythischer Gesang.

Auf Megakles von Athen,
dem Sieger mit dem Viergespann.

Der Athener Megakles war aus dem Hause der Alkmäoniden (Alkmaniden), zu welchem auch Alkibiades und Perikles gehörten, das einst den von den Pisistratiden zerstörten Apollotempel zu Delphi wieder aufbaute und in den Kampfspielen Griechenlands mehrere Siege erlangt hatte. Er war der Sohn des Hippokrates, nach Andern des Klisthenes, und Bruder der Agariste, welche die Mutter des Perikles war. Diesen pythischen Sieg errang er Olymp. 76, 3. einige Jahre nach der Schlacht bei Salamis, welche Ol. 75, 1. fällt.

Strophe.

Am schönsten tönt, o gewaltige Stadt Athens,
Dein Name voran, für der Alkmaniden mächtiges Haus
Den Grund zum Siegslied
Der Rosse zu legen.
5 Denn welches der Geschlechter und welches
Haus nennt' ich im Liede wohl,
Das ein erhab'nerer Ruhm
Feierte in Hellas?

Gegenstrophe.

Durch alle Städte ja wandelte das Gerücht, wie
10 Dir, Herrscher Apollon, Erechtheus' edle Söhne das Haus
Im hehren Python
So stattlich erbauten.
Es locken mich, im Isthmos errungen,

Fünf Siege, der schönste dann,
15 Der vom olympischen Zeus;
Zwei Siege zu Kirrha,

Epode.

Mein Megakles, gewannt
Ihr und die Väter vordem.
Mich stimmt dein neues Glück zur Freude; doch macht
mir's Schmerz,
20 Daß ewig der Neid an das Schöne sich heftet.
Aber man sagt, daß, wenn in solcher Dauer das Glück
Fortblühe, dann immer für uns
Auch Böses sich spinne.

Achter pythischer Gesang.

Auf Aristomenes von Aegina,
den Sieger im Ringkampfe.

Aristomenes war der Sohn des Xenarkes und gehörte zu dem Stamme der Midyliden, der den Namen von einem übrigens unbekannten Midylos hatte. Sein Vaterland war Aegina, das durch großen Handelsverkehr und treffliche Einrichtungen einst so blühende Eiland, welches zu der Zeit, als Aristomenes seinen Sieg gewann (es war im dritten Jahre der zweiundachtzigsten Olympiade), bereits den gefährlichen Kampf mit dem übermüthigen Athen begonnen hatte, in welchem seine Freiheit und sein Wohlstand untergingen.

Erste Strophe.

Holde, freundliche Ruhe, du
Staatenschirmende Tochter des Rechts,
Die weise zu Rath und zu Krieg
Der höchsten Macht Schlüssel bewahrt, o nimm
5 Pythischen Siegeskranz aus
Aristomenes' Händen an!
Du weißt ja Sanftes zu geben
Und anzunehmen auch,
Sobald dazu die rechte Stunde kam.

Erste Gegenstrophe.

10 Aber wenn sich ein Herz vor dir
Unversöhnbar in Groll verschließt,
Dann trittst du der feindlichen Macht

Achter pythischer Gesang.

Entgegen, wirfst zürnend den Uebermuth
Nieder in's Meer. Dich hat
15 Auch Porphyrion nicht gekannt,
Er, der durch Frevel dich reizte.
Nur der Gewinn erfreut,
Den Einer holt im Haus des Willigen.

Erste Epode.
Doch übermüthige Prahler auch stürzt zulezt Gewalt.
20 Der hunderthauptige Typhos
Entrann der Gewalt nicht,
Noch der Fürst der Giganten; beide
Entraffte der Blizstrahl
Und Phöbos' Geschoß; aber mit holdem Sinn empfängt
25 Dieser heute Tenarkes' Sohn,
Der von Kirrha sich naht im Schmuck
Der Kränze von Parnassos' Laub
Und mit Dorerhymnen.

Zweite Strophe.
Doch nicht ferne den Chariten
30 Liegt dies Land, wo sie schirmen das Recht;
Es strahlt durch Aeakos' Haus
In Tugendglanz, blüht in des höchsten Ruhms
Fülle von Anbeginn:
Vielfach wird es gefeiert im Lied
35 Als Pflegerin stolzer Heroen
In siegverherrlichten
Kampfspielen und im raschen Sturm der Schlacht.

Zweite Gegenstrophe.
Hoch erglänzt es an Männern auch.
Doch ich möchte so reichen Stoff
40 Jezt nicht mit weichem Gesang

Und Lyraspiel feiern; der Ueberdruß
Könnte sich stechend nah'n.
Aber was sich am nächsten mir
Darbeut, das Neuste des Schönen,
45 Das trete, Sohn, heran,
Dein Preis, beschwingt durch meines Liebes Kunst.

Zweite Epode.

Du trittst als Ringer in deiner Oheime Spuren, du
Entehrst des Ohms Theognetos
Olympischen Ruhm nicht,
50 Noch Kleitomachos' Sieg, am Isthmos
Kampfmuthig errungen.
Des Midylos Haus hebst du, bewährst an dir das Wort,
Das vor Zeiten Oïkles' Sohn
Ausrief, als er im Lanzensturm
55 Fest steh'n am siebenthorigen
Thebe sah die Söhne,

Dritte Strophe.

Da sie von Argos in zweiter Fahrt
Wiederkamen, der spät're Stamm.
So sprach er während der Schlacht:
60 „Der edle Sinn wackerer Väter thut
Sich in den Söhnen kund.
Ich erblicke ja deutlich schon
Den bunten Drachen an Alkman's
Lichtfarb'nem Schilde dort,
65 Der ihn voranschwingt bei des Kadmos Thor.

Dritte Gegenstrophe.

Den das frühere Leid gebeugt,
Er erhält vom Geschicke nun
Vorzeichen schöneren Glücks,

Achter pythischer Gesang.

Der Held Abrast; wohl in dem eignen Haus
70 Trifft ihn das Unheil: er
Wird im Danaervolk allein
'Des todten Sohnes Gebein
Sammeln, aber unverletzt
Mit seinem Kriegesheer durch Götterhuld

Dritte Epode.
75 In Abas' räumige Gassen heimziehen." Also sprach
Der Seher Amphiaraos.
Und freudig bestreu' ich
Selbst mit Kränzen den Altnian, bring' ihm
Die Spende des Liedes,
80 Der, meinen Besiz hütend, ein treuer Nachbar, als
Ich ausging zum gefeierten
Nabelland, mir entgegentrat,
Und angestammte Künste der
Offenbarung übte.

Vierte Strophe.
85 Du, Ferntreffender, welcher das
Allen offene Haus des Ruhms
In Pytho's Thalen bewohnt,
Die höchste Siegsfreude verliehst du dort:
Aber daheim hast du
90 Früher reizende Gaben ihm
An eurer Feier im Fünfkampf,
O König, dargereicht.
O schau, ich flehe, mit gewog'nem Sinn

Vierte Gegenstrophe.
Auf der nielobischen Weise Klang,
95 Die zu jeglichem Siege tönt.
Wohl steht bei'm süßen Gesang

Die Wahrheit; doch ruf ich die Götter an,
Daß sie, Tenarkes, ohn'
Ende wachen für euer Glück.
100 Wer ohne dauernde Mühen
Ein hohes Glück errang,
Scheint vielen Thoren wohl als kluger Mann

Vierte Epode.
Geschickt sein Leben zu waffnen durch wohlberathne Kunst.
Doch das ist Menschen unmöglich;
105 Die Götter verleih'n es,
Heben den in die Höhe, drücken
Den unter der Hände
Maß wieder hinab. Megara krönte dich mit Ruhm,
Dich die Fluren von Marathon;
110 Dreimal auch, Aristomenes,
Hast Hera's heimische Kämpfe du
Kühnen Siegs bewältigt.

Fünfte Strophe.
Auf vier Ringer von oben her
Stürzend, sannst du Verderben aus;
115 Und nicht ward ihnen, wie dir,
Vom Pythokampf freudige Wiederkehr;
Als sie zur Mutter heim
Kehrten, weckt' kein lächelndes
Gekose Lust um sie her; wie
120 Vor Feinden, schleichen sie,
Von Gram zerrissen, scheu die Gassen hin.

Fünfte Gegenstrophe.
Wer sich kränzte mit neuem Ruhm,
Der, in blühendem Glück beschwingt
Von stolzen Hoffnungen, fliegt

125 Empor den Flug männlichen Muthes, nach
 Höherem trachtend, als
 Reichthum. Aber geschwind erwächst
 Die Lust der Menschen und sinkt auch
 Geschwind zur Erde hin,
130 Zerschellt vom Grimm unholder Göttermacht.
                    Fünfte Epode.
 Was sind wir Söhne des Tages, was nicht? Wir sind
                                        ein Traum
 Des Schattens. Aber erglänzt,
 Gottgesendet, ein Lichtstrahl,
 Hell dann leuchtet der Tag dem Mann,
135 Blüht in Wonne das Leben.
 Aegina, des Stammes Mutter, o laß auf freier Fahrt
 Dahin steuern die Stadt in Zeus'
 Hut, mit Aeakos, ihrem Hort,
 Peleus, dem Helden Telamon,
140 Und dem Sohn des Peleus!

Neunter pythischer Gesang.

Auf Telesikrates von Kyrene,
den Sieger im Waffenlaufe.

Telesikrates aus Kyrene, der Sohn des Karneiades, hatte als Läufer in voller Waffenrüstung (mit Schild, Helm und Beinschienen) gesiegt. In dem Sieger verherrlicht der Dichter zugleich dessen Vaterstadt. Wie er in der vierten und fünften pythischen Ode die Gründung Kyrene's durch Battos und durch seine von der Insel Thera einwandernden Genossen als Stoff benüzt hatte, so geht er hier noch weiter in die eigentliche Mythenzeit zurück, und erzählt die Sage von der Nymphe Kyrene, nach welcher die Stadt später benannt wurde. Kyrene war die Tochter des Lapithenkönigs Hypseus in Thessalien. Apollon, von dem Kentauren Cheiron über die glänzende Zukunft einer Vermählung mit der schönen muthvollen Jungfrau belehrt, entführte sie aus Thessalien nach Libyen, verband sich mit ihr, und beschirmt noch jetzt die nach ihr genannte Stadt, deren Bürger Telesikrates sie nun durch seinen Sieg verherrlicht hat. Schon ein Ahn des Siegers, der Libyerfürst Alexidamos, hatte sich im Wettrennen eine Braut erobert, die Tochter des Antäos, der, nach dem Vorgange des Danaos, die Jungfrau demjenigen zur Gattin verhieß, der im Wettlauf über die andern Mitbewerber siegen würde. So konnte es nicht befremden, wenn Telesikrates, der Sprößling eines solchen Geschlechtes, jez auch den Sieg errang, so daß ihm zu Delphi (wie der alte Scholiast berichtet) eine Bildsäule mit einem Helme, den Waffenläufer andeutend, geweiht wurde.

Erste Strophe.

Von dem Pythosieger im ehernen Schilde
Sing' ich, tiefgeschürzte Huldinnen,
Im Vereine mit euch: Telesikrates heißt er,

Neunter pythischer Gesang.

Jener Beglückte, der Rossetummlerin Schmuck, der Kyrene,
5 Welche Leto's lockiger Sohn von den Gründen
Pelions, den stürmischen, einst sich geraubt,
Und in dem goldenen Wagen
Hin zu der üppigen Flur
Entführte die ländliche Jungfrau,
10 Und sie zur Herrscherin dort
Gab den heerdenreichen Au'n,
Anzubau'n der Erde drittes
Wurzelland voll Reiz und Blüthen.

Erste Gegenstrophe.

Und die silberfüßige Kypris begrüßte
15 Da den Gast aus Delos, rührte leicht
Mit gelinder Hand an den göttlichen Wagen,
Breitete liebliche Scheu dann über das wonnige Lager,
Und vermählte so des gewaltigen Hypseus
Tochter dort in bräutlichem Bunde dem Gott.
20 Jener gebot der Lapithen
Stolzem Geschlechte vordem,
Von Okeanos' Stamme der zweite
Held: ihn gebar die Najad'
Einst in Pindos' hehrem Thal,
25 Wo sie wonnevoll Peneios'
Liebe sich ergab, Kreusa,

Erste Epode.

Die Tochter der Erde. Daheim erzog er sein
Reizendes Kind. Und Kyrene
Liebte nicht die vor- und rückwärts
30 Laufende Bahn des Gewebes,
Noch des Gastmahls Wonnen im stillen Gemach bei
Freundinnen;

Nein, mit erzumstarrtem Wurfspeer
Und mit Schwertern kämpfend erlegte sie kühn des Waldes Wild;
Also, traun, viel sichre, behagliche Ruh
35 Schaffte sie den weidenden Heerden des Vaters,
Und genoß des süßen Schlafs
Wenig, des Freundes der Nacht,
Wann er im Frühroth über die Wimpern heranschlich.

Zweite Strophe.

Und sie traf der Gott mit dem stattlichen Köcher,
40 Phöbos, wie den starken Leu'n allein
Und der Waffen ledig bekämpfte die Jungfrau.
Schnell von der Höhle heraus entbot er den Cheiron und rief ihm:
„Laß der Bergkluft Schauer, o Philyrasohn, und
Sieh des Weibes Muth und gewaltige Kraft
45 Staunend, o schau, wie das Mädchen
Furchtlosen Hauptes den Kampf
Ausharrt und mit männlicher Seele
Ueber Gefahr sich erhebt,
Nicht von Furcht erschüttert wird!
50 Wer erzeugte sie? Von welchem
Stamme wohnt sie losgerissen

Zweite Gegenstrophe.

In den Gründen schattiger Höhen und kostet
Solcher ungeheuren Kraft? Ist's recht,
Den erhab'nen Arm um die Hehre zu schlingen,
55 Oder im Lager ogar solch liebliche Blume zu brechen?"
Da beginnt, sanft lächelnd mit freundlicher Braue,
Unverweilt der starke Kentaur und enthüllt
Seine Gedanken: „geheim sind
Weiseberedender Peitho
60 Schlüssel zur heiligen Liebe,

Neunter pythischer Gesang.

Phöbos, und Götter sowohl
Scheuen sich wie Sterbliche,
Oeffentlich zum erstenmale
Süßer Minne Frucht zu pflücken.

Zweite Epode.

65 Dich, welchen mit Trug zu berühren nicht geziemt,
Lockte die schmeichelnde Lust wohl,
Daß dir solches Wort entfiel. Auch
Fragst du, von welchem Geschlechte
Stamme die Jungfrau, Herrscher, und kennst so genau
doch jedes Dings
70 Leztes Ziel und alle Bahnen,
Kennst die Zahl der Blätter, mit welchen der Lenz die
Erde schmückt,
Weißt in Meer und Strömen die Menge des Sandes,
Die der Wogen Sturz und der Winde dahinwälzt;
Was gescheh'n wird, ist dir klar,
75 Wie und von wannen es kommt.
Doch, geziemt mir's, mich mit dem Weisen zu messen,

Dritte Strophe.

So vernimm: du kamst in den waldigen Grund hier,
Sie zu frei'n, und willst sie durch das Meer
In des Zeus erlesenen Garten geleiten,
80 Machst sie zur Herrin der Stadt, nachdem du daselbst von
der Insel
Ihr ein Volk zuführtest in flutenumringte
Höhen: jezt wird, prangend in räumigen Au'n,
Libya freudig im gold'nen
Haus die gefeierte Braut
85 Empfangen, und ihr zum Geschenke
Dort den gebührenden Theil

Landes alsbald bieten, das
Weder arm an fruchtbeschwerten
Pflanzen sei noch fremd dem Wilde.

Dritte Gegenstrophe.

90 Und sie wird den Sohn·dir gebären, den Hermes
Aus der Mutter Armen nimmt und trägt
Zu der Horen strahlendem Thron und zu Gäa.
Diese, den Knaben sodann empfangend im eigenen Schooße,
Träufeln ihm Ambrosiakost in den Mund
95 Und Nektar, wandeln ihn zum unsterblichen Gott,
Zeus und dem reinen Apollon,
Theurer Sterblichen Lust,
Stets wacher Geleiter der Heerden,
Jäger und weitender Gott,
100 Aristäos auch genannt."
Sprach's und trieb den Gott, der Hochzeit
Bund zum süßen Ziel zu führen.

Dritte Epode.

Und eilen die Götter, so folgt alsbald die That;
Kurz ist der Pfad, den sie gehen.
105 Jenes führt noch jener Tag aus:
Libya's goldnes Gemach
Ward die Hochzeitkammer der Liebenden; dort beschirmt er die
Schönste Stadt, die kampfberühmte.
Jezt in Pytho's heiligem Schooße vermählt Karneiades'
110 Sohn die Stadt schönblühendem Loose des Glücks,
Wo im Siegsausruf er Kyrene verherrlicht,
Welches ihn voll Huld im Land
Reizender Frauen empfängt,
Führt er heim von Delphi die Wonne der Ehren.

Vierte Strophe.

115 Dem Gesang beut glänzende Tugend den reichen
Stoff; doch langer Thaten kurzes Lob
Ist des Weisen Lust. Die gelegene Zeit krönt
Alle Bestrebungen. Sie hat einst Jolaos beachtet,
Wie das siebenthorige Theben erkannte.
120 Als der Held Eurysthen das Haupt mit des Schwerts
Schärfe vom Rumpfe gesondert,
Bargen sie ihn in das Grab
Amphitryons unter die Erde,
Dort wo der reisige Ahn
125 Ruhte, der, des Drachenstamms
Gast, der rossefrohen Theber
Straßen sich zum Sitz erkoren.

Vierte Gegenstrophe.

Es gebar Alkmene, von ihm und Kronion
Einst umarmt, in Einem Schmerzenskampf
130 Ein gewaltig Paar von gewaltigen Streitern.
Blöde ja wäre der Mann, der nicht dem Herakles die Stimme
Weihte, nicht dirkäischen Bornes gedächte
Jederzeit, der ihn und Iphikles genährt,
Den ich verherrlichen werde,
135 Meinem Gelübde getreu,
Wenn Freude mir wird. O verlaß' uns
Singender Chariten Licht
Nimmermehr, das reine! Du
Kröntest dreimal auf Aegina
140 Diese Stadt, auf Nisos' Hügel,

Vierte Epode.

Entflohst der verstummenden Unmacht durch die That.
Darum verhehle der Bürger,

Ob er Gegner, ob er Freund sei,
Nicht ein Bestreben zum Ruhm
145 Aller, wohl beachtend das Wort, so der Meergreis einst
gesagt:
„Daß man auch den Feind von ganzer
Seele loben müsse nach Recht, wenn er etwas Schönes that."
Ja, ich sah oft auch in der jährlichen Frist
Dort an Pallas' Feste dich siegen, und lautlos
150 Wünschten Frau'n und Mädchen sich,
Daß du der traute Gemahl,
Daß du wohl ihr Sohn, Telesikrates, wärest.

Fünfte Strophe.

In Olympia, dann in den Spielen der Mutter
Erd', in allen sonst daheim, errangst
155 Du den Preis. Doch, still' ich den Durst nach Gesängen,
Mahnt mich ein Anderer noch an die Schuld, den erblich=
nen Ruhm auch
Seiner Ahnherrn wieder im Liede zu wecken,
Wie sie einst auszogen nach Irasa hin,
Daß sie die lockige Jungfrau
160 Freiten, die Libyerin,
Antäos' gepriesene Tochter;
Viele ja warben um sie,
Fürsten, Helden, ihr verwandt,
Auch der Fremden viele, weil sie
165 Wundersame Reize schmückten.

Fünfte Gegenstrophe.

Da begehrte Mancher die lieblich erblühte
Frucht von ihrer Jugend goldnem Kranz
Sich zu brechen. Aber ein stolzeres Brautfest
Wollte der Vater begeh'n, nachdem er von Danaos hörte,

170 Wie er einst in Argos die schnellste Vermählung
Achtundvierzig Töchtern bereitete, noch
Ehe die Mitte des Tages
Kam: an die Ziele der Bahn
Hieß flugs er in Reihen sie treten;
175 Dann sich im Kampfe des Laufes
Messend, sollten Alle späh'n,
Welche Braut der Helden jeder
Nehme, die als Freier kamen.

Fünfte Epode.

So wollte der Libyer auch sein Kind dem Mann
180 Einen in bräutlichem Bund. Er
Stellte sie geschmückt an's Ziel hin
Als den erhabensten Preis,
Allen rings ankündigend: „wer ihr Gewand zuerst im Sprung
Fassen wird, der führt die Braut heim!"
185 Und Alexidamos, in stürmischem Lauf vorangeeilt,
Faßt der Jungfrau stattliche Hand mit der Hand,
Führt sie durch gaultummelnde Libyerschwärme
Schnell dahin, und wird mit Laub
Viel und mit Kränzen bestreut.
190 Oft zuvor auch flog er auf Schwingen des Sieges.

Zehnter pythischer Gesang.

Auf Hippokleas aus Thessalien,
den Sieger im Doppellaufe.

Hippokleas, der Sohn des Phrikias, war aus der Stadt Pelinnäon in der thessalischen Landschaft Histiäotis, und siegte, wie der Scholiast bemerkt, in der zweiundzwanzigsten Pythiade. Die 22ste Pythiade fällt in das dritte Jahr der 70sten Olympiade, und da Pindar im ersten Jahre der 65sten Olympiade geboren sein soll, so muß er die vorliegende Ode, worin er den Sieg des Hippokleas feiert, im 22sten Jahre seines Lebens gesungen haben; demnach wäre dieselbe für eine seiner frühesten Arbeiten zu halten. Freunde des Siegers, die Aleuaden, Nachkommen des Herakliden Aleuas in Thessalien, hatten bei Pindar den Hymnos bestellt, um ihn ihrem Landsmanne bei der Siegesfeier vortragen zu lassen. Der Dichter preist zuerst den Sieger selbst und seinen Vater, der, durch zwei olympische Siege und einen zu Pytho verherrlicht, nun noch den jungen Sohn als pythischen Sieger erblickt, geht dann über auf die Sage von Perseus und den Hyperboreern, und rühmt außer dem Sieger am Ende noch die Aleuaden, von welchen besonders und namentlich Thorax, des Dichters und des Siegers Freund, hervorgehoben wird.

Erste Strophe.

Selig ist Lakedämon,
Beglückt Thessalia: dort und hier
Herrscht ein Geschlecht, stammend von
Dem Einen Herakles, dem stolzen Schlachtengebieter.
5 Doch wie? Preis' ich zur Unzeit?
Aber mich ruft Pytho selbst ja,

Pelinnäou ruft mich auf
Und Aleuas' Enkel,
Die, den Hippokleas feiernd,
10 Sich bereiten, der Männer hellen Festlaut ihm zu weihn.
Erste Gegenstrophe.
Denn er kostet die Kämpfe:
Dem ringsversammelten Boll hat ihn
Hallend des Parnassos Thal
Als ersten der Renner im Doppellaufe verkündigt.
15 Apoll, — fröhlich gedeiht ja
Menschlichen Thuns Ziel und Anfang
Nur wenn Gott es angeregt —
Er hat, deinem Rathe
Treu, sich errungen das Glück hier;
20 In den Spuren des Baters schritt der angeborne Muth.
Erste Epode.
Den krönte der Preis
Zweimal schon in des Ares Wehr
Dort in Olympia;
Der Plan auch unter dem Fels
25 Kirrha, die tiefgrünen Au'n,
Sah'n einst des Phrikias siegreichen Lauf.
Ja, noch in künftigen Tagen lächle
Das Glück und lasse stets ihr Haus
Blühen in des Segens Glanz!
Zweite Strophe.
30 Was in Hellas verherrlicht,
Wohl ward es ihnen in Fülle: so
Mögen sie nie neidischem
Umlenken der Götter begegnen! Frei von dem Leide
Sind nur Herzen der Götter;

35 Aber beglückt, werth des Lobliebs
   Auch der Weisen scheint der Mann,
   Der durch seines Armes
   Oder der Füße Gewalt siegt
   Und den herrlichsten Preis erringt mit kühnen Muthes Kraft.
           Zweite Gegenstrophe.
40 Der noch lebend den Jüngling,
   Den Sohn mit pythischer Ehren Kranz
   Rühmlich geschmückt sieht. Er kann
   Des ehernen Himmels Gewölbe nimmer erklimmen.
   Doch was immer von Glanz uns
45 Sterblichen hier je gewährt wird,
   Dahin dringt er bis zum Ziel
   Der Fahrt. Aber nicht zu
   Land noch in Schiffen erspähst du
   Zu dem Volk der Hyperborcer den wunderbaren Pfad,
           Zweite Epode.
50 Bei welchen vordem
   Perseus schmauste, der Völkerfürst,
   Der in den Häusern
   Sie antraf, als sie dem Gott
   Esel am Festopfermahl
55 Darbrachten. Ihres Gelags, ihres Liebs
   Und Jubels freut sich Apollon herzlich,
   Und schaut der Thiere tanzendem
   Uebermuth lachend zu.
           Dritte Strophe.
   Auch fehlt Spiel und Gesang nicht
60 Bei ihren Bräuchen, und überall
   Drehen der Jungfrauen Reih'n
   Bei Lauten= und Flötengetön sich wirbelnd im Kreise.

Den goldstrahlenden Lorbeer
Sich in das Haar windend, feiern
65 Sie behaglich froh das Mahl.
Auch naht keine Krankheit
Oder verderbliches Alter
Sich dem heiligen Volke. Frei von Müh'n, von Fehden fern

Dritte Gegenstrophe.

Wohnt es, glücklich entronnen
70 Der streng vergeltenden Nemesis.
Muth in der Brust athmend, kam
Vordem, von Athene geführt, der Danaü Sprößling
Zu glückseliger Männer
Schaaren, erschlug dort die Gorgo,
75 Und eilt dann mit ihrem Haupt,
Auf dem Schlangenhaare
Wimmelten, hin in das Eiland
Den versteinernden Tod zu bringen. Doch was Götterrath

Dritte Epode.

Vollendet, erscheint
80 Nie so wundersam, daß es nicht
Glaublich erschiene.
Halt' an das Ruder, und laß
Eilig vom Bug vorn' im Grund
Einhau'n den Anker, des Felsriffes Wehr!
85 Wohl schwärmt ja preisender Hymnen Blüthe
Von einem Stoff zum anderen
Hier und dort, Bienen gleich.

Vierte Strophe.

Strömt von Ephyrerlippen
Am Fluß Peneios der süße Laut
90 Meines Gesangs; hoff' ich noch

Mit höherem Ruhm den Hippokleas zu verklären,
Daß er wegen der Kränze
Jünglingen und ältern Männern
Staunenswerth erscheint und im
95 Busen zarter Jungfraun
Süßes Verlangen entzündet.
Es bewegt ja die Herzen alle nicht der gleiche Wunsch.
Vierte Gegenstrophe.
Wer, wonach er getrachtet,
Erlangt, der halte die Beute fest,
100 Pflegend des Guts, das ihm ward!
Die Gaben des kommenden Jahrs kann Keiner voraussehn.
Der wohlwollenden Liebe
Thorax', des Gastfreundes, vertrau' ich,
Der, aufrufend meine Kunst,
105 Dieses Viergespann der
Musen geschirrt an den Wagen,
Der den Liebenden liebt und holden Sinns den Führer führt.
Vierte Epode.
Der Forscher erkennt
Aechtes Gold und geraden Sinn
110 Sicher am Prüfstein.
Die Brüder nennen wir noch
Preisend im Lied, weil die Zwei
Den Brauch Thessalia's hochhalten und
Ruhmreich verherrlichen. Edle wachen
115 Als Herrscher stets am besten für
Ihrer Stadt Wohlergehn.

Elfter pythischer Gesang.

Auf Thrasybäos von Thebä,
den Sieger im Wettlaufe.

Da Thebä die Vaterstadt des Siegers war, so ruft der Dichter die Heroinen dieser Stadt, Ino und Semele, die Töchter des Kadmos und der Harmonia, und Alkmene, die Mutter des Herakles, in das Ismenion, den Tempel Apollons, um dort mit der thebischen Nymphe Melia, der Geliebten des Gottes, an der Feier des Sieges Theil zu nehmen, den Thrasybäos zu Python in Pholis, wo Pylades einst geherrscht, als dritter Sieger in seiner Familie gewonnen hatte. Die Nennung des Pylades veranlaßt eine Abschweifung in die Sage von Orestes, dem Freunde desselben, der in Pholis, seiner zweiten Heimat, wohin er nach Agamemnons Tode von seiner Schwester Elektra, nach Pindar von seiner Pflegerin Arsinoe, gebracht worden war, vielleicht neben Pylades, dem einheimischen Heros, verehrt wurde. Von dieser Abschweifung ruft sich der Dichter gegen das Ende selbst wieder zurück, lenkt auf die Siege des Thrasybäos und seines Vaters ein, und preist ihre friedliche Sinnesart und menschenfreundliche Tugend.

Erste Strophe.

Ihr, Kadmos' Töchter, o Semele,
Himmlischer Frauen Nachbarin,
Ino Leukothea du,
Die bei Nereus' Töchtern im Meer wohnt, o kommt
5 Mit des Herakles Mutter, des Helden, heran,
Eilt zu der Melia hin, zum Schaz,
Der Dreifüße von Gold

Verschließt, den Loxias hoch geehrt
Vor den andern, und

Erste Gegenstrophe.

10 Dies Haus Ismenion nannte, den
Siz der Propheten ohne Trug.
Harmonia's Töchter, o kommt!
Denn er ruft der Heldinnen einheimischen Kreis
Nun in Versammlungen sich zu vereinen herbei,
15 Themis, die heilige, Python auch,
Und den untrüglichen Spruch
Im Erdenmittel zu preisen, wann
Spät der Abend sinkt,

Erste Epode.

Ehrend die siebenthorige
20 Thebe, die Spiele von Kirrha.
Mich mahnt Thrasydäos, der auf der Ahnen Herd
Nun den dritten Kranz wirft, an der Siege Glanz,
Den einst in reichen Fruchtau'n des Pylades
Sein Freund errang, der Sparter Orestes,

- Zweite Strophe.

25 Den, als sein Vater erschlagen ward,
Gräßlichen Händen, grausem Trug
Der Klytämnestra geheim
Weggeraubt die Pflegerin Arsinoa,
Da sie des Darbanossohnes, des Priamos, Kind,
30 Da sie Kassandra mit dunklem Erz
Und Agamemnons Geist
Hinuntersandte nach Acherons
Schattenreichem Strand.

Elfter pythischer Gesang.

Zweite Gegenstrophe.

Hat dich, o grausames Weib, der Mord
35 Iphigeneia's fern am Sund
Euripos, ferne von dir,
Aufgeregt zu des Zornes graunvollem Werk?
Oder verlockte, von anderer Liebe bethört,
Dich die nächtliche Buhlerei?
40 Traun, die verhaßteste Schuld,
Die junge Frauen befleckt, und vor
Fremder Zungen Grimm

Zweite Epode.

Nicht zu verhüllen! Gerne
Schmäh'n ja die Zungen der Bürger.
45 Ein glänzendes Loos erweckt nicht geringern Neid;
Er, im Niederen athmend, knirscht ingeheim.
So starb der Heros selbst, endlich heimgelehrt,
Des Atreus Sohn, im hohen Amyklä.

Dritte Strophe.

Und mit sich riß er die Seherin,
50 Als er den Prunk der Troerstadt
In Brand und Asche vertilgt
Wegen Helene's. Da zum gastfreien Greis
Strophios kam Orestes, ein jugendlich Haupt,
Hin an den Fuß der Parnassoshöhn,
55 Und mit dem Beile zulezt
Erschlug die Mutter er, neben ihr
Lag Aegisthos todt.

Dritte Gegenstrophe.

Doch wohl, o Freunde, verlor ich mich
Irrend in wirrem Doppelpfad,
60 Und ging doch früher die Bahn

Ohne Wanken: oder es riß wohl ein Wind
Aus dem Geleise mich fort, wie im Meere das Boot.
Muse, wenn du für gold'nen Lohn
Andern die Stimme zu leih'n
65 Gelobtest, mußt du sie dort und hier
Tönen lassen, bald

Dritte Epode.

Für Thrasydäos, bald für
Pytho's Sieger, den Vater.
Ihr wonniges Glück, ihr Ruhm strahlt in alle Welt.
70 Denn im Kampfe der Wagen längst sieggekrönt,
Errangen sie der glorreichen Spiele Glanz
Mit schneller Rosse Lauf in Olympia.

Vierte Strophe.

Zu Pytho nackt in die Rennerbahn
Steigend hinab, beschämten sie
75 Im Wettlauf alle vom Land
Hellas. Nur nach Schönem aus Gott, nur nach dem,
Was in der Jugend erreichbar, trachte mein Herz!
Weil das Mäßige nur im Staat
Blüht in längerem Glück,
80 (Das Leben lehrt mich's,) so lob' ich mir
Keines Herrschers Loos:

Vierte Gegenstrophe.

Nach Bürgertugenden tracht' ich nur;
Fliehen des Neides Tücke doch,
Wenn Einer Hohes errang
85 Und in stiller Ruhe genießt, Uebermuth
Hassend und Stolz: ihm naht sich am Ziele dereinst
Freundlicher auch der finstere Tod,
Weil er dem süßen Geschlecht

Daheim das köstlichste Gut erwarb,
90 Hohen Ruhmes Glanz,

Vierte Epode.

Der des Iphikles Sohn auch,
Der den gefeierten Helden
Iolaos verherrlicht, auch, Kastor, deine Kraft,
Und dich, Fürst Polydeukes, euch, Söhne des Zeus,
95 Die heute weilen auf Sizen Therapnä's
Und morgen auf den Höh'n des Olympos.

Zwölfter pythischer Gesang.

Auf Midas von Akragas,
den Sieger im Flötenspiele.

Der Dichter ruft die Stadt Akragas, die schönste der irdischen Städte, oder vielmehr die Nymphe derselben an, indem er die Bezeichnungen beider mit einander vermischt, und bittet sie, die Feier des Midas, welcher im Flötenspiele gesiegt, huldreich aufzunehmen. Dieser Sieg veranlaßt ihn, die Erfindung der Flöte durch Pallas zu erzählen, die auf Rohr den Klagelaut der Gorgonen um ihre von Perseus getödtete Schwester Medusa nachahmte.

Erste Strophe.

Ich flehe dir, Freundin der Pracht,
Du schönste der irdischen Städte,
Siz der Persephone, dir,
Am heerdengesegneten Strand
5 Des Akragas stattlichumbaute
Höh'n bewohnend, Königin,
Nimm, von den Sterblichen und
Von ewigen Göttern geehrt,
Huldreich von den Händen des Midas
10 Diesen Kranz aus Pytho hin
Und ihn, den Gefeierten selbst, der
Hellas durch die Kunst besiegt,
Welche, der kühnen Gorgonen trauerndes
Klagelied nachhallend, einst erfand Athene.

Zwölfter pythischer Gesang.

Zweite Strophe.

15 Das hörte sie leise vom Haupt,
   Dem schlangenumringelten, grausen,
   Strömen der furchtbaren Frau'n
   Bei kummererregendem Leid,
   Als ihnen die dritte der Schwestern
20 Starb, von Perseus' Hand entseelt,
   Welcher in Seriphos' Eiland
   Trug den versteinernden Tod.
   Wohl blendete dieser des Phorkys
   Wunderstamm und wandelte
25 In bitteres Leid Polydektes'
   Mahl, der Mutter Sclavenloos
   Und des erzwungenen Ehbunds arge Schmach,
   Als er ihr schönwangig Haupt abhieb Medusen,

Dritte Strophe.

   Der Danae Sohn, wie man sagt,
30 Vom strömenden Golde gezeugt.
   Aber nachdem sie den Freund
   Gerettet aus solcher Gefahr,
   Da schuf Athenäa der Flöten
   Stimmenreiches helles Lied,
35 Ahmte den klagenden Laut
   Euryale's, welcher mit Macht
   Aus gieriger Kiefer hervorquoll,
   Auf dem hohlen Rohre nach.
   Die Göttin erfand es, und gab's
40 Den Menschen hin als Eigenthum,
   Nannt' es „die Weise der vielen Köpfe", die
   Alles Volk hellstimmig weckt zu stolzem Kampfe.

Vierte Strophe.

Aus Rohren und hellem Metall
Ertönen die Klänge zumal:
45 Nahe der Chariten Stadt
Voll lieblicher Reigen erwächst
Am Hain der Kaphisis das Rohr, das
Sicher lenkt des Tanzes Schritt.
Wenn in der Menschen Geschlecht
50 Ein Segen erblüht, er erblüht
Nicht ledig von Mühen: die Gottheit
Lenkt es morgen oder heut
Zum Ziel. Dem verhängten Geschick
Entfliehst du nie. Doch kommt die Zeit,
55 Welche dem Menschen das Ungehoffte beut,
Wider Meinen Dies verleiht und Andres weigert.

Anmerkungen
zu den pythischen Siegesgesängen.

Erster pythischer Gesang.

Vers 10. So sizend, schlummernd auf dem Stabe des Zeus mit gesenkten Fittigen, wurde der Adler oft, auch von Phidias an der Statue des olympischen Zeus, abgebildet.

– 29. Typhos, ein riesiges Ungeheuer mit hundert Drachenhäuptern, in Kilikia von der Erde geboren, bekriegte die Götter, bis Zeus endlich den Aetna über ihn warf, dessen Ausbrüche der Mythos als Auswürfe des Eingekerkerten darstellt.

– 32. Pindar läßt den Typhos nicht blos, wie die gewöhnliche Sage, unter dem Aetna, sondern unter ganz Sicilien und von da weiter bis Kuma in Unteritalien ausgestreckt liegen, ein Sinnbild, meint man, der Feuermaterie, die jener ganze Strich Landes in seinem Schooße nährte.

– 35. Der Aetna trägt, wie sonst der Atlas, den Himmel, ist Säule des Himmels.

– 38. Von den Gipfeln des Aetna schmilzt der Schnee niemals ab.

– 50. l. παριόντων.

– 51. Typhos ist unten im Grunde des Aetna angekettet, so daß die Kette bis an den Gipfel reicht, an welchem sie befestigt ist.

– 55. Zeus Aetnäos ist Herr des Berges Aetna und der gleichnamigen Stadt, die bisher Katana hieß. S. die Einleitung.

Vers 63. Wie der erste glückliche Wind für den Schiffer ein gutes Vorzeichen glücklicher Heimkehr ist: so läßt dieser erste Siegesruhm die Stadt Aetna auch für die Zukunft ähnlichen Ruhm hoffen, namentlich pythische Siege; daher die Anrufung an den Apollon (V. 72), den Schutzgott der pythischen Spiele, welcher ihr diesen Sieg des Hieron verliehen hatte.

    80. Durch die Kraft der Götter glaubt der Dichter über Alle zu siegen, die den Hieron besingen; er hofft bei dem Preise desselben seinen Speer nicht an dem Ziele vorbeigeschleudert, sondern in das Ziel getroffen, nicht das Ungehörige, sondern das Rechte gesagt zu haben.

    92. Als sie, d. i. Hieron und seine Brüder, namentlich Gelon, mit welchem er am Himeras die Karthager schlug.

    95. Pöas' Sohn ist Philoktetes. Mit ihm wird Hieron in doppelter Beziehung verglichen: einmal wurde er, wie Philoktetes von seinen Feinden, den Atriden und Odysseus, so von Gegnern, die sonst gegen ihn übermüthig gewesen, den Kymäern, zu Hülfe gerufen; anderntheils machte Hieron, obwohl krank — er litt an Steinbeschwerden — den Feldzug mit, wie Philoktetes, an der Wunde seines Fußes leidend, zum Kampfe gegen Troja zog.

    109. Deinomenes, der Sohn Hierons, der von seinem Großvater Deinomenes hieß.

    114. Aetna's König ist entweder der ebengenannte Deinomenes, den sein Vater zur Leitung der neuen Stadt eingesetzt, oder Zeus Aetnäos, was wohl wegen V. 115 passender ist.

    117. Hyllos, des Herakles Sohn, und Aegimios (V. 121), Führer der Herakliden nach dem Peloponnes, dem sie dorische Verfassung gaben.

    118. Pamphylos, der Sohn des dorischen Königs Aegimios, der den Herakliden Hyllos in sein Haus aufgenommen hatte. Wegen der engen Verbindung, die dadurch zwischen ihnen entstanden war, werden die Abkömmlinge Beider

Anmerkungen. 185

hier als dieselben bezeichnet. Von der Landschaft Doris am Pindos ausziehend, hatten sie später über den Peloponnes sich ausgebreitet, und waren der alten dorischen Weise am treusten geblieben.

Vers 122. Amyklä lag am Fuße des Taygetos, der sich vom Meer an durch ganz Lakonien erstreckte, nahe bei Sparta, dem Vaterlande der Tyndariden.

- 128. Der Amenas, ein kleiner Fluß, ergoß sich, aus dem Gebirge kommend, durch die Stadt Aetna.

- 131. **Des Landes Fürst ist Hieron, der Sohn (V. 132) Deinomenes.**

- 135. Hieron hatte den Kymäern, die von den Tyrrhenern (Etruskern) gedrängt wurden, eine Flotte zu Hülfe gesandt, die im Vereine mit den Kymäern die Tyrrhener und die mit ihnen verbündeten Karthager in einer großen Seeschlacht überwand, und als die Kymäer gegen die Angriffe der Tyrrhener gesichert waren, nach Syrakus zurückkehrte.

- 146. Die Schlacht am Kithäron ist die Schlacht bei Plataä, worin Pausanias mit den Spartern die Perser (Meder) schlug. Diesem Siege des Pausanias und dem Siege des Themistokles bei Salamis sezt der Dichter den dritten Sieg in dem Kriege wider die Perser an die Seite, den Sieg der Söhne des Deinomenes (Gelon, Hieron, Polyzelos und Thrasybulos) über die Karthager, die Verbündeten des Xerxes, am Himeras in Sicilien.

- 153. Nach der kurzen Erwähnung der Schlacht am Himeras bricht der Dichter ab, nachdem er „von Vielem die Enden in Ein kurzes Wort versammelt" hat, und entschuldigt dieses Zusammendrängen und Abbrechen des Lobes auf gewohnte Weise, daß er so dem Tadel entgehe, den der Neid gegen fremdes Lob erregt, daß das Zuviel die Aufmerksamkeit breche, und daß, als in freiem Staat unter Bürgern von gleichem Rechte, das Lob des Einzelnen die Anderen reize und ihr Gemüth abwende. Zum Theil nach Thiersch.

Vers 163. „Schmiede die Zunge an dem Amboß der Wahrheit", deine Rede lasse sich vom Geraden und Rechten nicht abwenden, sei so unbengsam, wie das zu Stahl gehämmerte Eisen.

- 168. Bei jeglicher That, bei Gutem und Bösem, wirst du, dem so Vieles vertraut ward, von Vielen beobachtet; darum sei wachsam und vorsichtig, meide das Böse und thue das Gute.

- 184. Bei den Spenden des Mahles wurden von Knaben Päane gesungen, die außer den Anrufungen der Götter das Lob der Heroen zum Gegenstande hatten.

Zweiter pythischer Gesang.

Vers 1. Syrakusä bestand aus vier vereinigten Städten: Achradine, Neapolis, Epipolä und Tyche. Dazu kam noch die Insel Ortygia, die mit einem Theile der Stadt bedeckt und der Artemis heilig war.

- 2. Syrakusä heißt des Ares Heiligthum wegen der glücklichen Kriege, welche die Stadt unter ihren Herrschern Gelon und Hieron geführt hatte.

- 12. Der Leto Tochter, Artemis, weill am Strome, dem Alpheios, weil dieser nach der Sage die Artemis geliebt, sie bis zur Insel Ortygia verfolgt, und sich da mit dem Quell Arethusa vereinigt hatte, weßhalb dort der Artemis Alpheiäa ein Heiligthum gebaut ward.

- 20. Wann er, Hieron, welchem Artemis, die Schutzgöttin von Ortygia, Hermes, der Beschützer der Wettkämpfe, und Poseidon, der Pfleger der Rosse, den Sieg verliehen haben.

- 27. Kinyras, nach der Weise der ältesten Zeit zugleich König auf Kypros und Priester der Aphrodite zu Paphos, ward als der Wohlthäter seines Volkes von den dankbaren Kypriern in Liedern gefeiert.

Anmerkungen.

Bers 37. Anaxilaos und Kleophron, Tyrannen in Italien, der eine vom sikeliotischen Messene, der andere von Rhegion in Italien, bedrohten die Lokrer mit Krieg. Hieron schickte Gesandte an sie, und befreite durch die Drohung, beide Könige mit aller Macht anzugreifen, die Lokrer vom Kriege. Der Scholiast.

58. Ixion vermählte sich mit Dia, der Tochter des Deïoneus. Als dieser darauf ihn wegen der Brautgaben bedrängte, lud er ihn zum Gastmahl, und stürzte den nichts ahnenden in eine verdeckte, mit glühenden Kohlen angefüllte Grube. Zeus reinigte ihn von diesem Morde, führte ihn in den Himmel und machte ihn zu seinem Tischgenossen. Ixion aber vergaß dieser Wohlthat des Zeus, versuchte, von Liebe gegen Here entzündet, ihr beizuwohnen, und umarmte eine Wolke.

74. Die Fessel ist das vierspeichige Rad, auf welches Ixion mit beiden Händen und Füßen geflochten ward.

99. Der Dichter will nicht tadelnd oder verläumdend von Andern reden, zumal von abgeschiedenen Heroen, wie Ixion, von dem er nur ungern das Frevelhafte berichtet, und führt den Archilochos an, der an zweihundert Jahre vor ihm lebte und durch bittern, gehässigen Spott in Verfolgung und Noth gerieth. Lieber will er das glückliche Loos edler Menschen preisen, wie des Hieron, der, ein Gegenbild des Archilochos, Reichthum mit Weisheit vereinte.

115. Der Dichter vergleicht seine Lieder oft mit Schiffen. Da dieser Hymnos wirklich an Hieron von Theben über das Meer nach Syrakusä gesandt wird (vgl. B. 127 ff.), so besteigt er ein Schiff, das zum Preise des Siegers „mit Blumen bekränzt" ist.

124. ohn' alle Gefahr, d. i. ohne fürchten zu müssen, daß ich der Lüge beschuldigt werde.

130. Das Kastorlied ist ein Lied, das einen Wagensieg feiert, weil Kastor das Vorbild solcher Sieger war.

Vers 134. l. γένοι', οἷος ἐσσὶ μαθών, καλός· καὶ πίθων παρὰ παισὶν ἀεὶ καλός. Erkennend, wer du bist und was an dir ist, sei edel und ringe nur dem Edeln nach; auch der Affe, der doch so häßlich ist, wird von Kindern immer für schön gehalten, d. h. von Unverständigen, von Schmeichlern wirst du immer gepriesen werden, wie auch deine Handlungen beschaffen sein mögen. Auf Urtheile der Schmeichler aber darfst du nicht bauen: folge nur der Stimme deines Inneren, die dich auf die rechte Bahn leiten wird, und nimm dir den König Rhadamanthys zum Vorbilde, der sich nie durch Schmeicheleien und Einflüsterungen der Hofschranzen berücken ließ.

- 142. Für Beide, für den Verläumdeten und für denjenigen, dem die Verläumdung zugeflüstert ward.

- 144. Der Dichter vergleicht die heimlichen Angeber, die tückischen Verläumder, denen auch er am Hofe des Hieron preisgegeben war, mit Füchsen, bemerkt aber gleich, daß all' ihre Listen und Tücken ihm nichts anhaben können; denn wie bei'm Fischfange, während das Geräth in der Tiefe ist, der Kork beständig auf der Fläche des Meeres hinschwimmt, so könne auch er nicht versenkt werden in die Fluten der Verläumdung.

- 165. Der schmeichelnde und neidische Verläumder habert mit Gott, indem er Andern das Glück verkümmert, das ihnen Gott beschied. Aber selbst die Erwägung, daß in dem Wechsel menschlicher Dinge heute diesem, morgen jenem Glück und Ehre winkt und daß auch ihm einmal ein gleiches Loos fallen kann, vermag ihn nicht zu beruhigen; und indem er mit großen Entwürfen sich trägt und alle Mühe ausbietet, um das Loos des Andern niederzudrücken und sich über ihn zu erheben, „schlägt er sich heiße Wunden in das eigene Herz", und thut sich selbst den größten Schaden, ohne das Ziel seiner Mühen zu erreichen.

Anmerkungen.

Dritter pythischer Gesang.

Vers 12. Die Mutter des Asklepios war Koronis, Tochter des Phlegyas in Thessalien.

- 13. Eleutho, sonst gewöhnlich Eileithyia, die Helferin bei Geburten.
- 21. Koronis, bereits von Apollon schwanger, hatte sich mit dem Arkadier Ischys, dem Sohne des Eilatos, in ein heimliches Liebesverhältniß eingelassen.
- 42. Nach der einstimmigen Erzählung der Alten hatte der dem Apollon geweihte Vogel, der Rabe, den er zum Hüter der Koronis bestellt hatte, den Gott von der Untreue derselben in Kenntniß gesetzt. Bei Pindar erhält er die Kunde davon durch seinen allwissenden Geist.
- 47. Die Schwester ist Artemis.
- 49. Lakereia, Stadt in Pelasgiotis in Thessalien, nicht weit vom Pelion. In der Nähe lag der böbische See.
- 55. Der Satz ist gleichnißweise zu nehmen. Denn Koronis starb an der Pest, die außer ihr viele Menschen hinwegraffte.
- 63. Magnesia, Stadt in Thessalien am Berge Pelion.
- 81. Nach der gewöhnlichen Sage war es Hippolytos, der Sohn des Theseus, den Asklepios, durch Gold bewogen, von den Todten erweckte. Nach Andern rief er mehrere Todte in's Leben zurück.
- 86. Der Wunsch ewiger Lebensdauer ist ein nichtiger Wunsch: der Mensch wünsche nur Geziemendes.
- 97. D. i. sei er ein Sohn des Apollon, wie Asklepios, oder ein Sohn des Zeus selbst, wie Apollon.
- 98. Ueber die jonische See, denjenigen Theil des adriatischen Meeres, der zwischen Westgriechenland und Sicilien liegt, ging die Reise von Griechenland zu dem Quell Arethusa, d. i. nach Syrakus. Denn dieser floß auf der mit Syrakus verbundenen Insel Ortygia.

Vers 106. Die pythische Bahn lag in der Nähe von Delphi bei dem Städtchen Kirrha. Pherenikos, das Roß des Hieron. Vgl. Ol. 1, 29.

- **111.** Der Dichter hatte nahe bei seinem Hause der Göttermutter Rhea und dem Pan ein gemeinsames Heiligthum errichtet. Diese Götter will er nun um Wiederherstellung des kranken Königs anflehen, da die Erfüllung des vorher ausgesprochenen Wunsches eine Unmöglichkeit ist.

- **115.** Die Sagen, die mythischen Ueberlieferungen, welche nach den weiseren Alten nur die Hülle einer höheren Erkenntniß sind.

- **121.** Der auswärts kehrt das Gute, d. i. der die schönen Seiten seines Looses herauskehrt. Das Bild ist von einem Kunstwerke genommen, das so gestellt wird, wie es am vortheilhaftesten erscheint.

- **125.** Peleus und Kadmos werden als vorzügliche Götterfreunde dargestellt: beide freiten Göttinnen, jener Thetis, dieser Harmonia; beide vernahmen bei ihrer Hochzeit den Gesang der Musen, jener auf dem Pelion, dieser in Thebe, sahen die Unsterblichen bei ihrem Vermählungsschmause und empfingen ihre Hochzeitgaben, nachdem sie früher herbes Leid erfahren, gegen dasselbe aber nun die Gnade des Zeus eingetauscht hatten; aber dennoch bestand ihr Glück nicht. Kadmos litt durch seine Töchter, indem Agave mit ihren Schwestern Ino und Autonoe im bakchischen Wahnsinn ihren Sohn Pentheus zerriß, und Ino, von ihrem rasenden Gatten Athamas verfolgt, sich mit ihrem Sohne Melikertes in's Meer stürzte: nur Semele, die vierte Tochter, hatte das Glück, der Gunst des Zeus gewürdigt zu werden, und ward unter dem Namen Thyone von ihrem Sohne Bakchos in den Olympos eingeführt. Peleus aber überlebte seinen Sohn Achilleus, der vor Troja fiel. *Zum Theil nach Thiersch.*

- **156.** Der Gedanke, welchen der Dichter hier ausspricht, daß er dem über ihn waltenden Genius allezeit huldigen, sein Herz dem Loose, das ihm gefallen, willig unter-

Anmerkungen.

ordnen wolle, steht in besonderer Beziehung auf Hieron, den er durch seine Geduld und Ergebung in jegliches Geschick zu gleichen Gesinnungen in seinen körperlichen Leiden erheben will.

Vierter pythischer Gesang.

Vers 2. Kyrene heißt die reisige wegen des Ueberflusses an schönen Rossen, wodurch sich die umliegende Gegend auszeichnete.

 " 4. Die Kinder Leto's bezeichnen hier nur den Apollon, den Verleiher des pythischen Sieges.

 " 6. Neben dem Stuhle der Pythia, der Vorsteherin des delphischen Orakels, waren zwei Adler in goldenen Bildern aufgestellt, um die heilige Sage zu verewigen, daß Zeus, um den Mittelpunkt (den Nabel) der Erde zu finden, zwei Adler, einen nach Osten, den andern nach Westen, ausgesandt habe, die darauf bei Delphi zusammentrafen.

 " 7. Phöbos verweilte nicht fern. Das Orakel spricht nur wahr, wenn Phöbos Apollon gegenwärtig ist.

 " 11. Die heilige Insel ist Thera im ägäischen Meere, des Battos Vaterland.

 " 12. Kyrene, „die roßstolze Stadt", war auf einem fruchtbaren Hügel erbaut. „Licht" heißt der Hügel von seiner weißen, weitschimmernden, fruchtbaren Thonerde.

 " 14. „Im siebenzehnten Geschlechte", nämlich von den Argonauten an gerechnet, von welchen Battos und ein großer Theil der nach Afrika geführten Pflanzer abstammte.

 " 22. Die Tochter des Epaphos ist die Nymphe Libya, von welcher das Land den Namen Libya (d. i. Afrika) führt.

 " 23. Kyrene heißt eine Wurzel vieler Städte, weil sie die Mutterstadt von mehreren andern Städten war, namentlich von Apollonia und Teuchira.

Vers 24. „In Ammons heiligen Gründen", d. i. im Lande Libyen, das dem Zeus Ammon geweiht war.

- 25. D. h. die vorher Inselbewohner waren, werden nun das feste Land besitzen.

- 32. Der Gott des tritonischen Sees in Afrika, Triton, war es, der daselbst den Argonauten auf ihrer Rückfahrt erschien und dem Euphemos, dem Stammvater des Battos, die prophetische Erdscholle gab. Euphemos aber wird gewürdigt, die Scholle zu empfangen, weil er der Priester und Prophet der Argonauten war. Zeus bestätigte den einstigen Erfolg durch seinen Donner.

- 41. In der Nähe der kleinen Syrte konnten die Argonauten nicht weiter zur See fort; sie mußten also die Argo zu Lande bis an den See Tritonis hintragen.

- 51. Eurypylos, für welchen sich der Gott Triton ausgab, war ein Fürst in der dortigen Gegend.

- 66. Die Erdscholle, die Euphemos, als ein symbolisches Zeichen von der Hinführung einer thoräischen Colonie nach Libyen, vom Gotte Triton bei Afrika erhalten, ward vermißt, als die Argonauten der Insel Thera nahe kamen, weil die Sklaven sie in's Meer geworfen hatten. Medeia deutete dies nun: Euphemos habe das Glück seiner vierten Generation verscherzt, welcher das Land in Libyen bestimmt gewesen; nun werden die Nachkommen der Kinder es erhalten, welche die Argonauten auf der Insel Lemnos mit den dortigen Frauen zeugen würden. Gurlitt.

- 70. Bei dem lakonischen Vorgebirge Tänaros war eine tiefe Höhle, die man für den Eingang in die Unterwelt hielt, durch welche Herakles den Kerberos herausgeschleppt haben sollte. In dieser Gegend herrschte Euphemos.

- 74. Kephissos, ein Fluß in Böotien.

- 75. Wenn die Erdscholle, statt an Thera anzuschwimmen, mit dem Euphemos in den Peloponnes gekommen wäre; dann hätte die vierte Generation von Euphemos an, un-

Anmerkungen. 193

mittelbar vom Peloponnes aus, Kyrene erbaut, und zwar mit den Danaern, d. h. mit ächten Griechen, die mit der vierten Generation des Euphemos bei der Rückkehr der Herakliden in den Peloponnes vor diesen und den mit ihnen verbundenen Doriern flüchten mußten. Nun aber, da die Erdscholle bei Thera in's Meer verschüttet war, konnte nur die siebzehnte Generation von Euphemos an, von Thera aus, wohin jene vierten Abkömmlinge erst flüchten mußten, Kyrene erbauen.

Vers 84. Der „Beherrscher der dunkeln Flur" ist Battos, der Anführer der Colonie, die von Thera nach Libyen wanderte, wo er Kyrene gründen sollte. Das Beiwort „dunkel", bezieht sich auf den häufigen Regen in jener Gegend.

„ 93. Der Sohn des Polymnestos ist Battos (der Stammler, sein eigentlicher Name war Aristoteles). Wegen seiner schweren stotternden Zunge befragte er das delphische Orakel und erhielt den Befehl, mit seinem Gefolge auszuziehen und durch Gründung einer Pflanzstadt in Libyen den Spruch der Medeia hinauszuführen.

„ 96. Die „delphische Biene" ist die Pythia zu Delphi. Bienen, sagt der alte Scholiast, nannte man ursprünglich die Priesterinnen der Demeter, abweichend aber auch alle anderen wegen der Reinheit des Thieres.

„ 101. Der Dichter wendet sich zu dem Sieger Arkesilas zurück, der im achten Geschlecht von Battos abstammte.

„ 110. Minyer nennt der Dichter die Argonauten, weil die meisten von ihnen ihr Geschlecht auf den alten König Minyas, den Sohn des Poseidon, zurückleiteten.

„ 111. „Der Götter Ehre" ist die königliche Würde zu Kyrene. Zu dieser ward der Grund gelegt, als die Argonauten nach dem goldenen Vließe schifften.

„ 115. Des Aeolos Söhne sind Kretheus, Athamas, Salmoneus, Sisyphos und Perieres. Von Kretheus, dem ältesten, stammt Aeson, von ihm Jason, und dieser ist demnach der Enkel des ältesten Aeoliden. Von Athamas stammen Phrixos und Helle, welche beide durch die Bosheit ihrer

Stiefmutter sollten geopfert werden, sich aber auf dem
goldenen Widder über das Meer zu flüchten suchten.
Von Salmoneus stammt Tyro, von ihr und dem Poseidon stammen Pelias und Neleus. Pelias ist also nur von
Mutterseite der Enkel eines Aeoliden, und zwar eines
jüngeren Bruders des Aeson. Doch verdrängte er seinen
Oheim Aeson von der Herrschaft, und dieser ließ, aus
Furcht vor dem gewaltigen Neffen, einen Sohn, der ihm
nach seinem Falle geboren ward, ingeheim zu Cheiron
bringen und dort erziehen. Es war Jason, auf den die
Warnung vor dem „Manne mit Einem Schuh", die
dem Pelias durch den Götterspruch geworden war, sich
bezog. Pindar läßt den Jason im zwanzigsten Jahre
ganz nach eigenem Entschlusse aus dem Gebirge nach
Jolkos zurückkommen und die Herrschaft seiner Väter von
Pelias heimfordern. Er kommt in Einem Schuh, der
andere war ihm nach Apollonios 1, 10. in dem Schilfe
des Flusses Anauros, durch den er sezte, verloren ge-
gangen, und Pelias erkennt sogleich in ihm den Mann
des Götterspruches. Thiersch.

Vers 142. Otos und Ephialtes, Söhne des Poseidon und der Iphimedeia, von ihrem Stiefvater Alorus die Aloiden genannt, waren von ungeheurer Größe. Sie banden den
Ares und hielten ihn dreizehn Monate lang gefangen.
Apollon tödtete sie auf Naxos.

- 144. Tityos, ein Sohn der Erde, begehrte der Leto, als sie
nach Delphi ging, und ward von den Pfeilen ihrer Tochter Artemis erlegt. Hom. Odyss. 11, 576 ff.

- 164. Charikto, eine Tochter des Apollon, war die Gattin Cheirons, Philyra seine Mutter.

- 188. Weiße Rosse waren im Alterthum ein Vorzug der Könige.
Daher auch Götter und Heroen auf weißen Rossen erscheinen.

- 198. Die zwei Oheime, die Brüder des Aeson, waren Pheres
und Amythaon. Jener besaß in der Nähe von Jolkos
ein Gebiet, das von ihm später Pherä hieß, bei dem

Anmerkungen.

Quell Hypereia; dieser lebte zu Messene im Peloponnes. Des Pheres Sohn ist Admetos, des Amythaon Melampus.

Vers 222. Poseidon, dessen Sohn Pelias war, wurde unter dem Namen Petraos (Felsenhort) in Thessalien verehrt, weil er die thessalischen Berge zerreißend dem Peneios zwischen ihnen durch — die Bahn in das Meer brach; nach Andern hieß er so von einem Felsen in Thessalien, aus welchem das erste Roß hervorsprang.

- 250. Pelias tritt dem Jason die Königswürde ab, wenn er, ein Jüngling, vorher ein Unternehmen für das Haus der Aeoliden wage, zu welchem er selbst hohen Alters wegen nicht mehr fähig sei. Jason nämlich soll den Geist des Phrixos, ihres gemeinsamen Verwandten, der, in der Fremde gestorben, noch nicht zu seiner Ruhe gekommen war, heimführen, und so den Zorn der Todesgötter sühnen, der von Phrixos her auf ihrem Hause lastet. Es war Sitte, bemerkt ein alter Ausleger, von den in fremdem Lande Gestorbenen, wenn man auch der Leichname nicht theilhaft werden konnte, doch die Seelen durch geheime Opfer und Gebete hervorzurufen, und sie gleichsam auf dem Schiffe in die Heimat überzusetzen.

- 273. Die drei Söhne des Zeus sind Kastor und Polydeukes, von Leda, und Herakles, von Alkmena geboren.

- 288. Pangäos, ein nördliches Gebirg in Thracien, dem Lande der Stürme.

- 325. Zur unwirthbaren Mündung, d. h. zu der Mündung des schwarzen Meeres, das, bis dahin unwirthlich, später Pontos Euxeinos, das wirthliche, gastliche Meer, genannt wurde.

- 335. Im thrakischen Bosporos am Eingange des schwarzen Meeres waren zwei Felsen, Symplegaden genannt, die man für beweglich hielt, so daß sie die durchfahrenden Schiffe zerschmetterten und dann wieder aus einander prallten. Aber es war vom Schicksal beschlossen, daß sie, sobald ein Schiff zwischen ihnen hindurchgefahren, sofort unbeweglich stehen sollten. Dieses erste Schiff war die Argo.

Vers 339. Phasis, ein Strom in Kolchis, wo Aeetes, der Besitzer des goldenen Bließes, König war.

- 341. Herodot (2, 104) spricht von der schwärzlichen Haut und dem krausen Haar der Kolcher, und schließt daraus auf ihre ägyptische Abkunft.

- 343. Es folgt eine bildliche, symbolische Beschreibung der leidenschaftlichen Liebe, die, schnell entzündet, den Menschen unwiderstehlich, wie im Wahnsinn, fortreißt. Von ihr war das älteste Beispiel Medeia, ihre Erregerin Aphrodite, die damals zuerst jene Liebe zu den Menschen gebracht hat. Diese Leidenschaft aber wird durch ihr Symbol bezeichnet, und das ist der Jynx, Drehhals, hier, als Bild jener Liebe, des Wahnsinns Vogel genannt. Was ihm zu dieser Bedeutung verhalf, war die schillernde und rasche Bewegung seines Nackens, welche den unstäten Wechsel der Empfindungen, das ruhelose Regen und Wallen derselben bezeichnete. Um Gegenliebe zu erzaubern, banden ihn die Hexen, und welche ihnen nachahmten, mit Füßen und Flügeln auf ein vierspeichiges Rad, und sezten dieses unter Zaubersprüchen in eine rasche Bewegung. In dieselben Wirbel, glaubte man, werde das Gemüth dessen versezt, auf den der Zauber gerichtet war, und einer solchen Wirkung war dann nicht mehr zu entgehen. Thiersch.

- 350. Peitho, die Göttin der Ueberredung.

- 353. Was ihm Aeetes auferlegt, die Kämpfe wegen des goldenen Bließes.

- 373. Der wohlriechende Krokos, Safran, wurde zum Färben gebraucht. Gelb aber war bei den Alten die Feierfarbe.

- 386. Helios' Sohn, Aeetes.

- 388. Phrixos hatte den Widder dem Zeus geopfert, und das mit dem Schwert abgezogene Bließ im Haine des Ares ausgespannt.

- 402. Mörderin des Pelias nennt der Dichter die Medeia, weil sie den Tod desselben veranlaßte, indem sie seine Töchter

Anmerkungen.

durch das Versprechen, ihren Vater durch ihre Zaubermittel zu verjüngen, dahin brachte, ihn zu tödten.

Vers 404. Die Frauen von Lemnos hatten kurz vorher, ehe die Argonauten bei ihnen landeten, ihre Gatten ermordet, weil diese aus einem Feldzug in Thracien die gefangenen Weiber mitgebracht hatten. Die Kinder, welche die Argonauten mit den lemnischen Frauen zeugten, gingen später nach Sparta, von da nach der Insel Thera, die in früheren Zeiten Kallista hieß, und endlich von hier nach Kyrene in Libyen.

» 421. Der ungestüme König Arkesilaos, an welchen sich hier die Rede wendet, hatte dadurch, daß er die alte Verfassung umstieß, Unruhen hervorgerufen. Darauf bezieht sich dieses Gleichniß, welches der Dichter ein Räthsel nennt, das mit Oedipus' Weisheit zu lösen sei. Wie der Eichbaum, seiner Aeste beraubt, doch noch seine Kraft behält und sie im Feuer oder als tragendes Gebälk bewährt; so kann auch der unterdrückte Bürger im Unglück oder in der Verbannung („abgelöst von seiner Heimat") seine Kraft und seine natürliche nicht zu unterdrückende Freiheitsliebe gegen dich behaupten. Aber dahin wird es nicht kommen: denn (V. 432) du bist ein Arzt, der „in gelegenster Zeit" erscheint, um die Wunden des Staates zu heilen, wenn du milde, nicht noch mehr aufreizende Mittel anwendest.

» 445. Zum Schlusse sucht der Dichter den Arkesilaos zu bestimmen, dem Damophilos, einem Flüchtling aus Kyrene, der, vom Könige verbannt, bei Pindar in Thebe gastliche Aufnahme gefunden, die Rückkehr zu gestatten. Damophilos kehrt mit dem Lobgesange des Dichters, als Bote desselben an Arkesilaos, in seine Heimat zurück, und so wird ihn der König um so mehr in sein Vertrauen wieder aufnehmen, da er bieder und verständig, vaterlandliebend und friedfertig ist.

» 462. Das Gut, das Damophilos kennt, ist das Vaterland; dieses entbehren, „draußen stehen" zu müssen, ist ihm schmerzlich.

Vers 465. Wie Atlas, einer der Titanen, der zur Strafe den Himmel tragen muß, aus dem Kreise der Götter verbannt ist und am Ende die Freiheit wieder gewinnt, wie die andern Titanen von Zeus aus ihren Kerkern befreit wurden; so kannst auch du den verbannten Damophilos endlich wieder zurückrufen, zumal da die Stürme, in deren Folge er fliehen mußte, zur Ruhe gebracht sind.

- 469. Das „schmerzlichste Leid" des Damophilos ist seine Flucht und Verbannung bei den bürgerlichen Unruhen in Kyrene.
- 472. Der „Born Apollons", Kyre, floß in anmuthiger Gegend unweit Kyrene.

Fünfter pythischer Gesang.

Vers 1. An der Spize des Liedes steht der Gedanke, der sich durch das Ganze hindurchzieht: Reichthum, Fürstenmacht, mit Weisheit gepaart, hat den Segen der Götter im Geleite.
- 10. Der Dichter deutet auf die Unruhen der Kyrener, die er den Sturm nennt; denn ein Aufruhr war gegen Arkesilaos im Volke ausgebrochen. In doppelter Hinsicht ist dir Kastor günstig, insofern er als Retter in Ungewittern nach dem Sturme das Glück wieder herstellte, und als reisiger Gott in Bezug auf den Sieg mit dem Viergespann. Der Scholiast.
- 29. Aphrodite's Garten nennt der Dichter die Gegend um Kyrene ihrer Anmuth wegen.
- 31. Den gewährenden Gott, den Apollon, der als Schuzgott der pythischen Spiele dem Arkesilaos den Sieg verlieh.
- 32. Karrhotos, Bruder der Gemahlin des Arkesilaos, war der Wagenlenker des Königs in Delphi.

Anmerkungen.

Vers 33. Der Sinn ist: dem Wagenlenker hat, weil er siegte, nicht nöthig gehabt, nach der Weise solcher, die im Kampfe unterlegen sind, auf Beschönigungen und Ausflüchte zu sinnen. Die Beschönigung, die bei begangenen Fehlern oder mißglückten Unternehmungen Ausflüchte sucht, ist die Tochter des Epimetheus, des zu spät Überlegenden, der den guten Rath erst nach der That findet, während der Name seines Bruders Prometheus den voraus Überlegenden, den Besonnenen bezeichnet.

- 47. Das hohle Thal des Gottes ist das enge, tiefe Felsenthal von Delphi.

- 8. Den ganzen unversehrten Wagen hat Karrholos als Weihgeschenk nicht im Innern des Heiligthums selbst aufgestellt, sondern in einer der Schatzkammern, welche die hellenischen Staaten in dem Gebiete des Tempels zur Aufbewahrung ihrer Weihgeschenke erbaut hatten. Die hier erwähnte bezeichnet der Dichter als das aus Kypressenholz erbaute Haus, in welchem sich auch die von Kretern geweihte Bildsäule befand, die, Naturgewächs aus Eines Baumes Stamm, eine menschliche Figur darstellte.

- 53. Arkesilas soll dankbar erkennen, welchen Antheil Karrholos, des Alexibios Sohn, an seinem Siege habe.

- 56. Die Chariten, die Huldgöttinnen, von welchen die Anmuth des Liedes ausgeht, dessen er gewürdigt wird.

- 66. Die Rede wendet sich auf Arkesilaos zurück, über welchem, obwohl er als ein Sterblicher nicht von Leiden und Mühen frei ist, noch der alte Segen des Battos waltet, der seine Nachkommen durch mancherlei Erfolge aufrichtet und bewahrt, und auch das Leid zum Besten leitet.

- 71. Battos führte nach Apollons Geheiß Pflanzer von Thera nach Libyen und erbaute Kyrene. Vorher stammelnd, erblickte er bei der Landung einen Löwen und schrie. Der erschreckte Löwe floh. Dieses Wunder wurde durch Apollon bewirkt, der dem Battos zeigen wollte, daß sein Gotteswort nicht trüge.

Vers 85. Phöbos „umwandelt die Prophetenkluft" in Delphi, von wo er den Herakliden, die mit den Söhnen des dorischen Königs Aegimios, Pamphylos und Dymas, auszogen, Wohnsitze in Lakedämon, Argos und Pylos anwies.

90. Die Aegiden, von denen gleich im Folgenden die Rede ist, waren ein Stamm, eine Phatria in Thebe. Ein Theil von ihnen folgte den Herakliden nach dem Peloponnes und ward so nach Sparta verpflanzt. Zu ihnen gehörte auch jener Theras, welcher die Pflanzer nach Thera ausführte. Mit ihm wird ein großer Theil seiner Stammgenossen gezogen, von Thera aber nach Kyrene gekommen sein, so daß also diese Phatria ihre Zweige in Thebe, Sparta, Thera und Kyrene hatte. Das Hauptfest der Aegiden, welches dem Stamme auf seinen Wanderungen bis nach Kyrene folgte, waren die Karneien, von Karnos, einem Sohne des Zeus und der Europa, dem Apollon dafür eingesezt, daß er ihm die Gabe der Weissagung geliehen hatte. Wird nun angenommen, daß in unserer Stelle bis V. 100 Pindar selbst spreche, so treten uns aus ihr unlösbare Schwierigkeiten entgegen. Auch angenommen, was jedoch nicht erwiesen ist, Pindar gehörte zu den Aegiden, wie kann er die in Sparta und Thera seine Väter nennen, da er von denen in Thebe stammte? Wie kann er sagen, wir, also die Aegiden in Thebe, empfingen von **Thera** die Karneien, da sie umgekehrt von Thebe über Sparta nach Thera gekommen waren? Wie endlich kommen die Aegiden in Thebe dazu, Kyrene bei dem Schmause an den Karneien zu feiern? Diese Räthsel lösen sich, wenn man auf die Nachricht der Scholiasten zurückgeht, daß diese Worte der Dichter dem Chore von Libyern in den Mund legt, welche mit dem lyrischen und mimischen Vortrage seines Gesanges beschäftigt waren. Der kyrenische Chor kann sehr wohl und passend Alles sagen, was, von Pindar gesprochen, unpassend und falsch sein würde. Thiersch.

102. Der Troer **Antenor** begleitete nach der Zerstörung Troja's den Menelaos und die Helena, und ward mit

Anmerkungen.

ihnen nach Libyen verschlagen, wo Battos (oder Aristoteles, denn dies war der eigentliche Name des Battos, vgl. B. 109) mit den Theräern, die schon früher angekommen waren, sie freundlich aufnahm.

Vers 115. Battos führte bei der Anlage von Kyrene vom Markte aus eine breite, ganz in Stein gehauene Straße in gerader Richtung nach dem Tempel des Apollon. Auf dieser Straße gingen an den Karneien die Festaufzüge des Apollon vom Markte aus. Wo die Straße vom Markte auslief, war das Grabmal des Battos, fern von den Gräbern der andern Könige, die, auch im Innern der Stadt, vor ihren Palästen sich befanden.

- 128. Sohn bezeichnet hier ihren Nachkommen.
- 141. Von dem Schooße der Mutter her, d. h. durch angebornes Talent ist er Dichter.
- 150. Arkesilaos, war der Lezte vom Hause des Battos, der Kyrene beherrschte. Die Empörungen, die seine Härte erzeugte, suchte er umsonst durch Verbannungen und Hinrichtungen zu dämpfen; nach seinem gewaltsamen Tode ward in der Stadt der Battiaden eine freie Verfassung eingeführt.

Sechster pythischer Gesang.

Vers 1. Der Dichter „bestellt die Auen der Aphrodita, die Auen der Chariten", d. h. er bereitet Gesänge voll Huld und Anmuth, indem er hinwallt zu der heiligen Mitte der „getösreichen", von Meereswogen umtosten Erde, d. i. nach Delphi. Hier ist den Nachkommen des Emmenides, namentlich dem Xenokrates, und ihrer vom gleichnamigen Flusse umströmten Heimat Akragas ein Schatzhaus unsterblicher Lieder zu Verherrlichung ihrer pythischen Siege geweiht. Das Bild ist genommen von den Schatzhäusern, welche die verschiedenen hellenischen Staaten im Temenos oder dem heiligen Gebiet des Tempels zur Aufbewahrung ihrer Weihgeschenke erbaut hatten. Ein ähnliches ist in Delphi dem Hause der Emmeniden durch die Gesänge des Dichters erbaut, aber ein unsterbliches, das der Zerstörung trotzt, indem es die unverwelklichen Kränze der Chariten bewahrt.

Vers 10. Goldreich heißt das Thal von Delphi wegen der vielen Geschenke, die von allen Seiten dorthin geschickt wurden.

- 24. Der Philyra Sohn ist der Kentaur Cheiron.
- 32. Antilochos, der Sohn des Nestor, rettete, mit Memnon kämpfend, der im troischen Kriege dem Priamos zu Hülfe gezogen war, seinem Vater das Leben mit Aufopferung seines eigenen. Daß Antilochos für seinen Vater starb, sagt nach Pindar auch Xenophon de venat. 1, 14. *Ἀντίλοχος δὲ τοῦ πατρὸς ὑπεραποθανὼν τοσαύτης ἔτυχεν εὐκλείας, ὥστε μόνος φιλοπάτωρ παρὰ τοῖς Ἕλλησιν ἀναγορευθῆναι.*
- 40. Den Nestor (sagt der Scholiast) nennen einen Messener diejenigen, welche annehmen, daß seine Heimat Pylos in Messenien, nicht das in Triphylia gewesen sei.
- 51. Der Oheim des Thrasybulos war Theron, König von Akragas, der in der zweiten und dritten olympischen Ode besungen wird.
- 54. Die pierischen Frauen sind die Musen.

Siebenter pythischer Gesang.

Vers 2. Von dem Hause der Alkmäoniden s. Herodotos 6, 123 ff.
- 10. Erechtheus' Söhne heißen die Athener von einem ihrer ältesten Könige, hier vorzugsweise die Alkmäoniden. Als diese durch die Peisistratiden aus Athen verdrängt waren, versprachen sie, den von den Peisistratiden verbrannten Apollotempel, wenn sie siegten, wieder herzu-

Anmerkungen.

stellen, und erfüllten ihr Versprechen; ja, sie führten sogar die vordere Seite desselben aus Marmor auf, obwohl ihr Versprechen sie nur verpflichtete, sie aus gewöhnlichen Steinen zu erbauen. Herodot. 5, 62.

Vers 16. Kirrha lag in Phokis am krisäischen Meerbusen, sechzig Stadien von Delphi.

Achter pythischer Gesang.

Vers 1. Die Göttin der Ruhe, die Tochter des Rechtes, (denn wo das Recht waltet im Leben, da wohnt auch die Ruhe,) die Schirmerin der Staaten, welche „die Schlüssel des Rathes und des Krieges", als Symbole der letzten Entscheidung, bewahrt, wird angerufen, den Siegeskranz aus den Händen des Aristomenes huldreich anzunehmen. Sie gibt das Sanfte, die Wohlthat des Friedens, indem sie den Sieg verleiht, sie nimmt das Sanfte an, indem sie den Dank für ihre Wohlthaten empfängt.

" 15. Porphyrion, einer der Giganten, wollte die Rinder des Herakles sich mit Gewalt aneignen. Aber nur die freiwillige Gabe kann das Herz erfreuen; Gewalt und Unrecht, wodurch der Frevler fremdes Gut an sich reißt, stürzt ihn selbst zuletzt ins Verderben. Claudian berichtet in der Gigantomachie V. 114 ff., Porphyrion habe in der Schlacht gegen die Götter Delos mit seinen Schlangen umwunden, um die Insel gegen die Götter zu schleudern, und sei von Herakles erlegt worden.

" 22. Der Fürst der Giganten ist nicht Porphyrion, da dieser von Zeus und Herakles gezüchtigt ward. Wir haben wohl an Ephialtes zu denken, der in der Gigantenschlacht von dem Bogen Apollons hinweggerafft wurde, so wie Typhos in besonderem Kampfe durch die Blitze des Zeus.

Vers 28. Dorisch werden die Hymnen genannt, weil der Siegeszug aus Aegineten bestand, die dorischer Abkunft waren, ober weil die lyrische Poesie die eigenthümlich dorische war.

- 29. **Nicht ferne den Chariten**, d. i. dem Preise der Chariten, welche dem Eiland hold sind und es durch Gesänge verherrlichen.
- 38. **Die Männer**, ausgezeichnete Sterbliche, stehen den Halbgöttern, den Heroen (Vers 35) gegenüber.
- 44. **Das Neuste des Schönen**, die jüngste der Zierden Aegina's, der Sieg, den es durch Aristomenes gewonnen hat.
- 47. Die beiden mütterlichen Oheime des Aristomenes, Theognetos und Kleitomachos, waren Sieger im Ringkampfe, jener in Olympia, dieser in den Isthmien.
- 53. Der Sohn des Oikles ist Amphiaraos, der auf der Flucht der sieben Helden vor Thebe bei Oropos an der Gränze von Attika von der Erde verschlungen ward, und dort als Seher unsterblich fortwaltet. So weissagt er auch den Söhnen der sieben Helden (den Epigonen), als diese unter Adrastos ein neues Heer vor Thebe geführt hatten, um ihre Väter zu rächen. Er sieht im Geiste, wie die Söhne würdig ihrer Väter kämpfen, unter ihnen seinen Sohn Alkman (Alkmäon), der den Drachen an seinem Schilde zunächst dem thebischen Thore schwingt; er sieht, wie Adrastos, der jetzt glücklicher, als das erste Mal, vor Thebe gekämpft, seine Schaaren unversehrt nach Argos zurückführt, aber seinen Sohn Aeglaleus vor Thebe verliert.
- 58. **Der spätere Stamm**, die Epigonen.
- 75. **Durch die Gassen des Abas** wird Argos bezeichnet. Von dem alten König Abas stammte Talaos, von Talaos Adrastos: Abas war ein Sohn des Lynkeus, den Hypermnestra rettete, als ihre Schwestern, die Töchter des Danaos, ihre Gatten erschlugen.
- 78. Alkmäon scheint ein Heiligthum mit einem Orakel in der Nähe von Pindars Hause gehabt zu haben. Dieser be-

Anmerkungen.

fragte, wie aus unserer Stelle hervorgeht, den nachbarlichen Heros über seine Reise zu dem pythischen Feste, und erhielt wohl von ihm einen Wink über den Sieg, den Aristomenes dort erringen werde.

Vers 82. Das Nabelland der Erde ist Delphi.

- 83. **Alkmäon übt angestammte Künste der Offenbarung**: auch sein Vater Amphiaraos war ja ein Seher, und in seinem Heiligthume bei Oropos weissagte man aus Träumen.

- 85. Der **ferntreffende Gott, Apollon,** wird angeredet als der Verleiher des pythischen Sieges. Außer diesem aber hatte Aristomenes daheim, in Aegina, einen zweiten Sieg durch Huld des Apollon errungen in den Delphinien, einem Feste, das dem Gotte und wahrscheinlich zugleich seiner Schwester Artemis geweiht war: vergl. V. 91. Nun folgt eine Bitte an den Gott, daß er die Gesänge des Dichters, wie sie „zu jeglichem Siege tönen", huldvoll anschauen möge, weil er sie nur den Würdigen weihe. Gleichwohl rufe er die Gnade der Götter für das dauernde Glück des Xenarkes und seines Hauses an. Denn es sei thöricht, wenn man den ohne lange Mühe errungenen glücklichen Erfolg „durch wohlberath'ne Kunst", d. i. durch eigenen Rath und eigene Klugheit wider kommende Unglücksfälle sichern zu können glaube. Dies vermögen allein die Götter, die Alles ordnenden, die dem übermüthigen Glücklichen sein Glück auch wieder entziehen können. Sodann werden noch weitere Siege des Aristomenes aufgezählt.

- 91. Ueber den Fünfkampf vgl. die Einleitung zu der dreizehnten olympischen Ode.

- 111. **Hera's heimische Kämpfe** sind die Heräen auf Aegina, die Kampfspiele, die hier, wie in Argos, woher Aegina Pflanzer erhalten hatte, der Hera zu Ehren gefeiert wurden.

206 Anmerkungen.

Vers 119. Die Rede wendet sich zu dem Hauptpflege in Delphi zurück, in welchem Aristomenes vier Nebenbuhler niedergeworfen, stellt das Loos der Besiegten und des Siegers einander gegenüber, und schließt mit der Betrachtung der Hinfälligkeit und Nichtigkeit aller menschlichen Größe.

- 131. **Was sind wir, was nicht?** Den Sinn dieses berühmten Spruches führt das Folgende weiter aus: *der Traum eines Schattens sind wir*, das nichtige Gebilde des Wesenlosen, Nichtigen, so daß kein so hinfälliges und vergängliches Ding kann genannt werden, was wir nicht wären. Ein Strahl, gleichsam Ein Blick der Gottheit aber richtet uns aus unserer Nichtigkeit auf, und — was der Dichter nur andeutet, nicht ausführt — wenn er verschwindet, sinken wir zurück in unsere Nacht. Thiersch.

- 130. Von der Nymphe Aegina, welche der Insel den Namen lieh, und von Zeus stammte Aeakos; Aeakos zeugte den Telamon und den Peleus, Peleus den Achilleus. Mit diesen allen im Vereine soll die Nymphe (dies ist des Dichters letztes Gebet) die bedrohte Freiheit des Eilandes unter ihre Obhut nehmen.

Neunter pythischer Gesang.

Vers 12. Das dritte Wurzelland der Erde ist Libyen. Die Alten theilten die ganze bewohnte Erde in drei Theile, in Asien, Europa und Libyen (Afrika).

- 15. Aphrodite empfängt den Apollon als Ehestifterin, und dieser heißt Gast, nicht in Bezug auf die Göttin, sondern auf das Land, indem er damals in Libyen noch nicht verehrt wurde.

- 22. Hypseus, der Sohn des Stromes Peneios und der Quellnymphe Kreusa, heißt „von Okeanos' Stamme der zweite Held", da sein Vater Peneios der erste ist. Denn der Strom Peneios stammt unmittelbar von Okeanos.

Anmerkungen.

Vers 69. **Peitho**, die Göttin der Ueberredungskunst. Kluge Ueberredung, nicht rasches, stürmisches Verfahren der Leidenschaft, öffnet die Pforten der Liebe, und diese selbst will heimlich genossen sein.

» 79. Der Garten des Zeus ist Libyen, wo Zeus Ammon verehrt wurde.

» 80. Das „Volk der Insel" sind die Pflanzer, die nach dem Geheiß des delphischen Orakels Battos aus der Insel Thera nach Afrika führte, und welche die Stadt Kyrene auf einer Anhöhe erbauten.

» 90. Aus den Armen der Mutter nimmt Hermes den in Libyen geborenen Knaben, und trägt ihn zu Gäa (der Erdgöttin), seiner Urgroßmutter, da seine Mutter Kyrene der Kreusa, diese der Gäa Tochter war, und zu den Horen, als zu den Göttinnen, die Alles in der Natur zur Reife bringen und gedeihen machen. Weil er aber, von einer sterblichen Mutter geboren, selbst ein Sterblicher ist, so muß er von seinen göttlichen Ammen mit Nektar und Ambrosia gepflegt und zum Gotte umgewandelt werden.

» 100. **Aristäos** ist als Weidegott (Nomios) und Jagdgott (Agreus) ein umfassender Name, in welchem seine Verehrer das Wesen und die Eigenschaften anderer Götter, wie des Zeus und des Apollon, übertragen.

» 115. Wohl könnte der Dichter noch Vieles zum Lobe seines Helden, des Telesikrates, sagen; aber er will sich kurz fassen, wie man überhaupt nicht die Länge der Zeit zu beachten habe, sondern „die gelegene Zeit", den rechten Augenblick, ein Satz, den er mit dem Beispiele des Jolaos beweist, der die kurze Frist vor seinem Hinscheiden dazu benützte, sich an dem Hauptfeinde seines Hauses, dem Eurystheus, dadurch zu rächen, daß er ihn tödtete. So benütze denn er selbst, ein Thebäer, jezt auch den gelegenen Augenblick, aus Anlaß der Erwähnung des Jolaos zugleich der Heroen Thebe's, des Iphikles und des

Herakles, rühmlich zu gedenken. — Jolaos war der Sohn des Iphikles, der treue Gefährte seines Oheims Herakles. Als in seinem hohen Alter die Herakliden von Eurystheus verfolgt wurden, erhielt der Greis von den Göttern plöglich seine Jugendkraft wieder, tödtete den Eurystheus und starb dann als Retter der Nachkommen seines Wohlthäters Herakles. Er wurde zu Thebä im Grabmale seines Großvaters Amphitryon beerdigt.

Vers 125. Unter dem Drachenstamm sind die Theber gemeint, deren Vorfahren aus den von Kadmos in die Erde gesäten Drachenzähnen entsprossen waren.

- 126. Amphitryon, aus Argos vertrieben, war nach Theben übergesiedelt, wo ihm Alkmene die Zwillinge Herakles und Iphikles gebar, jenen von Zeus, diesen von ihm selbst gezeugt.

- 132. Dirke, eine Quelle bei Thebä.

- 137. Der Sinn ist: möge mir der lautere Born der Dichtkunst niemals versiegen!

- 139. Die Rede wendet sich zu Telesikrates zurück. Durch den Hügel des Nilos, eines alten Königs in Megara, werden die megarischen Spiele bezeichnet.

- 145. Dem prophetischen Meergotte Nereus wird hier ein Spruch, wahrscheinlich aus einem alten Gesange, beigelegt, welcher die herbe Lehre des Alterthums, zwar den Freund zu lieben, aber den Feind zu hassen, dahin milderte, daß von ihm geboten wurde, rühmliche That auch dann zu loben und anzuerkennen, wenn der Feind sie gethan. Thiersch.

- 148. Die hier und im Folgenden genannten Spiele, in welchen Telesikrates siegte, sind lauter einheimische, die in Kyrene gefeiert wurden. Diese Spiele waren der Pallas (V. 149) und der Gäa (V. 154) geweiht, wie die olympischen, die man in Kyrene wiederholte, dem Zeus.

- 156. Dieser Andere ist Alexidamos. — Seiner Ahnherrn, der Ahnherrn des Telesikrates.

Anmerkungen.

Vers 158. Jrasa, eine Stadt in Libyen, in der Nähe Cyrene's. Hier herrschte Antäos, der seine Tochter zum Preise des Wettrennens bestimmte. Der Name der Jungfrau war Alkeis, nach Anderen Barke.

- 169. Danaos floh vor seinem Bruder Aegyptos mit seinen fünfzig Töchtern nach Argos, war aber auch hier nicht sicher vor ihm; denn Aegyptos verlangte nun für seine fünfzig Söhne die fünfzig Töchter des Danaos zu Gattinnen. Um sich der verhaßten Bewerber zu entledigen, ermordeten die Töchter die Söhne des Aegyptos, mit Ausnahme der Amymone, die schon früher von Poseidon entführt worden war, und der Hypermnestra, welche den Lynkeus liebte. Die übrigen noch unvermählten achtundvierzig Töchter vermählte Danaos später in der von Pindar bezeichneten Weise.

- 179. Der Libyer ist Antäos.

Zehnter pythischer Gesang.

Vers 1. Der Dichter preist Lakedämon und Thessalien glücklich, weil sie von Herakliden beherrscht werden.

- 7. Ueber Pelinnäon oder Pelinna und die Aleuaden s. die Einleitung.

- 13. Des Parnassos Thal, wörtlicher des Parnassos Kluft, die den Namen des Siegers wiederhallt.

- 22. in des Ares Wehr, als Läufer in voller Rüstung (s. die Einleitung zu der neunten pythischen Ode) hat Thrrsias gesiegt.

- 33. l. $θεός οἷος ἀπήμων κέαρ$.

- 43. Des Himmels Gewölbe kann er nimmer erklimmen, d. h. das höchste Glück, die höchste Seligkeit kann er hier niemals erreichen: was der Dichter V. 49 mit den Worten ausdrückt: zu dem Volke der Hyperborer findest du nie-

mals den Pfad, weil man die Hyperboreer sich als ein
besonders glückliches Volk dachte.

Vers 54. Die Hyperboreer, bemerkt der Scholiast, opfern dem
Apollon Esel, wie auch Kallimachos sagt:
Glänzendes Eselgelag freut den Apollon daselbst.

- 72. Polydektes, König der Insel Seriphos, erzog den Perseus. Um dessen Mutter Danae zur Ehe mit ihm zu
zwingen, sandte er den Perseus, als dieser erwachsen
war, aus, die Gorgo (Medusa) zu tödten. Perseus
tödtete mit Athene's Hülfe die Medusa (denn nur Medusa konnte getödtet werden, die beiden andern Gorgonen,
ihre Schwestern, waren unsterblich), und verwandelte den
Polydektes und seine Hofleute durch den Anblick des Me-
dusenhauptes in Stein, um die Schmach seiner Mutter
zu rächen.

- 62. Der freie Gang seines Gesanges wird mit der Fahrt
eines Schiffes verglichen. Dieses Schiff soll die Richtung seines Laufes unterbrechen, man soll den Anker vom
Vordertheile auswerfen, um nicht auf Trugfelsen zu stoßen,
also den bisher behandelten Stoff des Gesanges abbrechen,
um nicht gegen die Weise des Festgesanges zu verstoßen,
welcher Mannigfaltigkeit und Wechsel begehrt, und deß-
halb gleich nachher mit der Biene verglichen wird, die
ihren Honig aus verschiedenen Blumen sammelt. Thiersch.

- 88. Ephyre (sonst der alte Name von Korinthos) bezeichnet
hier eine Stadt Thessaliens, die später Kranon hieß.
Wir wissen nicht, warum der Dichter an dieser Stelle
Ephyre und oben V. 7 Pelinnäon nennt; doch scheinen
in beiden Städten Verwandte des Siegers geherrscht zu
haben.

- 98. Ein Jeglicher lasse sich an dem Gute genügen, das er
durch seine Bemühungen errungen hat: er halte es fest,
und verschmähe nicht das Gegenwärtige in Erwartung
des Künftigen, da er „die Gaben des kommenden Jahres", die Zukunft, nicht voraussehen kann. Aber wenn
auch die Zukunft unbestimmbar und unsicher ist: Eines

Anmerkungen.

ist doch, worauf der Dichter vertrauen darf, — die Liebe des Thorax.

Vers 108. Wie man am Prüfsteine das ächte Gold erkennt, so erkennt man durch längere Beobachtung den ächten und geraden Sinn. Solchen Sinn habe ich an den Brüdern des Thorax gefunden.

Eilfter pythischer Gesang.

Vers 2. Himmlischer Frauen, d. i. der Göttinnen im Olympos.

- 6. zum Schatz, der Dreifüße von Gold verschließt, d. h. zu dem Tempel Apollons am Fluß Ismenos bei Thebe, wo viele alte Geschenke, goldene Dreifüße mit Inschriften, aufbewahrt wurden, und wo sich ein Orakel befand. Dieser Tempel hieß Ismenion (der ismenische Tempel) von Ismenios, den Apollon mit der Nymphe Melia erzeugt hatte. Hierin liegt der Grund, warum die übrigen drei Heroinen zur Melia, und nicht sie zu ihnen, eilen sollen, weil man sie, als Geliebte des Gottes, sich in dessen Tempel anwesend dachte.

- 15. Das delphische Orakel ward nach Aeschylos (in den Eumeniden V. 2 ff.) ursprünglich von Gäa, darauf von Themis, dann von Phöbe, und zuletzt von Phöbos verwaltet. — Python ist der alte Name von Delphi.

- 21. L. ἐν τῷ Θρασυδαίος ἔμνασέ μ', ἑστίαν τρίτον ἐπὶ στέφανον πατρῴαν βαλών, ἐν ἀφνεαῖς ἀρούραισι Πυλάδα νικᾶν ξένου Λάκωνος Ὀρέστα. Von ἔμνασέ με ist abhängig der Genitiv νικᾶν (vor. s. νικᾶν) und von diesem hängt wieder ab Λάκωνος Ὀρέστα ξένου.

- 24. Orestes heißt hier ein Sparter, und diesem gemäß wird V. 48 der Schauplatz des Mordes nicht nach Argos, sondern nach Amyklä verlegt. Damit stimmt zusammen,

14*

wenn nach Pausanias (2, 16) die Amykläer behaupteten, das Grabmal der Kassandra sei in ihrer Stadt, und (nach 3, 19) noch zur Zeit des Pausanias ihr Bild mit dem Bilde des Agamemnon und der Klytämnestra besaßen.

Vers 45. Glänzendes Glück erweckt Neid, der nicht geringer ist, als das Glück, und um so gefährlicher, da er, im Niedrigen athmend, d. h. vom Niedrigen ausgehend und selbst niedrig denkend, ingeheim knirscht, im Verborgenen seinen Grimm ausläßt.

- 58. Der Dichter ruft sich selbst von der Abschweifung in die Geschichte des Orestes auf den Sieger und seine Feier zurück, sich vergleichend einem Wanderer, welcher an Scheidewegen in den irreführenden Pfad gefallen ist und unstät irrt, dann einem Fahrzeug, das durch Stürme aus seiner Bahn gerissen ward. Daß er selbst darauf des Lohnes erwähnt, welchen er für seinen Gesang empfangen, darf nicht auffallen. Denn so wie es dem Künstler, dem plastischen, wie dem Dichter, nicht unrühmlich war, für das Denkmal, welches er einem Sieger, sei es in einer Bildsäule oder in einem Gesange, aufstellte, den bedungenen Preis zu empfangen, so konnte es bei der Unbefangenheit jener Zeit eben so wenig Anstoß geben, des erhaltenen oder bedungenen Lohnes ohne Rückhalt zu gedenken. Thiersch.

- 91. Jolaos, der Sohn des Iphikles, der treue Waffengefährte des Herakles und Beschirmer seiner Kinder, und die Dioskuren, Kastor und Polydeukes, werden zuletzt als Muster des Edelmuthes und der gegenseitigen Liebe genannt im Gegensatze zu den Gräueln, von welchen das Haus Agamemnons Zeuge war. Polydeukes theilte mit seinem Bruder Kastor die Unsterblichkeit, so, daß sie immer einen Tag in Therapnä, einer Stadt Lakonika's, in ihrem Grabmale, den andern im Olympos verweilten.

Anmerkungen.

Zwölfter pythischer Gesang.

Vers 3. Akragas (Agrigentum in Sicilien) heißt der Sitz der Persephone, weil Sicilien wegen seiner Fruchtbarkeit der Persephone, der Tochter Demeters, von Zeus geschenkt worden war.

- 5. Akragas, hier der Fluß, an dem die Stadt auf einer Anhöhe lag.
- 13. Als Perseus der Medusa, der Tochter des Phorkys, das Schlangenhaupt abgehauen hatte, wehklagten um sie ihre beiden Schwestern, Stheno und Euryale, und zugleich erklangen einstimmend aus den Köpfen der Schlangen, die ihre Häupter umgaben, jene feinen Töne, welche auf Rohr nachahmend Athene die Flöte erfand. Die Melodie, welche sie blies, nannte man von den Schlangen auf den Häuptern der Gorgonen, deren zischende Klagetöne ausgedrückt wurden, die vielköpfige, die „Weise der vielen Köpfe": vgl. V. 41.
- 22. f. λαύρον ἄγε μόρον.
- 23. Die Gorgonen hatten alle drei nur Ein Auge: Perseus raubte es ihnen durch Tödtung der Medusa.
- 25. Ueber Polydektes s. die Anmerkung zu 10, 72.
- 26. Der Medusa wird auf alten Denkmälern immer ein sehr schönes Gesicht gegeben.
- 30. Zeus ließ sich in einem goldenen Regen zu Danae herab, und zeugte mit ihr den Perseus.
- 36. Euryale steht für beide Schwestern der Medusa.
- 42. Die Flöte diente, namentlich bei den Spartern, oft anstatt der Hörner und Trompeten im Felde.
- 43. Zum Mundstücke der Flöten nahm man Metall. Rohr war die älteste Materie, woraus sie verfertigt wurde.
- 45. Der Chariten Stadt ist Orchomenos; hier war der Cultus der Chariten uralt. S. die Einleitung zu der vierzehnten olympischen Ode.
- 47. Am Haine der Nymphe Kephisis (mit dorischer Form Kaphisis), an den schilfigten Ufern des Kephisos, der bei

Orchomenos in Böotien vorbeiströmte, wuchsen in einem nur kleinen Bezirke die besten Rohre zu Flöten.

Vers 48. Die Tanzenden bewegten sich nach den Tönen der Flöte.

- 49. Der Dichter schließt mit allgemeinen Säzen, die sich auf das uns unbekannte Schicksal des Siegers zu beziehen scheinen. Ohne Mühe blüht dem Sterblichen kein Glück: aber er muß dem Gotte vertrauen, der oft, wenn auch spät, und wenn auch nicht Alles, was seine Wünsche befriedigen könnte, gleichwohl manches Erfreuliche ihm zutheilt.

III.
Nemeische Siegesgesänge.

Erster nemeischer Gesang.

Auf Chromios von Aetna,
den Sieger mit dem Wagen.

Chromios, des Agesidamos Sohn, war der Freund des Königs Hieron von Syrakus, dessen Schwester er zur Gemahlin hatte. Als Hieron die neue Stadt Aetna anlegte, wünschte er aus Vorliebe für dieselbe, daß sie sich auch eines Sieges möchte rühmen können; weßwegen sich Chromios, der eigentlich aus Syrakus war, bei seinem Siege zu Nemea als Bürger der Stadt Aetna ausrufen ließ, zu deren Statthalter ihn Hieron nach seinem Sohne Deinomenes bestellt hatte. Nicht minder war Chromios mit dem Bruder des Hieron, Gelon, befreundet, schon zu der Zeit, als dieser noch unter Hippokrates zu Gela Befehlshaber der Reiterei war, und hatte sich unter ihm bereits in der Schlacht am Heloros ausgezeichnet, wie er auch in späterer Zeit als Heerführer zu Wasser und zu Lande sich bewährte.

Erste Strophe.

Alpheios' heilige Ruhestatt,
Ortygia, stolzer Zweig syrakusischer Pracht,
Wiege der Artemis einst,
Aus dir, o Delos' Schwester, erhebt sich des Liebs
5 Süßer Laut, mit hohem Preis
Rosse, vom Sturme beschwingt, zu verherrlichen,
Zeus, dem Aetnagott, zu Dank!
Denn es ruft uns Chromios' Wagen, es ruft
Nemea, dem siegbekränzten
10 Werke Festgesang zu weihn.

Erste Gegenstrophe.

Durch Götter ward der Grund zugleich
Mit jenes Mannes göttlicher Tugend gelegt:
Aber im Kranze des Siegs
Ruht alles Ruhmes Gipfel, und gerne verklärt
15 Hohen Kampf der Muse Lied.
    Laß denn in wonnigem Glanze das Eiland
Leuchten, das Persephone'n
Zeus, Olympos' König, verlieh, und des Hauptes
Locken ihr zuneigend schwur,
20 Die fette Flur Sikelia's

Erste Epode.

Werde mit reicher Städte Häuptern
Prangen, das herrliche, fruchtschwere Land.
Und der Kronide gewährt' ihr ein Volk,
Das stets des erzumklirrten Kriegs
25 Eingedenk, hoch streitet zu Roß, von olympischen Oelzweigs
Goldnen Blättern oft umkränzt.
    Zu Vielem schon fand ich den Stoff,
Traf zum Ziele sonder Trug.

Zweite Strophe.

Ich trat im Hofraum vor das Thor
30 Des holdgesinnten Wirthes mit schönem Gesang,
Wo mir ein glänzendes Mahl
Bereitet ist, und fremde Besucher zugleich
Oft des Hauses Gäste sind.
    Gegen die Tadler gewann er sich Freunde,
35 Welche Wasser auf den Rauch
Tragen. Jeder übt sich in anderer Kunst:
Doch gerad' aus wandelnd, ringe
Man mit angebor'ner Kraft!

Zweite Gegenstrophe.

Bei Thaten hilft die starke Hand,
40 Im Rathe Klugheit, wem es die Götter verleih'n,
Ahnend das Ferne zu schau'n.
Dein Leben, Sohn des Agesidamos, bezeugt,
Daß du dies und jenes Obst.
Wahrlich, ich liebe die Fülle des Reichthums
45 Nicht im Haus zu bergen, will
Meinen Vorrath spenden den Freunden und so
Selbst genießen und gelobt sein.
Denn die armen Menschen sind

Zweite Epode.

Sich in Wünschen gleich. Ich eile
50 Nun zu Herakles, nach ihm zieht mich's hin.
Unter erhabener Tugenden Glanz
Erweck' ich Kunden grauer Zeit,
Wie des Zeus Sohn, als er vom Busen der Mutter an
lichten

Tagesglanz hervor sich rang,
55 Aus bangen Weh'n fliehend, zugleich
Mit dem Zwillingsbruder nicht

Dritte Strophe.

Dem Blick der goldenthronenden
Hera, gehüllt in purpurne Windeln, entging.
Plözlich, ergrimmend im Geist,
60 Beschied die Götterkönigin Schlangen heran.
Diese schnell durch off'nes Thor
Schlüpften hinein in das weite Gemach und
Strebten rasch den glatten Leib
Um die Kindlein beide zu schlingen. Doch Er

65 Richtet hoch das Haupt empor und
Wagt im Kampf sein erstes Werk,

Dritte Gegenstrophe.

Ergreift die beiden Nattern flugs
Mit beiden unentfliehbaren Händen am Hals,
Und den Gewürgten entfloh
70 Das Leben aus den gräßlichen Gliedern zuletzt.
Mit des Schreckens grausem Pfeil
Schlug es die Frauen am Lager Alkmena's,
Die sich hülfreich ihr gesellt;
Denn sie selbst auch sprang von dem Lager empor;
75 Und gewandlos, wehrt sie dennoch
Der Ungethüme Frevel ab.

Dritte Epode.

Rasch in Haufen eilten Thebä's
Fürsten in eherner Kriegswehr heran,
Und in der Hand, aus der Scheide gezückt,
80 Schwang hoch das Schwert Amphitryon,
Dessen Herz tiefschneidender Jammer getroffen. Des eignen
Hauses Leid drückt Alle gleich;
Doch ungesäumt flüchtet der Schmerz
Aus der Brust bei fremdem Leid.

Vierte Strophe.

85 Er stand betäubt von peinlichem
Und frohem Staunen, als er gewahrte des Sohns
Kraft und gewaltigen Muth;
Denn umgewandelt stellt sich nach göttlichem Rath
Ihm der Boten Kunde dar.
90 Und den erhabenen Seher Kronions,
Seinen Nachbar, ruft er auf,
Wahren Spruchs Ausdeuter, Tiresias. Der

Meldet ihm und allem Volke,
Welch ein Loos des Sohnes harrt,

Vierte Gegenstrophe.

95 Wie viel dereinst auf Erden er,
Wie viel im Meere wüthender Thiere vertilgt,
Wie von den Menschen er dann
So manche, die voll Tücke die Pfade des Trugs
Wandeln, einst dem Tode weiht.
100 Wann im Gefilde von Phlegra die Götter
Mit Giganten in den Kampf
Schreiten, dann durch seiner Geschosse Gewalt
Wird der Erde schimmernd Laub
Befleckt von ihrer Söhne Blut;

Vierte Epode.

105 Und er selbst wird — sang der Seher —
Ewig im Frieden beglückt leben, wird
Ruhe nach mächtigen Mühen dereinst
Hinnehmen als erles'nen Lohn,
Wird im seligen Hause die blühende Hebe zur Gattin
110 Wählen und sein bräutlich Mahl
Bei Kronos' Sohn feiern, dem Zeus,
Preisend Zeus' erhab'nen Siz.

Zweiter nemeischer Gesang.

Auf Timodemos aus Athen,
den Sieger im Allkampfe.

Timodemos, der Sohn des Timonoos, gehörte, wie man gewöhnlich annimmt, zu dem Gau (Demos) von Acharnä, scheint aber auf der Insel Salamis erzogen, vielleicht auch geboren zu sein, da seine Familie dort Landbesitz hatte. Das Gedicht ward in Athen gesungen, wohin Timodemos (nach V. 39) von Nemea aus als Sieger zurückkehrte; doch war es wohl nur Einleitung zu einem größeren, wie aus der Aufforderung am Schlusse (V. 40) hervorzugehen scheint.

Erste Strophe.
So wie auch Homeriden, des
Vielfältiggefügten Liedes Sänger,
Oft anheben mit Zeus ihr Vorspiel:
Also gewann auch
5 Dieser Mann sich den ersten Grundstein
Zu heiliger Kämpfe Siegsruhm
Im Haine des Zeus von
Nemea, den hoch feiern die Lieder.

Zweite Strophe.
Wenn auf Bahnen der Väter ihn
10 Sein Loos in geradem Laufe leitet
Und zur Zierde für dich erkor, mein
Großes Athenä:
Muß Timonoos' Sohn zugleich noch

Am Isthmos die schönste Blume
15 Sich brechen, zu Pytho
Siegen im Wettspiel. Denn es geziemt sich,

Dritte Strophe.

Daß nicht fern den kyllenischen
Plejaden Orion seine Bahn zieht.
Und auch Salamis, traun, vermag wohl
20 Streitbare Männer
Sich zu erziehen. Im Felde Troja's
Hat Hektor gehört von Ajas,
Und dich, Timodemos,
Krönt der verweg'ne Muth im Gesammtkampf.

Vierte Strophe.

25 Uralt strahlt in der Helden Glanz
Acharne: wie ward in jedem Kampfspiel
Timodemos' Geschlecht mit höchstem
Ruhme verherrlicht!
An des Parnassos erhab'nen Felshöhn
30 Errangen die Kampfgewohnten
Vier Kränze des Sieges;
Aber in Pelops' Thalen, des Helden,

Fünfte Strophe.

Wand korinthischer Männer Spruch
Acht Kronen bereits um ihre Stirne,
35 Sieben Nemea; die daheim sind
Mehr, denn die Zahl nennt,
Die in den Spielen des Zeus. O feiert
Zeus, weil Timodemos ruhmreich,
Ihr Bürger, zurückkehrt:
40 Stimmet in süßem Ton den Gesang an!

Dritter nemeischer Gesang.

Auf Aristokleides aus Aegina,
den Sieger im Allkampfe.

Aristokleides, der Sohn des Aristophanes, war als Ringer und Faustkämpfer ausgezeichnet, und hatte zu Megara, in Epidauros und zu Nemea gesiegt. Doch ist das Gedicht erst lange nach dem letzteren Siege geschrieben und scheint aus Anlaß einer wiederholten Siegesfeier übersendet worden zu sein. Es ward von einem Jünglingschore gesungen im Theorion des pythischen Apollon auf Aegina, einem öffentlichen Gebäude, wo die Theoren ihre Gastmahle und Versammlungen hielten, eine Priesterinnung, die über die göttlichen Dinge die Aufsicht führte, namentlich den Botendienst zu den Orakeln zu besorgen hatte.

Erste Strophe.

O göttliche Muse, meine
Mutter, zu dir flehen wir!
Komm am Weihemond Nemeia's,
Komm in's dorische Gefild
5 Zum gastfreundlichen Strand Aegina's:
Denn bei Asopos' Wassern hier
Harren deiner die Jünglinge,
Süßen Festgesanges Meister,
Die nach deiner Stimme verlangt!
10 Ein jeder Zustand dürstet nach Anderm;
Doch der Sieg im Kampfe begehrt vor Allem
Gesang, den getreusten Begleiter
Jedes Kranzes, jeder Tugend.

Dritter nemeischer Gesang.

Erste Gegenstrophe.

So spende von meinem Geiste
15 Solches Gesangs reichen Schaz:
Tochter, stimme du dem Vater,
Der im himmlischen Gewölk
Herrscht, den gefälligen Hymnos an, den
Wir zu Gesang und Laute dann
20 Ihnen reichen. Empfange Zeus
Hold das Werk, den Schmuck des Eilands,
Das die Myrmidonen vordem
Bewohnten, deren tapfere Schaaren
Nie mit Schmach befleckt hat Aristokleides;
25 Du warest mit ihm, und gebrochen
Wich er nicht im schweren Kampfe

Erste Epode.

Vor der zermalmenden Faust. Für die Wunden all' und
    Schmerzen
Fand er Genesung, fand er Trost
In der Krone des Siegs
30 Im tiefen Thal Nemea's.
Wenn er, schön von Gestalt,
Und gleich herrlich in Thaten,
Männlicher Tugend höchste Höhen erklomm,
Aristophanes' Sohn: ist hinfort für ihn
35 In unwegsamen Meeren
Ueber des Herakles Säulen die Fahrt nimmer leicht.

Zweite Strophe.

Die stellte, der fernsten Seefahrt
Zeugen des Ruhms für und für,
Hin der Gottesheld. Die wilden
40 Ungeheuer in der Flut

Hat er bezähmt und der See verborgne
Strömungen ergründet, bis er zum
Lezten Ziele der Fahrt gelangt,
Hat bestimmt der Erde Marken.
45 Doch wohin nur lenkst du die Bahn,
In welche fremde Höhen, o Seele?
Aeakos und Aeakos' Hause weihe
Dein Lied! Es gesellt sich dem Wort des
Rechtes Schmuck im Lob der Edlen.

Zweite Gegenstrophe.

50 Ausländischem nachzutrachten,
Steht ja dem Mann minder an.
Was daheim ist, halte fest; denn
Schicklich beut sich dir ein Schmuck,
Etwas Holdes zu singen. Peleus,
55 Der Held, obwohl ergraut im Kampf,
Freut sich doch an der riesigen
Lanze Schwung; auch Jollos' Beste
Nahm er ohne Krieger allein,
Und zwang die Meerfrau Thetis nach harten
60 Kampfes Müh'n. Laomedons Beste stürzte
Held Telamon, der dem Jolaos
Tapfer kämpfend stand zur Seite.

Zweite Epode.

Auch zu dem bogenrüstigen Heer der Amazonen
Folgt' er ihm einst, und nie bezwang
65 Die entseelende Furcht
Den stolzen Muth seiner Brust.
Angeborene Kraft
Hebt in Höhen die Tugend:
Wer nur Gelerntes weiß, auf dunkelem Pfad

70 Unstät schwankt er umher, wandelt niemals fest
Und mit sicherem Schritte,
Müht in unzähligen Künsten unnütz sich ab.

Dritte Strophe.

Der blonde Pelide, noch in
Philyre's Haus weilend, hat
75 Schon als Kind in großen Thaten
Sich versucht, mit kleiner Hand
Kurzbeschlagene Lanzen schwingend,
Oft auch, des Windes Sturme gleich,
Sich im Kampfe gemessen mit
80 Wilden Leu'n, gefällt den Eber,
Und darauf das röchelnde Wild
Zu Kronos' Sohn gebracht, dem Kentauren:
Also that er im sechsten Jahr, und später
Sah Artemis oft mit Erstaunen,
85 Staunend sah die kühne Pallas

Dritte Gegenstrophe.

Ihn lobten die Hirsche, die er,
Mächtig im Lauf, eingeholt,
Ohne Hund' und listige Netze.
Doch ich weiß noch Andres aus
90 Frühern Zeiten: der weise Cheiron
Erzog im Felsenhause den
Jason, drauf den Asklepios,
Den er Kranke heilen lehrte
Durch die Kunst der lindernden Hand,
95 Vermählte Nereus' lieblicherblühte
Tochter dann und zog ihr heran den Helden,
Den Sohn, und beseelte des Jünglings
Geist mit Allem, was geziemte, .

Dritte Epode.

Daß er, im frischen Hauche der Meereswinde segelnd,
100 Unter den Mauern Ilions
Vor der Dardaner Sturm,
Vor Lykia's Schlachtgeschrei
Und vor Phrygern vereinst
Kühn besteh' und im Kampfe mit
105 Streitbaren Aethiopen sich in das Herz
Präge, Memnon, ihr Heerführer, Helenos'
Muthvoller Verwandter,
Dürfe von Troja zur Heimat nie mehr zurück.

Vierte Strophe.

Fern strahlte der Aeakiden
110 Leuchtender Stern dort hinaus;
Zeus, sie sind dein Blut, der Kampf ist
Dein, den feiert der Gesang,
Der, von der Jünglinge Lippen tönend,
Der Heimat Wonne schmückt. Gesang
115 Ziemt dem Sieger Aristokleides:
Er hat ja dieses Eiland
Hoch mit edlem Ruhme gekrönt,
Das Botenhaus des Gottes in Pytho
Schön verklärt im glänzenden Fest. Das Ende
120 Bewährt in der Probe, worin vor
Andern Einer sich hervorthut,

Vierte Gegenstrophe.

Ein Knabe bei Knaben, unter
Männern ein Mann, dann der Zeit
Drittes Theil hindurch bei Aelteren,
125 Wie dem sterblichen Geschlecht
Jedes bescheid das Geschick. Die Reise

Des Lebens treibt vier Tugenden,
Und ermahnt an' die Gegenwart
Nur zu denken: keine fehlt ihm.
130 Sei gegrüßt! Ich sende dir hier
Den Honigseim, gesellt zu der reinen
Milch, o Freund; der schäumende Thau umkränzt ihn,
Den süßen melodischen Trank im
Milden Hauch äol'scher Flöten:

Vierte Epode.

135 Freilich so spät! Doch schnell ist der Adler unter Vögeln,
Welcher, von ferne spähend, sich
Mit den Krallen im Schwung
Erhascht den blutvollen Fang,
Während schreiende Kräh'n
140 Niedrig weiden am Grunde.
Nach der erhab'nen Kleio Willen bestrahlt
Dich, zum Lohne des siegkühnen Muthes, aus
Epidauros, vom Thale
Nemea's, Megara's her des Ruhms helles Licht.

Vierter nemeischer Gesang.

Auf Timasarchos aus Aegina,
den Sieger im Ringspiele der Knaben.

Timasarchos, der Sohn des Timokritos, gehörte zu dem Stamme der Theandriden (der Phratria des Theandros) auf Aegina, die sich vieler olympischen, isthmischen und nemeischen Siegeskronen rühmten, und errang, gebildet von dem Kampflehrer Melesias, zu Theben in den Herakleen, in Athen, und zuletzt auch in Nemea den Sieg. Sein mütterlicher Oheim Kallikles hatte in den Isthmien gesiegt, und war von seinem eigenen Vater, Euphanes, dem Großvater des Timasarchos, besungen worden, wie denn auch der Vater des Siegers, Timokritos, von Pindar als lyrischer Dichter bezeichnet wird.

Erste Strophe.

Der Aerzte bester am Ziel
Vollbrachter Mühen ist
Die Freude; doch heilen den Schmerz,
Gelind berührend, die Lieder,
5 Der Musen weises Geschlecht.
Nicht das laue Gewässer
Nezt so labend die Glieder,
Als, dem Harfenspiele gesellt,
Lobpreisender Lieder Laut.
10 Länger ja, denn Thaten blüh'n,
Blüht das Leben des Wortes,
Das in der Chariten holdem Schuz
Die Zunge sich schöpft aus tiefer Seele.

Vierter nemeischer Gesang.

Zweite Strophe.

Dies sei für Kronos' Geschlecht,
15 Den Zeus, für Nemea,
Für Timasarchos geweiht
Als Vorspiel meines Gesanges.
O nimm es, Aeakos' Burg,
Stolzaufragender Siz, des
20 Fremdbeschirmenden Rechtes
Licht, das Allen leuchtet! Und wenn
Dein Vater Timokritos
Noch in warmer Sonne Licht
Athmend, rührte die Harfe:
25 Traun, er sänge, zu diesem Lied
Sich neigend, dir oft den Siegeshymnos,

Dritte Strophe.

Der aus kleonischem Kampf
Die Kranzgewinde dir
Gesendet und von Athen,
30 Dem ruhmumstrahlten, und Thebe,
Der siebenthorigen Burg,
Weil, Aegina zur Ehre,
Bei Amphitryons hehrem
Grabe Kadmos' Bürger ihm nicht
35 Ungerne die Schläfe mit
Blumen kränzten. Denn er kam
Dort zu Freunden ein Freund und
Trat in die gastlichen Mauern ein
Zu Herakles' hochbeglückter Halle,

Vierte Strophe.

40 Mit welchem Ilion einst
Der starke Telamon

Bezwang und Meropervolk,
Und jenen furchtbaren Meister
Des Kriegs, Althones, schlug,
45 Nicht bevor mit dem Fels er
Ihm zwölf Wagen zerschmettert
Samt der Helden doppelter Zahl,
Der rossebezähmenden,
Oben. Unerfahren im
50 Kampf erschiene der Mann wohl,
Welcher dem Worte mistraute, weil
Dem Handelnden auch gebührt zu leiden.

Fünfte Strophe.

Doch dies ausführlicher noch
Zu melden, wehrt mir der Brauch,
55 Und wehrt die drängende Zeit.
Wohl zieht mich ein Zauber, dem Neumond
Zu weihen meinen Gesang.
Darum, wenn dich des Meeres
Tiefe mitten erfaßt auch,
60 Laß dich nicht verlocken; im Glanz
Gedenken wir hochgeehrt
Ueber unsrer Feinde Haupt
Fortzuziehen von dannen.
Doch in dem Dunkel der Nächte mag
65 Scheelblickend ein Andrer Pläne wälzen,

Sechste Strophe.

Die leer versinken in's Nichts:
Was mir an hoher Kraft
Des Schicksals Mächte verlieh'n,
Wohl weiß ich, daß es die Zukunft
70 Vollendend zeitigen wird.

Vierter nemeischer Gesang.

Webe, liebliche Lyra,
Nun auch diesen Gesang uns
Nach der Lyder Weisen, ein Lied,
Das liebend Oenona hört,
75 Kypros auch, wo Teukros als
Heros herrscht in der Ferne,
Telamons Sohn; in dem Heimatland,
In Salamis, waltet schirmend Ajas.

Siebente Strophe.

Dort wohnt am „gastlichen Meer"
80 Im lichten Inselland
Achilleus; Thetis gebeut
In Phthia; Pyrrhos behütet
Epeiros' weites Gebiet,
Wo stierweidende Fluren
85 Sich absenken von Hügeln,
Von Dodona bis an die Flut
Des jonischen Meeres gestreckt.
Peleus gab an Pelion's
Fuß die Veste von Jolkos,
90 Die er mit feindlicher Hand erstürmt,
Dahin in den Dienst des Hämonvolkes,

Achte Strophe.

Nachdem mit tückischem Trug
Ihn erst Hippolyta,
Akastos' Gattin, umstrickt.
95 Ihm pflanzte mit Dädalos' Schwerte
Den Tod des Pelias Sohn
Aus geheimem Verstecke;
Doch ihn rettete Cheiron
Und der Schickung Wille von Zeus,

100 Der ihn der Gefahr entriß.
Als er allbezähmendes
Feuer, troziger Löwen
Grimmige Krallen, geschärft auf ihn,
Und furchtbarer Zähne Bliz gebändigt:

Neunte Strophe.

105 Gewann er Thetis zum Weib,
Nereus' hochthronendes Kind,
Und sah den stattlichen Kreis,
In dem die Fürsten des Himmels
Und Meeres saßen vereint,
110 Hochzeitgaben und Herrschaft
Ihm zum Lohne zu reichen.
Aus Gadeira weiter nach West
Dringt Keiner: so lenke denn
Wiederum an's feste Land
115 Nach Europa das Fahrzeug!
Nie ja vermag ich die ganze Mähr
Von Aeakos' Stamme durchzusprechen.

Zehnte Strophe.

Theandros' Söhnen erschien
Ich gern, Herold zu sein
120 Des gliederstärkenden Kampfs
Am Isthmos und zu Nemeia
Und Pisa, wie ich's gelobt.
Dort bestanden sie Kämpfe,
Kehrten ohne des Kranzes
125 Ehren nicht nach Hause zurück:
Hier, hören wir, daß dein Stamm,
Timasarchos, Mittler sei
Siegverkündender Lieder.

Aber gebeutst du mir, daß ich noch
130 Dem Ohme, dem Kallikles, ein Denkmal

Elfte Strophe.

Erhebe, glänzender, als
Ein Mal von parischem Stein —
(Wie Gold, geläutert in Glut,
Im vollsten Glanze hervorstrahlt,
135 So stellt der Feiergesang,
Großer Thaten Verkünder,
Männer Königen gleich:) — dann
Soll der Schatten, dort an der Flut
Des Acheron wohnend, mein
140 Preisend Lied vernehmen, weil
Er im Kampfe des Gottes,
Der die Triäna, vom Meer umbraust,
Erhebt, in Korinthos' Eppich blühte.

Zwölfte Strophe.

Ihn hat dir Euphanes einst,
145 Dein greiser Ahn, mein Sohn,
Mit Lust besungen. Ich war
Nicht seines Alters Genosse;
Doch was er selber gesehn,
Hofft ein Jeglicher stets am
150 Besten schildern zu können.
Ha, wie kämpfte jener den Kampf
Im Preis des Melesias,
Red' um Rede webend, im
Worte nimmer besiegbar,
155 Sanft sich erweisend dem edlen Freund,
Auf Feinde mit wildem Muth sich stürzend!

Fünfter nemeischer Gesang.

Auf Pytheas aus Aegina,
dem Knaben, Sieger im Allkampf.

Der Vater des Pytheas war Lampon, des Kleonikos Sohn, aus dem Stamme der Psalychiden auf Aegina. Pytheas hatte noch einen jüngeren Bruder, Phylakidas, welchem der Dichter die vierte und fünfte isthmische Ode gesungen hat. Sein Kampflehrer war der Athener Menandros. Der Dichter beginnt, wie der noch bartlose Knabe die einheimischen Helden und die Heimat durch seinen Sieg verherrlicht habe, erzählt dann, wie die drei Söhne des Aeakos vor dem Altare des Zeus für den Ruhm ihrer Insel gebetet, deutet den Frevel an, der sie aus Aegina getrieben, und nachdem er die Hochzeitfeier des Peleus mit der Meergöttin Thetis dargestellt als Belohnung dafür, daß der Heros bei Akastos das Gastrecht geehrt habe, lenkt er auf den vorliegenden nächsten Gegenstand wieder zurück.

Erste Strophe.

Kein Marmorbildner bin ich, um
Säulen, auf demselben Grundstein
Fest zu verharren bestimmt, kunstvoll zu baun:
Aber mit jeglichem Fahrzeug
5 Oder im Nachen, o süßer Hymnos, wandle
Aus Aegina's Marken und verkünde, daß
Der Sohn des Lampon, Pytheas, mit starkem Arm
Den Kranz im Allkampf sich zu Nemeia gewann!
Noch zeigt er nicht am Kinn der Früchte
10 Zeit, des Weinflaums holde Mutter,

Fünfter nemeischer Gesang.

Erste Gegenstrophe.

Und ehrte hoch des Aeakos
Söhne, die von Zeus und Kronos
Stammen und goldenen Nereiden, die
Rüstigen Helden des Kampfes,
15 Ehrte sein mütterlich Land, der Fremden traute
Flur, für welche Männerkraft und Meeresruhm
An Zeus' Altar, des Vaters aller Hellenen, einst,
Die Hände hoch zum Aether erhebend, zumal
Erflehten Endais' hochberühmte
20 Söhne samt dem Herrscher Pholos,

Erste Epode.

Den ihm Psamatheia, die Göttin,
Auf des Meeres Strand geboren.
Scheuend vermeid' ich's, ein stolzes
Wort zu weihen ungebührlich dreister That,
25 Wie jene vom herrlichen Eiland
Floh'n, und welches Gottes Zorn
Die Starken aus Oenona vertrieb.
Halten wir ein! Denn es frommt nicht immer, wenn
Die lautere Wahrheit ihr Antliz offen zeigt.
30 Oefter ist auch
Schweigen das Weiseste, was sich der Geist aussinnt des
Menschen.

Zweite Strophe.

Doch gilt es Wohlstand oder gilt's
Armes Kraft zu preisen oder
Eiserner Kämpfe Gewühl, dann fern von hier
35 Grabe mir Einer die Sprünge;
Regen die Kniee sich doch zu raschem Schwunge.
Adler trägt auch über Meer ihr Flug dahin.

Willfährig sang auch ihnen auf dem Pelion
Der schönste Chor der Musen, und, diesen gesellt,
40 Schlug Phöbos selbst mit goldnem Kiele
Seiner Harfe sieben Saiten,
Zweite Gegenstrophe.
Anstimmend Weisen mancher Art.
Sie, von Zeus anhebend, sangen
Thetis vor Allem, des Nereus hohes Kind,
45 Dann, wie Hippolyta, Kretheus'
Ueppige Tochter, den Peleus fesseln wollte
Durch Verrath, und seinen Freund, Magnesia's
Herrn, ihren Gatten, täuschte mit verschmiztem Plan,
Und listig wob ein trügliches Lügengespinnst:
50 Daß Er, Akastos' Bett zu schänden,
Nachgestellt dem jungen Weibe.
Zweite Epode.
Doch war's das Entgegengesezte.
Denn sie selbst in heißer Sehnsucht
Hatte mit bringenden Bitten
55 Ihn bestürmt. Sein Herz empört ihr dreistes Wort:
Schnell stößt er die Buhle hinweg, er
Scheut den Zorn des gastlichen
Zeus. Dieser sieht's alsbald und gelobt,
Er, der Unsterblichen König, der in Höh'n
60 Des Himmels die Wolken versammelt, ihm sofort
Aus des Nereus
Töchtern mit goldener Spindel die Gattin selbst zu werben.
Dritte Strophe.
Der Schwäh'r Poseidon stimmte zu,
Der von Aegä oft heran zum
65 Herrlichen dorischen Isthmos wandelt, wo

Fünfter nemeischer Gesang.

Unter dem Schalle der Flöten
Fröhliche Schwärme den Gott am Fest empfangen,
Und der Glieder kühne Kraft wetteifernd ringt.
Doch nur das angebor'ne Loos entscheidet ja
70 Bei jedem Werk. Euthymenes, ruhend im Arm
Der Siegesgöttin auf Aegina,
Hörtest du manch süßes Loblied!

Dritte Gegenstrophe.

Nun freut sich auch dein Mutterohm,
Daß du dich ihm nachgeschwungen,
75 Sproße desselben Geschlechts, o Pytheas.
Nemea sah dich gekrönt, dich
Feiert der heimische Mond, dem Phöbos hold ist.
Stritt mit dir ein Jüngling, den zwangst du daheim
Und dort in Nisos' schönem Thal. Die ganze Stadt,
80 Mit Freude sah ich's, ringt zu dem Edlen empor.
Und wisse: für Menandros' Mühen
Hat das Glück so süßen Lohn dir

Dritte Epode.

Gespendet. Man muß von Athenä
Sich des Ringkampfs Meister wählen.
85 Kommst du Themistios auch zu
Loben, zage nicht, und laß die Stimme weit
Erschallen, und spanne die Segel
Bei des Mastes höchstem Joch:
Sprich, daß im Faustkampf und im Gesammt=
90 kampf Epidauros des Sieges Doppelschmuck
Ihm bot und er dann mit der blonden Chariten
Huld das grüne
Blumengewind in des Aeakos Hallen trug zur Weihe.

Sechster nemeischer Gesang.

Auf Alkimidas aus Aegina,
den Sieger im Ringspiele der Knaben.

Der Knabe Alkimidas war aus dem angesehenen Geschlechte der Bassiden auf Aegina, das durch seine Siege im Ringspiel und im Faustkampfe das erste in ganz Griechenland war, auch nach dem Zeugnisse Pindars, der zugleich den von Alkimidas errungenen Sieg als den fünfundzwanzigsten des Geschlechtes bezeichnet. Doch findet sich bei diesem Stamme die eigenthümliche Erscheinung, daß er nicht immer die gleiche Siegeskraft bewahrte, und die Glieder desselben abwechselnd bald im Kampfe sich versuchten, bald feierten. So gewann der älteste Sohn des Agesimachos, Solleides, seinen Sieg, indeß Praxidamas, des Solleides Sohn, mit dem ersten olympischen Sieg in der Familie gekrönt ward, und außerdem fünfmal in den Isthmien, dreimal zu Nemea den Sieg errang. Der Sohn des Praxidamas, welchen der Scholiast Theon nennt, siegte wieder nicht; aber von ihm stammte Alkimidas, der die Tugend seines Geschlechtes wiederum durch einen Sieg bewährte.

Erste Strophe.
Es ist Ein Stamm von Menschen, von Göttern Einer:
     Beide sind
Einer Mutter entsprossen, doch
Trennt sie ganz verschied'ne Natur.
Nichtig sind ja die Menschen; dort
5 Ragt in unsterblicher Dauer der Thron
Des metallenen Himmels; und doch
Nähern wir durch großen Sinn
Und Gestalt uns den Unsterblichen an,

Sechster nemeischer Gesang.

Bleibt es dem Sterblichen auch
10 Verborgen, zu welchem Ziel
Nächtlich oder am Tag
Ihm des Geschickes Gebot die Bahn bestimmt.
Erste Gegenstrophe.
So zeigt jetzt auch Allimidas seines Hauses Art: es gleicht
Früchtespendendem Ackerland,
15 Das im Wechsel nun den Ertrag
Aus dem Gefilde den Menschen zum
Jährlichen Lebensbedarfe verleiht,
Und darauf sich erholend in Ruh,
Seine Kraft erneut. Er kam
20 Von dem holdseligen Nemeafest,
Diesem Geschicke von Zeus
Nachstrebend, der junge Held,
Kühn im Streit, und erscheint
Jäger im Ringen bewährt, nicht beutelos,
Erste Epode.
25 Muthigen Schritts wandelnd die Spuren des Praxidamas,
Der, des Vaters Vater ihm,
Als erster Olympiasieger zuerst Aeakos' Haus
Krönte mit Zweigen des Ruhmes am Alpheos.
Fünf Kränze zumal schmückten am Isthmos sein Haupt,
30 Zu Nemeia drei:
So nahm der Held von
Agesimachos' erstem Sohn,
Solleides, die Schmach des Vergessens hinweg.
Zweite Strophe.
Die Drei sind's, die, mit Preisen gekrönt, der Tugend
höchsten Kranz
35 Pflücken, die den Gefahren sich

Weihten. Durch der Götter Geschick
Hat kein anderes Haus im Schooß
Griechischen Landes der Kampf mit der Faust.
Zum Bewahrer von reicherem Ruhm
40 Sich erseh'n. Zu treffen hoff'
Ich das Ziel, sendend vom Bogen den Pfeil,
Wenn ich das Große verkünde.
Lenke nach ihm, wohlan,
Muse, deines Gesangs
45 Feiernden Hauch. Denn den Dahingeschiedenen

Zweite Gegenstrophe.

Bewahrt stets, was sie Schönes vollbracht, die Sage und
das Lied.
Daran hat es in Bassos' Haus
Nie gefehlt. Das alte Geschlecht,
Welches eigenen Ruhm an Bord
50 Führt, es vermag der Gesänge so viel
Den Bestellern des Musengefildes
Zur Verklärung edler That
Zu verleih'n. Siegte doch Kallias auch,
Fest mit dem Riemen die Faust
55 Umwunden, im heiligen
Pytho, dieses Geschlechts
Sohn, von der goldlockigen Leto Kindern einst

Zweite Epode.

Herzlich geliebt, strahlte darauf im Gewühl heller Lust
Abends am kastal'schen Quell;
60 Dann ehrte den Helden die Brücke des unbändigen Meers,
Wo man umher in dem Haine Poseidons am
Dreijährigen Fest Opfer von Stieren bekränzt,
Und des Löwen Laub

Umhüllte feiernd
65 Ihm bei'm Sieg in dem Schattenthal
Uralter Gebirge von Phlius das Haupt.

Dritte Strophe.

Und weithin thun die Pfade sich überall dem Sänger auf,
Diese Insel des Ruhmes zu
Schmücken, weil des Aeakos Haus,
70 Sich in erhabener Tugend groß
Zeigend, ein seltenes Loos ihr verlieh.
Und es schwingt sich ihr Name von fern
Ueber Land' und Meeresflut;
Und bis hin unter die Mohren sogar
75 Drang er, da Memnon nicht
Heimkehrte: mit schwerem Zorn
Stürzt' Achilles auf ihn,
Als er vom Streitwagen herab zur Erde sprang.

Dritte Gegenstrophe.

Und todtsank hin der strahlenden Eos Sohn von seines Speers
80 Grimmig wüthender Schärfe. Wohl
Sind auf diesem Pfade bereits
Frühere Sänger gewandelt, ich
Wandle nun selbst und mit Eifer ihn auch:
Doch die Woge, die eben am Kiel
85 Rollend sich erhebt, bewegt
Und bestürmt, sagt man, vor Allem das Herz.
Und die gedoppelte Last
Auf willigem Rücken, kam
Ich als Bote daher,
90 Daß ich zum zwanzigsten diesen fünften Sieg

Dritte Epode.
Singe, den Sieg, welchen in heiligen Wettspielen, sein
Edles Haus verherrlichend,
Alkimidas eben errungen. An Zeus' Tempel entwand
Ihm zwei Blumen und dir, Polytimidas,
95 Ein feindliches Loos bei dem olympischen Fest.
Delphinen gleich
An Schnelligkeit im
Meere nenn' ich Meleslas,
Den Lenker des Arms und der rüstigen Kraft.

Siebenter nemeischer Gesang.

Auf Sogenes aus Aegina,
den Knaben, Sieger im Fünfkampfe.

Sogenes, der Sohn des Thearion, gehörte zu dem Stamme der Euxeniden, und war, wie der Scholiast bemerkt, der erste Knabe von Aegina, der im Fünfkampfe den Sieg errang. Der Dichter ruft zuerst Eileithyia, die Geburtsgöttin, an, die den Sogenes gleich bei der Geburt zur Kampffertigkeit vorbereitet habe. Ihm werde nun der Gesang als Spiegel seines Ruhmes zu Theil. Wohl verherrliche das homerische Lied selbst über die Wahrheit hinaus den Odysseus, während die Verblendung der Menschen den wahren Ruhm oft verkenne. Als Beispiel diene der Telamonier Ajas, der, obgleich der erste Held nach Achilleus, durch solche Verkennung zum Selbstmorde getrieben ward. Uebergang auf Pyrrhos (oder Neoptolemos), den Sohn des Achilleus, der in einem Streit um das Opferfleisch in Delphi seinen Tod gefunden, damit ein Fürst aus Aeakos' Geschlecht von Apollon die höchsten Ehren empfange und dort, wo er unglücklich gefallen, als Heros und Kampfrichter göttlich verehrt werde. Einlenkung des Gesanges auf die Gegenwart, zunächst auf das Lob des Thearion, woran sich eine Schutzrede des Dichters schließt, daß er nur den wahren Ruhm erhebe. Dann Uebergang auf Sogenes. Erinnerung an Zeus, den Beschützer der Kampfspiele zu Nemea, von dem Aeakos Stamme und Herakles, der Bezwinger der Giganten, zwischen dessen zwei Tempeln Sogenes ungefährdet und sicher wohne. Herakles möge, vereint mit Zeus und Pallas Athene, von Sogenes und seinem Hause jegliches Uebel abwenden und dem Vater und dem Sohne dauerndes Glück verleihen. Zuletzt noch eine Verwahrung des Dichters, daß er den Pyrrhos niemals habe schmähen wollen.

Erste Strophe.

Eileithyia, Genossin tiefweiser Moiren, dich,
Dich, der gewaltigen Hera Tochter,
Dich ruf' ich, der Kinder Wehmutter: ohne dich
Schauen wir nicht den Tag, nicht die schwarze Finsterniß,
5 Umarmt von deiner
Jugendlich reizenden Schwester Hebe.
Doch athmen wir nicht all' im Licht um Gleiches bemüht;
Denn anders verstrickt ein Anderer sich in dem Geschicke. Doch
Zur Tugend erhöht mit dir,
10 Wird nun auch Sogenes,
Thearions Sohn, im Lied
Hoch als Sieger gerühmt im Fünfkampf.

Erste Gegenstrophe.

Im sangliebenden Lande speerkühner Söhne des
Aeakos wohnt er; sie streben eifrig
15 Zu pflegen den Heldensinn, wohlbewährt im Streit.
Wem es im Kampf gelang, traun, er spendet süßen Stoff
Dem Quell der Musen;
Denn die gewaltige Kraft des Helden
Verhüllt sich in Nacht, steht ihr nicht zur Seite das Lied.
20 Für Thaten des Ruhmes kennen wir den Einen Spiegel nur,
Wenn, strahlend in goldenem
Stirnband, Mnemosyne
Den sühnenden Lohn der Müh'n
Reicht in rauschender Lieder Lauten.

Erste Epode.

25 Der Kluge späht, wie sich in drei Tagen der Wind
Wenden wird; der Gewinn irrt ihn nicht.
Arme, Reiche, sie wandeln zu des Grabes Rand
Allezumal; doch besiegt, mein' ich, Odysseus' Ruf

Siebenter nemeischer Gesang.

Seine Leiden, nachdem Homers
30 Mund in so lieblichen Tönen ihn verherrlicht.

Zweite Strophe.

Denn dem täuschenden Truge hat sein beschwingtes Lied
Würde verliehen. Geheim berückt uns
Durch Sagen des Sängers Weisheit; und blind an Geist
Ist ja der Menschen weit größte Zahl. Vermöchten sie
35 Zu sehn die Wahrheit,
Hätte des Telamon starker Sohn sich,
Erzürnt um die Wehr, nicht den blanken Stahl in die Brust
Gestoßen, der größte Held nach dem Achilleus, welchen einst
In eilendem Schiff, das Weib
40 Des blonden Menelas
Nach Hause zu holen, der
West mit günstigem Hauch nach Ilos'

Zweite Gegenstrophe.

Veste führte. Des Hades Flut droht gemeinsam uns
Allen: die ihrer gewärtig sind, und
45 Nichts ahnende reißt sie fort. Aber Ehre bleibt
Jenen, die noch im Grab Gott mit Ruhmesblüthen schmückt.
Von Kämpfern, die zum
Mächtigen Nabel der breiten Erde
Gen Pytho gewallt, ruht im Schooß der heiligen Flur
50 Held Pyrrhos, nachdem er kühn Priamos' Veste stürzte, wo
Schwer litten die Danaer.
Von Troja heimgewandt,
Ward, Skyros verfehlend, er
Fern an Ephyre's Strand verschlagen.

Zweite Epode.

55 Molossis' Land hielt er mit königlicher Macht
Kurze Zeit; doch es blieb seinem Stamm

Stets der Thron. Und er eilte zu dem Delphergott,
Ihm das Erlesenste zuführend vom Troerraub,
Wo bei'm Hader um Opferfleisch
60 Ihn mit dem Messer ein Mann erschlug im Kampfe.

Dritte Strophe.

Darob fühlten die Delpher Gastfreunde tiefen Schmerz:
Doch er bezahlte die Schuld dem Schicksal.
Es sollte ja fürder aus Aeakos' Geschlecht
Einer im Schooß des uralten Haines walten und
65 Bei Phöbos' hohem
Tempel als Pfleger des opferreichen
Gelages der Halbgötter wohnen nach dem Gebot
Ruhmwürdigen Brauchs. Doch drei Worte sind ja wohl genug.
Ein trugloser Zeuge steht
70 Er dort den Kämpfen vor.
Kühn sag' ich's, Aegina: wohl
Schlingt um dein und des Zeus Geschlecht, um

Dritte Gegenstrophe.

Seine leuchtende Tugend sich auch daheim des Ruhms
Herrlicher Kranz; doch Erholung ist ja
75 Bei jeglichem Werke süß; selbst dem Honig, selbst
Kypria's holder Frucht gattet sich der Ueberdruß.
Des Lebens Loos fiel
Jedem der Sterblichen anders: dem hier
Ward Dieses und dem Jenes; doch unmöglich ist's,
80 Daß Einer allein in sich alle Seligkeit vereint.
Ich wüßte von Keinem, dem
Die Moira dieses Ziel
Für immer beschiede. Doch
Dir, Thearion, beut sie Segen

Dritte Epode.

85 In Fülle dar; muthig voran flogst du nach Ruhm,
Und doch ward dir der Geist nicht berückt.
Mir, dem Fremdlinge, bleibt grollender Tadel fern:
Wie den wässernden Quell, leit' ich den wahren Ruhm
Lobend auf den geliebten Mann;
90 Denn dem Verdienste gebühren solche Preise.

Vierte Strophe.

Nimmer schölte mich Einer, der auf Achäa dort
Ueber dem jonischen Meere wohnte.
Ich traue des Gastes Recht, wandle frohen Blicks
Unter den Bürgern hin, kenne keinen Uebermuth;
95 Von meinem Pfad ist
Alles Gewaltsame fern: so sei auch
Die kommende Zeit günstig! Sage, wer es erforscht,
Ob ich von des Liedes Bahn mich verirrt zu Lästerung.
O Sogenes, Euxenos'
100 Geschlecht, ich schwöre dir:
Nie, über das Ziel hinaus
Schreitend, schwang ich die rasche Zunge.

Vierte Gegenstrophe.

Dem erzwangigen Speere gleich, der noch unerschlafft
Nacken und Glieder entrückt dem Ringkampf,
105 Bevor sie der Sonne Glut sengend überfiel.
War es ein heißer Streit, desto reicher folgt die Lust.
Laß mich dem Sieger,
Wenn ich im Liede zu weit mich aufschwang,
Doch immer den Dank zahlen; denn ich karge nicht.
110 Leicht windet man Kränze. Doch harre noch! Die Muse ja
Vermählt mit des Goldes Glanz
Den Schmuck des Elfenbeins

Und Lilienblumen, vom
Thau des Meeres herausgehoben.

Vierte Epode.

115 Nemeia will, daß du des Zeus dankbar gedenkst;
Laß sanft wogen des tonvollen Lieds
Hellen Schwung! Es geziemt sich in den Fluren hier,
Daß wir den König der Himmlischen in lindem Laut
Preisen: Aeakos, sagen sie,
120 Wurde von ihm in der Mutter Schooß empfangen,

Fünfte Strophe.

Er, der Herrscher in meinem ruhmreichen Heimatland,
Welcher, o Herakles, dir der traute
Gastfreund und der Bruder war. Kann der Mann dem Mann
Helfen und frommen, dann sag' ich, daß der Nachbar, der
125 Mit unverrücktem
Sinn sich dem Nachbar ergibt, ein Schaz ist,
Dem Nichts sich vergleicht. Hegt ein Gott auch solchen Sinn,
Wohnt Sogenes wohl bei dir, der die Giganten einst bezwang,
In reicher und glänzender
130 Urahnen Straße dort
Im Glücke, verehrt er mit
Kindlich frommem Gemüth den Vater.

Fünfte Gegenstrophe.

Denn wie zwischen des Viergespanns Joch die Deichsel, liegt
Zwischen den beiden Heraklestempeln
135 Des Sogenes Haus und gränzt links und rechts an sie.
Seliger, dir geziemt's, Here's Gatten und mit ihm
Sein strahlenäugig
Kind zu bewegen mit Fleh'n; du kannst ja
Den Sterblichen oft helfen bei rathloser Noth.
140 O rüste mit Kraft ihr Leben, daß es ungetrübt in Glück

Durch fröhliche Jugend und
Durch frisches Alter sich
Fortspinne! Ja, möge durch
Alle Zeiten der Söhne Söhne

Fünfte Epode.

145 Der Ruhm, wie jezt, krönen, und schönerer dereinst!
Doch stets läugnet mein Herz, daß es je
Mit unziemlichem Wort Pyrrhos geschmäht. Indeß
Gleiches wiederzukäu'n dreimal und viermal, ist
Widerlich, wie für die Kinder das
150 Nichtige Narrengeschwäz von „Zeus' Korinthos."

Achter nemeischer Gesang.

Auf Deinis aus Aegina,
den Sieger im Bahnlaufe.

Deinis war der Sohn des Megas aus dem Stamme der Charia‌den, und siegte zweimal im Bahnlaufe zu Nemea. Der Dichter beginnt von der Jugend, als der Erweckerin der Liebe, und preist die edle Seite der letzteren, aus welcher auch Aeakos entsprang, der König und Ahnherr der Insel Aegina, der in hohem Ruhm und Ansehen bei allen Nachbarn stand. Es folgt ein Gebet für Aegina und für das Glück des Siegers. Darauf, nachdem der Dichter des Kinyras erwähnt, hält er ein wenig an, erwägend, wie schwierig es bei den reichhaltigen Gesängen über die Heldensage sei, im neuen Liede zu genügen, zumal da die Scheelsucht der Widersacher wachsam sei, die das Edle befeindet und das Gemeine erhebt. Diese Betrach‌tung dient als Uebergang auf Ajas, den auch der Neid verschlungen, und dessen Untergang der Dichter wiederholt beklagt. Auch damals, wie später, stand Liebe und Haß, Anerkennung und Neid sich gegen‌über. Am Schlusse sodann auf die Gegenwart einlenkend, erklärt der Dichter, er wolle, der Wahrheit dienstbar, die Tugend preisen, den Frevel strafen, jetzt aber auch den Sieger und seine Familie die Zaubermacht des Liedes erfahren lassen, die schon ehedem manchen Kummer gestillt habe.

Erste Strophe.

Jugend, Heilige, Botin
Kypria's und himmlischer Wonnen der Liebe,
Die du thronend auf der Jungfrau'n

Achter nemeischer Gesang.

Wimpern, auf der Jünglinge Blick,
5 Einen hier in sanften Zwanges
Armen wiegst, dort Andere stürmisch erregst!
Doch die Stunde des Glücks in keinem Ding
Je zu verfehlen, und edler,
Segenreicher Liebe Kranz
10 Sich zu pflücken, welche Wonne!

Erste Gegenstrophe.

Wie sie Zeus' und Aegina's
Lager hold umschwebten, die Pfleger der Gaben
Kypria's. Da sproß hervor ein
Sohn, Oenona's König, ein Held,
15 Groß in Rath, in Thaten mächtig,
Welchen vielfach Viele verlangten zu schau'n.
Von dem eigenen Ruf getrieben, kam
Aus den Gefilden der Nachbarn
Aller Helden Blüthe, frei
20 Seinem Machtgebot zu folgen.

Erste Epode.

Die dort an den Felsen Athens
Ihre Schaaren ordneten,
Und des Pelops Enkel im Spartergebiet.
Mit Gebet werf' ich mich an Aeakos' heilige Kniee: für
die Stadt
25 Und diese Bürger flehend, bring' ich ihm
Lydia's Hauptbinde, mit schallendem Laut schön geziert,
Deinis' Schmuck für doppelten Lauf
Und des Vaters Weges nemeischen Festpreis.
Denn das Glück, in Gottes Obhut
30 Ausgesät, grünt länger an der Menschen Haupt.

Zweite Strophe.

Auch auf Kinyras häufte
Gott den Segen einst im umfluteten Kypros.
Leichten Fußes steh' ich, Athem
Schöpfend, eh' ich rede das Wort.
35 Vieles ward vielfach erzählt, und
Neues finden, daß es am prüfenden Stein
Sich bewährt, ist gefährlich. Gerne ja
Nascht an Gesängen die Scheelsucht;
Sie bekämpft das Edle stets,
40 Hadert niemals mit dem Schlechten.

Zweite Gegenstrophe.

Auch des Telamon Sohn hat
Sie verzehrt; er fiel in den eigenen Mordstahl.
Ja, Vergessen drückt im argen
Streit den Mann, der, rüstig an Muth,
45 Karg an Wort ist; doch dem bunten
Truge winkt als Krone der höchste Gewinn.
In betrüglicher Stimmen Heimlichkeit
Fröhnte das Volk dem Odysseus;
Ajas rang, des goldenen
50 Waffenschmucks beraubt, im Selbstmord.

Zweite Epode.

Doch schlugen sie wahrlich dem Feind
Nicht, wie Ajas, Wunden in's
Warme Herz, als unter dem schirmenden Speer
Sie im Kampf rangen dort, da sterbend erlag des Peliden
Kraft, und dann
55 In andrer Mühsal blutig mordenden
Tagen. Also herrschte der feindliche Trug ehe, schon,

Achter nemeischer Gesang.

Zugesellt liebkosendem Wort,
Ränke spinnend; jammerbereitende Schmähung,
Die dem Staub vermählt das Edle,
60 Und des Niedern morschen Ruhm zum Himmel hebt.

Dritte Strophe.

Ferne bleibe mir solcher
Sinn, o Zeus! Einfältige Bahnen des Lebens
Laß mich wandeln, daß, o Vater,
Wenn ich starb, kein schmähender Ruf
65 Noch an meinen Kindern hafte!
Gold ersieht, endlose Besitzungen wünscht
Sich ein Anderer; ich will froh in's Grab
Steigen, gefall' ich den Bürgern,
Lobend, was lobwürdig ist,
70 Tadel auf die Frevler streuend.

Dritte Gegenstrophe.

Ruhm der Tugend erhebt sich,
Gleich dem Baum, den Perlen des Thaues erquicken,
Durch gerechter Weisen Lieder
Hoch in feuchte Bläue der Luft.
75 Mannigfach sind edler Freunde
Dienste; doch der höchste bewährt sich in Müh'n
Und Bedrängnissen; auch die Freude selbst
Will vor den Augen ein Pfand sehn.
Wohl unmöglich ist es mir,
80 Megas, deine Seele wieder

Dritte Epode.

Vom Grabe zu wecken, das Ziel
Eitlen Wahns zerrinnt in Nichts:
Doch den Chariaden und deinem Geschlecht

Wird von mir durch der Musen Kunst ein erhabener Stein
erhöht zum Preis
85 Des Doppellaufs. Froh spend' ich ziemenden
Ruhmes Schmuck den Thaten. Am Zauber des Liebs hat
ja wohl
Mancher Mann sein Leiden gestillt;
Denn gewiß gab's preisende Hymnen in alten
Zeiten schon, bevor Adrastos
90 Und der Kadmeionen Volk den Kampf erhob.

Neunter nemeischer Gesang.

Auf Chromios aus Aetna,
den Sieger mit dem Wagen.

Diese und die zwei folgenden Oden feiern nicht mehr nemeische Sieger, obwohl sie unter die nemeischen Siegesgesänge gestellt sind. Wahrscheinlich gehörten alle drei zu den Enkomien Pindars, und wurden später den nemeischen Siegesoden angereiht, die ursprünglich nach den isthmischen gestanden und den Schluß der ganzen Sammlung gebildet zu haben scheinen.

Der in dieser Ode verherrlichte Chromios ist derselbe, welchem Pindar die erste nemeische Ode gewidmet hat. Aber, wie wir schon andeuteten, nicht in Nemea gewann Chromios den hier besungenen Sieg, sondern in Sikyon, dessen Spiele, wie die pythischen, dem Apollon geweiht und, wie jene, pythische genannt wurden. Der alte Ausleger des Dichters beruft sich auf Dionysios von Halikarnaß, welcher berichtet, daß Kleisthenes, König von Sikyon, im Kriege der Amphiktyonen gegen Kirrha zum Anführer gewählt worden; zum Danke dafür, daß er durch seine Seemacht viel zu dessen glücklicher Beendigung beigetragen, habe man ihm ein Drittheil der Kriegsbeute bewilligt, worauf er die pythischen Spiele zu Sikyon eingesetzt. Diese Spiele waren vielleicht nur eine Erneuerung oder Umgestaltung früherer Festspiele, welche bereits Adrastos, als er in Sikyon lebte, mochte eingeführt haben.

Erste Strophe.

Laßt mit Gesang von Apollons
Hause, von Sikyon, Musen,
Uns nach Aetna's neuem Size

Zieh'n, wo die gastlichen Pforten
5 Keinem sich verschließen, zu
Chromios' seligem Hause!
Laßt ihm erschallen des Hymnos süßen Laut!
Denn er zeigt, auf siegendem Rossegespann
Thronend, der Mutter und ihren
10 Zwillingsprossen seinen Ruhm,
Die, gleichen Erbes Pfleger, Pytho's Höhen schirmen.

Zweite Strophe.

Eine gelungene That soll
(Also befiehlt ein Gemeinspruch)
Nicht am Grunde still verhüllt ruh'n.
15 Göttlicher Hymne Gesang stimmt
Wohl zu stolzer Siegesthat.
Auf denn o rauschende Harfe,
Auf denn', o Flöten, erwacht dem Kampf zum Preis,
Schneller Wettfahrt höchstem Triumph, von Abrastos
20 Einst dem Apollon geweiht am
Strom Asopos: dessen will
Ich eingedenk mit hohem Ruhm den Heros kränzen,

Dritte Strophe.

Welcher, ein König daselbst, als
Heiliger Feste Begründer,
25 Durch der Mannkraft edlen Kampf und
Schimmernder Wagen die Stadt im
Licht des Ruhms verherrlichte,
Als er vor Amphiaraos'
Trozigem Muthe, dem schweren Haber floh
30 Aus der Heimat Hause von Argos, und nicht mehr
Walteten Talaos' Söhne

Durch des Aufruhrs Wuth bezähmt.
Doch macht der starke Mann dem alten Zwist ein Ende.
Vierte Strophe.
Als Eriphyle, des Gatten
35 Mörderin, sich an Oikleus'
Sohn vermählt zum Pfand der Treue,
Waren sie mächtig im Volke
Blondgelockter Danaer,
Führten darauf zu den sieben
40 Pforten der Theber ein Heer, nicht auf der Bahn
Holder Zeichen wandelnd: es trieb sie Kronion
Durch den geschwungenen Blizstrahl
Nicht zu solch wahnsinniger
Heerfahrt von Hause, nein, er widerrieth den Auszug.
Fünfte Strophe.
45 Also dem offenen Unheil
Stürzte die Schaar sich entgegen
Samt der Waffen Erz und blankem
Rossegeschirr: an Ismenos'
Borde nährten sie, bereits
50 Leichen, im Tode verblichen,
Hemmend die fröhliche Rückkehr, dunkeln Rauch.
Sieben Scheiterhaufen verschlangen die blüh'nden
Helden: vor Amphiaraos
Spaltet breiter Erde Schooß
55 Zeus durch des Strahl's Allmacht und barg ihn samt den
Rossen,
Sechste Strophe.
Eh' er, im Rücken getroffen
Durch Periklymenos' Speer, sein
Kühnes Herz beschimpfe. Denn bei

Schrecken, vom Himmel gesendet,
60 Fliehen Göttersöhne selbst.
Kann es gescheh'n, o Kronion,
Möge der pönischen Speere grauser Sturm,
Der ergrimmt auf Leben und Tod sich heranwälzt,
Weit sich hinaus in die Ferne
65 Ziehen: gib auf lange Zeit
Ein friedeselig Loos des Aetnavolkes Kindern,

Siebente Strophe.

Vater, und Feste gewähr' ihm,
Kämpfe nach Weisen der Heimat!
Hier sind ritterliche Männer,
70 Die sich um höhere Schäze
Mühen, als um irdisch Gut.
Traun, ein unglaubliches Wort! Denn
Heimlich berückt von Gewinnsucht wankt die Scheu,
Welche Ruhm bringt. Wer an des Chromios Seite
75 Kämpfend zu Fuß und zu Rosse
Und in Schiffsgefechten stand,
Der konnte wohl im heißen Kriegesdrang erkennen,

Achte Strophe.

Daß im Gewühle der Schlacht die
Göttin der Scheu den beherzten
80 Muth zur Abwehr grauser Noth ihm
Waffnete. Wenige wissen
Rath, die wild anstürmende
Wolke des Mordes zu wenden
Auf die Geschwader des Feindes, stark an Arm,
85 Groß an Muth. Wohl, sagt man, erblühte dem Hektor
An des Skamandros Gewässern

Solcher Kranz des Ruhmes einst,
Und bei'm Heloros jüngst am steilen Felsgestade,
Neunte Strophe.
Da wo die Stätte — der Rheia
90 Busen die Sterblichen nennen,
Schien Agesidamos' Sohne
Schon in beginnender Jugend
Dieser Stern. Viel Andres noch,
Was er an anderem Tag in
95 Staubigem Feld und im Nachbarmeer vollbracht,
Künd' ich einst. Aus Müh'n, in der Jugend in rechtem
Sinne bestanden, erblüh'n im
Alter heitre Tage noch.
Wohl ward vom Himmel ihm ein wunderbarer Segen.
Zehnte Strophe.
100 Denn wo zu reichem Besitz ein
Sterblicher herrlicher Ehren
Ruhm gewonnen, ist nach anderm
Höherem Ziele zu jagen
Fürder ihm nicht mehr vergönnt.
105 Friedliche Ruhe verlangt ein
Freudengelag, und in frischer Blüthe glänzt
Siegeslust, von holdem Gesange verherrlicht.
Fröhlichen Muthes erklingt bei'm
Kruge heller Lieder Laut.
110 Jezt mischet ihn, des Festgelages süßen Herold,
Elfte Strophe.
Und in den Silberpokalen
Reichet umher den beherzten
Sohn des Weinstocks, die, den Preis aus
Sikyons heiligem Lande,

115 Samt Apollons würdigen
 Kränzen dem Chromios einst die
 Siegenden Rosse gebracht! O Vater Zeus,
 Laß mich im Verein mit den Chariten diese
 Tugend erheben, und schöner,
120 Denn so Viele, mich den Sieg
 Lobpreisen, nächsthin treffend an das Ziel der Musen!

Zehnter nemeischer Gesang.

Auf Theäos aus Argos,
den Sieger im Ringkampfe.

Der Argeier Theäos, des Ulias Sohn, war als Ringer berühmt. Doch hebt das Gedicht von den vielen Siegen desselben keinen besonders als die Veranlassung des Lobgesanges hervor, ist also kein Siegesgesang im gewöhnlichen Sinn. Im Eingange preist der Dichter den Ruhm von Argos und seinen Helden, berührt sofort die vielfältigen Siege des Theäos und stellt einen olympischen in Aussicht. Dann geht er auf die Heldentugend der mütterlichen Ahnen des Theäos zurück, und leitet dieselbe von der Gunst der Dioskuren her, die von einem jener Vorfahren, dem Pamphars, bewirthet worden, und nun mit Hermes und Herakles Vorsteher und Beschützer der Kampfspiele sind. Am Schlusse besingt er den letzten Kampf der Dioskuren mit Idas und Lynkeus, den Söhnen des Aphareus.

Erste Strophe.

Von des Danaos Stadt, ihr Chariten,
Wo fünfzig Jungfrau'n thronten im Glanz,
Singt, von Hera's göttlichem Hause, von Argos,
Das in erhabenem Ruhm
5 Tausendfach durch tapfere Thaten erglänzt!
Viel ist, was, Medusa zu bändigen, Perseus einst bestand;
Manche Stadt schuf Argos mit Epaphos' Händen
Auf der Aegypter Gebiet;
Nichts verbrach auch Hypermnestra, die, allein
10 Großgesinnt, den Dolch nicht aus der Scheide zog.

Erste Gegenstrophe.

Diomeden erhöhte Pallas einst,
Die blonde, hier zum unsterblichen Gott:
Thebe's Grund, vom Bliz des Kroniden gespalten,
Barg den Propheten im Schooß,
15 Ihn, des Oilleus Sohn, das Gewölke der Schlacht.
Auch der Frauen Reize verherrlichen Argos. Längst bewährt
Zeus das Wort, der Danaen einst und Alkmenen
Dort sich in Liebe gesellt,
Der dem Lynkeus und Abrastos' Vater auch
20 Ihrer Herzen Rath zu schlichtem Recht gelenkt,

Erste Epode.

Der den Speer Amphitryons
Pflegte. Der Held, so hochbeglückt,
Ward Kronions Stamme verwandt,
Als er einst in eh'rner Wehr
25 Freche Teleboer schlug, und,
Gleich ihm an hoher Gestalt,
Zeus, der Unsterblichen Fürst, in seinen Hof trat,
Der den Helden zeugen sollte,
Herakles, dessen Gemahlin
30 Sich im Olymp ihrer ehstiftenden Mutter gesellt,
Heba, die schönste Götterfrau.

Zweite Strophe.

Zu verkündigen all das Große, was
Die hehren Fluren von Argos verklärt,
Ist mein Mund zu schwach, und dem Ekel des Hörers
35 Kühn zu begegnen ist schwer.
Wecke dennoch rauschender Saiten Getön!
Bei dem Ringspiel weile betrachtend! Des eh'rnen Schil-
     des Preis

Lockt das Volk zum Opfer der Stiere, zu Hera's
Fest und der Kämpfe Gericht,
40 Wo des Ulias Sohn, Thedos, zweimal nun
Siegend seiner leichtbestand'nen Müh'n vergaß.
Zweite Gegenstrophe.
Er besiegte zu Python auch die Schaar
Aus Hellas einst, und vom Glücke geführt,
Weiht' er holder Pflege der Musen am Isthmos
45 Und zu Nemeia den Kranz,
Der ihm dreimal ward an den Pforten des Meers,
Dreimal auch im heiligen Feld nach Adrastos' Kampfgesetz.
Vater Zeus, das, was er im Herzen ersehnt, birgt
Schweigend der Mund. Doch in dir
50 Ruht das Ende jeder That; nicht trägen Sinns
Muth und Kraft einsetzend, fleht er um die Gunst.
Zweite Epode.
Dir, o Zeus, und Allen ist
Solches bekannt, die nach dem Preis
Höchster Ehre ringen im Kampf.
55 Pisa pflegt des Herakles
Edelste Feier. Doch zweimal
Haben an Festen Athens
Lieder in lieblichen Lauten ihn gepriesen,
Und des Oelbaums Frucht gelangt' in
60 Feuergehärteter Erde
Hin zu dem mannhaften Volksstamme der Hera, gehegt
In buntbemahlter Krüge Schooß.
Dritte Strophe.
Es gesellt sich dem vielgepriesenen Stamm
Der Mutterahnen, Thedos, von dir
65 Hoher Kampfruhm, welchen die Chariten ihm und

Tyndaros' Söhne verlieh'n.
Wäre mir Thrasyklos' und Antias' Haus
Blutverwandt, ich bärge die leuchtenden Augen nimmermehr
Hier in Argos. Rossebezähmende Stadt des
70 Prötos, wie blühtest du nicht
Bei Korinthos' Felsenthal im Siegerkranz
Und zum vierten Male vor Kleonä's Volk!

Dritte Gegenstrophe.

Und von Sikyon zog man siegend heim
Mit Weinpokalen in silbernem Glanz,
75 Siegend aus Pellana, die Schultern umhüllt mit
Wollenem weichem Gewand.
Doch im Lied zu nennen die Preise von Erz
Alle, wär' unmöglich, (es forderte, traun, zu lange Zeit,)
Welche Kleitor, Tegea dann und Achäa's
80 Städte, gelagert auf Höh'n,
Auch Lykäon bei des Zeus Rennbahn zum Lohn
Sezten für der Arme, für der Füße Kraft.

Dritte Epode.

Wenn vordem bei Pamphaes
Mit Polydeukes Kastor, sein
85 Bruder, dort im gastlichen Haus
Eingekehrt: was wundert's uns,
Daß sie des Stammes Natur treibt,
Tüchtige Ringer zu sein?
Sie ja, die Horte der weitgestreckten Sparta,
90 Sind mit Hermes und Herakles
Ordner des blühenden Kampfes,
Um den gerecht edlen Mann liebend besorgt: und fürwahr,
Der Götter Söhne sind getreu.

Vierte Strophe.

Und in wechselndem Loose weilen sie
95 Den Tag bei'm liebenden Vater, dem Zeus,
Einen dann in heimlichen Gründen Therapne's,
Tief in der Erde Gemach.
Gleiches Schicksal theilen sie so, wie er selbst,
Statt in Himmels Höhen zu wohnen und ganz ein Gott
zu sein,
100 Dies Geschick erkor, Polydeukes, da Kastor
Fallend erlag im Gefecht.
Denn erzürnt um seiner Rinder Raub, erschlug
Idas ihn mit scharfen Eisenspeeres Stoß.

Vierte Gegenstrophe.

Vom Taygetos spähend weit umher,
105 Sah Lynkeus ihn sich verbergen im Stamm
Eines Eichbaums. Denn er besiegte die Menschen
All' in der Schärfe des Blicks.
Unversehn's in hurtigem Schritte daher
Eilten sie und zögerten nicht zu begehn die grause That.
110 Aber schwer traf Aphares' Söhne des Zeus Hand;
Denn in verfolgendem Lauf
Stürmte Polydeukes flugs heran, und sie
Setzten sich zur Wehre bei des Vaters Grab.

Vierte Epode.

Und des Hades Säule hier
115 Reißen sie aus, den glatten Stein,
Treffen Leda's Sohne die Brust;
Doch der Stoß zermalmt ihn nicht:
Ohne zu weichen, bestürmt er
Jene mit raschem Geschoß,
120 Bohrt in die Hüften des Lynkeus tief das Erz ein.

Auf den Idas warf Kronion
Feurigen, qualmenden Blitzstrahl,
Der sie zugleich, fern von Haus, Beide verzehrte. Zum
    Kampf
Angeh'n mit Stärkern, ist gewagt.

Fünfte Strophe.

125 Doch es wandte sofort in raschem Lauf
Sich Tyndars Sohn zu dem Bruder zurück,
Der im Licht noch athmete zwar, doch in Schauern
Röchelnd verhauchte den Geist.
Schluchzend und zu glühenden Thränen erregt,
130 Rief er laut; "o Vater Kronion, wie soll aus solchem Leid
Uns Erlösung werden? Verhänge den Tod auch
Mir mit dem Bruder, o Herr!
Ehre weicht vom Manne, wenn der Freund von ihm
Schied. Im Unglück sind die Menschen selten treu,

Fünfte Gegenstrophe.

135 Um Gefahren zu theilen." Also sprach
Der Held; da wandelt Kronion heran
Und beginnt: "du bist vom Geschlechte Kronions;
Diesen erzeugte hernach
Ein Gemahl, der sterblichen Samen dem Schooß
140 Deiner Mutter brachte. Wohlan, ich gestatte dir, von zwei
Dingen frei zu wählen: verlangst du, dem Tod und
Traurigem Alter entfloh'n,
Im Olymp mit mir zu wohnen, Pallas und
Ares zugesellt, dem Gott mit dunklem Speer,

Fünfte Epode.

145 Sei dir solches Loos gewährt.
Aber wofern der Bruder dir
Sorge macht und wenn du mit ihm

Zehnter nemeischer Gesang.

Alles gleich zu theilen denkst,
Magst du die Hälfte der Tage
150 Athmen im Schooße der Gruft
Und in des goldenen Himmels Haus die andre."
So der Gott, und jener schwankt nicht
Zweifelnd umher in Gedanken;
Und es erschloß Zeus das Aug' erst und die Stimme sodann
155 Kastor'n, dem erzumgürteten.

Elfter nemeischer Gesang.

Auf Aristagoras aus Tenedos,
den Prytanen.

Als Aristagoras, der Sohn des Arkesilaos, aus dem edlen Geschlechte der Peisandriden auf Tenedos, zum Prytanen (Stadtvorsteher) für das Jahr gewählt worden war und diese höchste Würde der Insel antrat, wurde das vorliegende Lied im Prytaneion gesungen, wohin die Mitglieder des Rathes den neuen Prytanen begleiteten. Es ist also kein Siegesgesang, und hätte (wie schon die Alten bemerkten) nicht unter die Siegeslieder eingereiht werden sollen. Auch hatte Aristagoras in keinem der heiligen Festkämpfe gesiegt, sondern nur in den kleineren Spielen der benachbarten Städte. Aus dem Gedichte selbst geht hervor, daß seine Eltern aus ängstlicher Vorsicht ihm keine Theilnahme an den großen Wettspielen gestatteten, in welchen er sonst wohl den Sieg errungen haben würde: vgl. V. 22 ff.

Erste Strophe.

Rhea's Kind, du schirmend das Haus der Prytanen, Hestia,
Zeus', des höchsten Gottes, und der neben ihm thronenden Hera
Schwester, in deinem Gemach nimm hold Aristagoras auf,
Hold die Freunde bei dem stolzen Scepter dort,
5 Welche dich fromm ehrend willfährig hüten Tenedos' Heil.

Erste Gegenstrophe.

Viel mit Trankesspenden der obersten Göttin huldigend,
Viel mit Opferbrand: die Lyra rauscht mit Gesängen im
Bunde,
Und an den offenen Tischen übt man des gastlichen Zeus

Elfter nemeischer Gesang.

Heilig Recht ohn' Ende. Laß mit Ehren ihn
10 Schalten im Zwölfmondenamt, ungetrübt, mit heiterem Geist!
Erste Epode.
Selig eracht' ich den Mann, den Vater Arkesilas; denn
Wundervoll ist seine Gestalt, unerschüttert ist sein Muth.
Wenn du, mit Schäzen beglückt, vor Anderen glänzest an Schönheit,
Und in den Kämpfen gesiegt und Allen voran Kraft bewährt,
15 Wisse: nur ein welker Leib umkleidet dich,
Und zulezt dann nach Allem deckt dich ein Erdengewand.
Zweite Strophe.
Wohl geziemt sich's, daß dir ein wackeres Lob die Bürger weih'n;
Ja, den Ruhmgeschmückten muß man feiern in süßen Gesängen.
Aus der benachbarten Flur umschlang Aristagoras' Haupt
20 Und der Ahnherrn Haus von sechzehn glänzenden
Siegen der Kranz schon: im Allkampf, im Ringkampf ward er gekrönt.
Zweite Gegenstrophe.
Seiner Eltern allzubedenkliche Furcht verbot dem Sohn,
Auf Olympia's und Pytho's Bahnen die Kraft zu versuchen.
Wenn er, so denk' ich, bei meinem Eid, zum Kastaliaborn
25 Und zum schönumlaubten Kronoshügel zog,
Kam er an Ruhm reicher als seine Widersacher zurück,
Zweite Epode.
Wann er des Heraklesfests fünfjähriger Feier in Lust
Angewohnt, die wallenden Locken in schimmernd Laub gehüllt.
Aber die Sterblichen treibt oft eitelen Sinnes Vertrauen
30 Aus dem gehofften Besiz; den Sterblichen, der eig'ner Kraft
Ueber Maß mißtraut, beraubt der feige Muth
Oft des ihm nahen Glücks und zieht an der Hand ihn zurück.

Dritte Strophe.

Daß er aus Peisandros' Geschlechte von Sparta stamme, war
Leicht erkennbar: (aus Amyklä führte der Held mit Orestes
35 Einst der Aeolier erzumgürtete Schaaren hieher;)
Am Ismenos ward der Mutterahnen Blut
Von Melanipp beigemischt. Alter Stammestugenden Kern

Dritte Gegenstrophe.

Ringt nach unterbroch'nem Gedeihen zu neuer Kraft sich auf.
Ohne Rast trägt nie des Feldes dunkele Erde die Frucht, noch
40 Drängt an den Bäumen die Blüthe, lieblich von Düften
umhaucht,
Jedes Jahr in gleicher Fülle sich hervor;
Alles erscheint wechselnd nur. Auch die Menschen führt
das Geschick

Dritte Epode.

Also. Den Sterblichen ward von Zeus ein erkennbares Ziel
Nicht gesezt. Doch ringen wir uns in Entwürfen kühn empor,
45 Vieles bewegend im Geist, weil uns die vermessene Hoffnung
Täuschend umstrickt, und der Vorsicht Quelle von uns
ferne liegt.
Doch der Habsucht Ziele muß man klug erspäh'n;
Nur des Wahnsinnes Kühnheit jagt Unerreichbarem nach.

Anmerkungen
zu den nemeischen Siegesgesängen.

Erster nemeischer Gesang.

Vers 1. Ortygia, das Eiland im Hafen von Syrakusä mit der Quelle Arethusa, heißt die **Ruhestatt des Alpheios**, weil man glaubte, daß dieser Fluß unter dem Meere bis zu jener Insel fortströme und zu Syrakus als Quelle Arethusa wieder hervorkomme, oder sich da mit der von ihm geliebten Nymphe Arethusa vereinige. Sie heißt der stolze Zweig Syrakusä's, als einer der schönsten Theile der Stadt, Wiege der Artemis, weil dort (nach Pindar) die Göttin geboren ward, und Schwester von Delos, weil Artemis auf Delos, das ursprünglich auch Ortygia hieß, verehrt wurde, wie zu Ortygia.

7. Dem Aetnagotte Zeus wird der Dank dargebracht, weil der Syrakuser Chromios sich als Aetnäer ausrufen ließ. Auch bemerkt der Scholiast, daß diese Ode am Feste des Zeus Aetnäos gesungen ward.

11. Der Sinn ist: die Gnade der Götter im Verein mit den herrlichen Tugenden des Mannes ist die Quelle seines Glückes, seines Sieges.

17. Bei ihrer Vermählung mit Pluton schenkte Zeus der Persephone Sicilien als Brautschatz.

29. Von dem Lobe Sikelia's geht der Dichter auf das des Siegers über, indem er den Chor selbst redend einführt, der zum Siegesmahle geladen mit dem Gesang heran-

274 Anmerkungen.

zieht, um die Gastlichkeit des Chromios, seine Tapferkeit und seine Klugheit, besonders auch in der Wahl seiner Freunde, zu preisen.

Vers 34. Die Freunde, die er sich gewann, treten dem Tadel und der Verkleinerungssucht seiner Neider entgegen, und „tragen Wasser auf den Rauch", um den glimmenden Brand der Verläumdung zu löschen.

- 56. Der Zwillingsbruder ist Iphikles.

- 60. Amphitryon war, weil er seinen Schwäher Elektryon im Streit erschlagen, mit seiner Gemahlin Alkmene aus Tiryns (Tirynth) nach Theben entflohen, und hatte hier gastliche Aufnahme gefunden. In Theben ward ihm auch Iphikles und von Zeus Herakles geboren.

- 88. Die Boten hatten ihm die Kunde gebracht, die Zwillinge würden von Schlangen gefressen; und nun fand er diese von Herakles erwürgt.

- 100. Phlegra ist ein Ort in Thrake und ein Flecken, wo die Giganten (die Söhne Gäa's, der Erde) von den Göttern überwunden wurden. Als nämlich diese den Kampf gegen die Giganten bestanden, und sie nicht überwinden konnten, so sagt man, daß die Gäa ihm eröffnet habe, nicht anders könnten sie dieselben bezwingen, als wenn zwei von den Halbgöttern ihnen beistehen würden. Als nun Herakles und Dionysos hinzukamen, so gewannen die Götter über die Giganten den Sieg. Der Scholiast.

Zweiter nemeischer Gesang.

Vers 1. Der Sinn ist: wie die homerischen Rhapsoden, die Bewahrer und Fortpflanzer der homerischen Gesänge, mit dem Lobe des Zeus anheben, so beginnt Timodemos als Wettkämpfer in den heiligen Spielen seine Laufbahn mit einem Siege, den er durch die Huld des Zeus in Nemea

Anmerkungen.

gewann. Dort war ein Tempel des Gottes in einem
Cypressenhaine nach Pausanias 2, 15, 2.

Vers 9. Wenn sein Loos ihn ebenso, wie seine Väter, in geradem
Laufe auf seinen Bahnen weiter führt, und ihn zur Zierde
seiner Heimat erkoren hat: so kann es nicht fehlen, daß
nicht auf diesen ersten Sieg noch weitere und glanzvollere
folgen, wie am Sternenhimmel auf die Plejaden der
Orion folgt. Wirklich folgte, wie der Scholiast bemerkt,
nach dem nemeischen Siege des Timodemes bald ein
olympischer.

„ 17. Die Plejaden, Töchter des Atlas, heißen die kyllenischen,
weil sie auf dem Berge Kyllene in Arkadien wohnten,
wo auch Hermes von einer Plejade (Maja) geboren ward.

„ 37. Auch in Athen, sagt Thukydides 1, 126, sind Feste des
Dis oder Zeus, Diasia genannt, die das größte Fest des
Zeus Meilichios (des versöhnenden, sanftmüthigen Gottes)
heißen und außerhalb der Stadt gefeiert werden, wobei
Viele vom ganzen Volke opfern, nicht Schlachtthiere,
sondern Rauchopfer, wie sie im Lande üblich sind.

Dritter nemeischer Gesang.

Vers 3. Der Weihemond Nemeia's ist die dem Zeus heilige Festzeit in Nemea, diejenige Zeit des Monats, die dem Feste
gewidmet ist.

„ 6. Der Fluß Asopos im Gebiete von Phlius und Sikyon
in Achaja war der Sage nach der Vater der Nymphe
Aegina. Da nun die Insel Oenona, die später Aegina
hieß, von dorther Anbauer erhalten hatte, so ist wahrscheinlich, daß mit diesen die Sage samt den Namen
Asopos und Aegina nach der Insel wanderte und der
Name Asopos auf den Fluß in derselben übertragen ward.

„ 16. Tochter heißt die Muse in Beziehung auf den Zeus;
denn von ihm und Mnemosyne stammen die Musen.

Vers 20. Ihnen, den Jünglingen B. 7.

- 22. Nach der von Hesiodos aufbewahrten Sage hatte Zeus, um dem Aeakos Volk zu verschaffen, die Ameisen seiner Insel (die Myrmekes) in Menschen verwandelt, die von ihnen den Namen (der Myrmidonen) trugen.

- 25. Die Muse war mit dem Sieger, da sie den Kampf durch ihre Kunst schmücken sollte.

- 35. Aristokleides hat die Säulen des Herakles erreicht und vermag nicht weiter zu bringen, d. h. er hat das Aeußerste erreicht. Die Erinnerung an die Säulen des Herakles führt den Dichter auf die Erwähnung dessen, was Herakles auf seinen Wanderungen bis an die äußersten Marken der Seefahrt ausgerichtet; aber er lenkt sogleich wieder auf seinen Stoff zurück — auf Aeakos und sein Geschlecht, auf die Heldensage von Aegina.

- 36. Die eschene Lanze des Peleus, „gefällt auf Pelions Gipfel", war so schwer, daß sie nur Peleus und sein Sohn Achilleus heben und schwingen konnten.

- 38. Nicht allein nahm Peleus Iolkos ein, sondern mit Jason und den Dioskuren, wie Pherekydes erzählt. Pindar aber sagt, daß er allein Iolkos zerstörte im Kriege gegen Akastos, den Sohn des Pelias. Der Scholiast.

- 39. Peleus bezwang die Thetis durch Nachstellungen. Denn von ihm verfolgt, wandelte sie ihre Gestalt bald in Feuer, bald in wilde Thiere. Der Schol.

- 60. Mit dem Laomedon deutet der Dichter die (erste) Zerstörung von Ilion (durch Herakles) an, und mit Iolaos, welcher des Iphikles Sohn war, den Kriegszug des Herakles; denn Telamon nahm mit dem Herakles Ilion ein. Der Schol.

- 63. Telamon folgte dem Iolaos und dem Herakles, als dieser gegen die Königin der Amazonen, Hippolyte, zog, ihren Gürtel zu gewinnen.

- 74. Philyre, die Mutter Cheirons, der den Achilleus erzog.

Anmerkungen. 277

Vers 95. L. ἀγλαόδωρον. Nereus' Tochter ist Thetis, ihr Sohn Achilleus.

" 98. Für πάντα l. πᾶσι.

" 106. Memnon, der nach dem Tode des Hektor die Aethiopen dem Priamos zu Hülfe führte und von Achilleus erschlagen wurde, war ein Sohn der Eos und des Tithonos; des Tithonos Bruder war Priamos, der Vater des Helenos.

" 111. Zeus wird wiederholt angerufen als der Gott, von welchem die Aeakiden stammen, und dem das Kampfspiel zu Nemea geweiht ist.

" 118. Ueber das „Botenhaus des Gottes in Pytho" s. die Einleitung zu dieser Ode.

" 120. Die Erfahrung zeigt und bewährt es, ob Einer in den verschiedenen Stufen des menschlichen Alters in der einer jeden eigenen Tugend hervorragt, als Knabe bei Knaben, als Mann bei Männern, dann das dritte Theil der Zeit hindurch oder während desselben als älterer Mann bei Aeltern, „so wie jedes das Geschick beschied", nach der Weise und Einrichtung des Lebens, welche das Schicksal uns gegeben hat, daß nämlich jedes Lebensalter eine eigenthümliche Auszeichnung gestatte; aber das höhere Alter („die Reise des Lebens") führt außer den Tugenden der drei anderen Stufen noch die vierte ihm eigene mit sich, nämlich die Klugheit, oder, wie es der Dichter ausdrückt, es treibt vier Tugenden. Aus dieser Zusammenstellung ist klar, daß der Dichter, die Kindheit ungerechnet, von welcher hier nicht die Rede sein kann, vier Stufen des Alters annimmt, eine der Knabenzeit, offenbar die Jahre, wo den Knaben der Zutritt zu den Kampfspielen offen stand, die zweite der männlichen Jugend, welche von den edleren Jünglingen ebenfalls den Kampfspielen vorzüglich gewidmet wurde, die dritte der höheren Männlichkeit, welche besonders die Tugend des Staatsbürgers in Anspruch nahm, beide letzteren zusammen auch kriegerischen Muth und Erfahrung, die vierte des Greisenalters, dessen Tugend Pindar allein nennt; die übrigen drei aber, die wir angedeutet haben, überläßt er bei den Altern, die er nennt, zu denken, nur noch erwähnend, daß Aristokleides sie, die vier Tugenden des Lebens, in sich dargestellt habe. Nach Thiersch.

Vers 131. Der Dichter vergleicht seinen Gesang mit einem perlenden Trank aus Milch und Honig wegen seiner Süßigkeit und Lauterkeit, sodann (V. 135) mit einem Adler, der sich plötzlich auf seine Beute stürzt, weil er, wenn auch spät erscheinend, doch sicher das Ziel trifft und dem Besungenen Ruhm verleiht, während der Gesang des Unvermögenden „niedrig am Grunde weidet" und nicht erhebt. Dem Aristokleides, der in Nemea, Epidauros und Megara gesiegt, entflammt Kleio (die Muse der Geschichte) selbst das Licht des Ruhmes.

- 143. Zu Epidauros war ein Fest mit Kampfspielen zu Ehren des Asklepios: in Megara wurden Spiele des Zeus gefeiert.

Vierter nemeischer Gesang.

Vers 18. Des Aeakos Burg ist die Stadt Aegina, die als „das Allen leuchtende Licht des fremdschirmenden Rechtes" gefeiert wird wegen ihrer Gerechtigkeit in ihrem großen Verkehr mit Fremden. Vgl. zu Olymp. 8, 25.

- 27. Die Stadt Kleonä lag in der Nähe des Heiligthums, um welches die nemeischen Kampfspiele gefeiert wurden, und Männer von dort waren die Vorsitzer und Richter in den Kampfspielen.

- 30. In Thebe wurden zur Ehre des Jolaos die Jolaien gefeiert am Grabe des Amphitryon, weil dieses auch die Asche des Jolaos verschloß. Die Theber ehrten den Fremdling aus Aegina nicht ungerne, weil zwischen beiden Staaten von alten Zeiten her innige Freundschaft bestand.

Anmerkungen.

Vers 39. Die Halle des Herakles ist die Wohnung des Amphitryon am Elektrathore, wo vielleicht auch das Grabmal des Amphitryon sich befand. Sie wird hier erwähnt, um den Herakles in seinem Verhältniß zu Telamon darzustellen und zu zeigen, wie Theben und Aegina jetzt verbunden seien, so seien sie schon durch ihre Heroen verbunden gewesen.

» 42. Die Meroper wohnten auf der Insel Kos. Ihr König war damals Eurypylos, den Herakles auf dem Heimzuge von Ilion angriff, um sich seiner Tochter Chalkiope zu bemächtigen, mit welcher er den Thessalos zeugte.

» 44. Der Gigant Alkyoneus hielt den thrakischen Isthmos besezt, als Herakles die Rinder des Geryones aus Erytheia vorbeitrieb. Nachdem Alkyoneus ihm zwölf Streitwagen und die daraufstehenden vierundzwanzig Krieger mit einem gewaltigen Steine zerschmettert hatte, schleuderte er diesen gegen Herakles selbst, der ihn mit seiner Keule abwandte und den Giganten tödtete.

» 51. **Welcher dem Wort mistraute**, d. h. wer unglaublich fände die Andeutung, daß Herakles im Kampfe gegen Alkyoneus nicht gleich im Anfang Sieger gewesen. Der Scholiast bemerkt, Pindar spiele hier auf dasjenige an, was Timasarchos erlitten habe, bevor er den Sieg errang.

» 54. **Der Brauch, die Sazung für den Siegesgesang**, gebietet ihm, bei dem Nächsten zu bleiben und die angedeuteten Sagen nicht ausführlicher zu besprechen. Zum Neumonde stand, wie es scheint, das Fest des Zeus und die Feier dieses nemeischen Sieges bevor. Dem Neumond also will er „seinen Gesang weihen." Wenn ihn auch „die Tiefe des Meeres mitten erfaßt", der Strom des Gesanges ihn mitten in die Thaten des Telamon und Herakles hineingerissen habe, wolle er sich doch nicht verloken lassen, länger bei dieser Abschweifung zu verweilen; so hoffe er dem Tadel der Neider zu entgehen und Lob einzuernten, indeß die Kunst des Gegners ruhmlos „zu Boden falle."

Vers 74. Oenona, der alte Name Aegina's.

- 75. Auf Kypros gründete Teukros, der Sohn des Telamon, ein neues Salamis: dort waltet er als schirmender Heros, wie sein Bruder Ajas in dem heimatlichen Eilande.

- 80. Das „lichte Inselland" ist Leuke im euxinischen Meere, wohin der Leichnam des Achilleus von Thetis gebracht worden sein soll. Dort zeigte man (wie der Scholiast bemerkt) Rennbahnen zu den Uebungen des Heros.

- 81. „Thetis gebeut in Phthia" als dem ihr geweihten Lande, wo sie ein Heiligthum hatte, Thetideion genannt.

- 82. Pyrrhos (oder Neoptolemos), der Sohn des Achilleus, gelangte nach den troischen Kämpfen zur Herrschaft in Epirus. Die Gegend, berühmt durch ihre Stierheerden, welche die Sage von den Rindern des Geryones ableitete, senkt sich dort von Dodona nach dem jonischen Meere, das nach älterer Bestimmung an der östlichen Küste von Italien sich weit nach Norden ausbreitete. Thiersch.

- 88. Peleus, aus der Heimat flüchtig, war von Akastos, dem Sohne des Pelias und König in Jolkos am Fuße des Pelion, gastlich aufgenommen worden. Hippolyta, die Gemahlin des Königes, faßte zu ihm eine sträfliche Neigung; und weil er ihr nicht willfahrte, verläumdete sie ihn bei Akastos, als ob er von ihr Ungebührliches verlangt habe. Der König schenkte der falschen Anklage Glauben, und beschloß den Gastfreund zu verderben. Er verbarg ihm ingeheim sein Schwert im Walde, damit er, dasselbe suchend, von den Kentauren erschlagen würde. Doch Cheiron rettete den Peleus, der, von den Nachstellungen unterrichtet, Jolkos bezwang, und es dem hämonischen Volke, d. h. den Thessalern, unterwarf.

- 91. Von Hämon, dem Sohne des Pelasgos und Vater des Thessalos, erhielt Thessalien den Namen Hämonia.

- 95. Das Schwert des Peleus war von Däbalos verfertigt, nach Hesiodos (in einem Bruchstück, das der Scholiast anführt,) von Hephästos.

Anmerkungen.

Vers 101. Thetis wollte sich dem Peleus entziehen, und verwandelte sich in die hier genannten Gestalten, welche der Held mit Cheirons Hülfe bezwang. Vgl. zu Nem. 3, 59.

" 111. Ihm zum Lohne, zur Belohnung seiner Tugend, weil er im Hause des Akastos das Gastrecht geehrt hatte.

" 112. Wie man nicht über Gadeira (Gades, den äußersten Punkt gegen Westen) hinaus in das Gebiet der Nacht zu bringen vermag, sondern wiederum nach Europa umlenken muß; so kann auch ich nicht Alles durchsprechen, was ich bisher berührt habe, und kehre zu der näher liegenden Aufgabe zurück, den Sieger und sein Geschlecht zu verherrlichen.

" 126. Wohl eine Beziehung auf die lyrischen Dichter in der Familie des Timasarchos, die ihre siegenden Stammgenossen besangen: vgl. V. 22 ff. und V. 144 ff.

" 133. Wie das im Feuer geläuterte Gold all seinen Glanz enthüllt, so enthüllt der Gesang den vollen Glanz der Tugend, daß der also Verherrlichte an Seligkeit Königen gleich erscheint.

" 143. Eppich krönte die Sieger in den isthmischen Spielen bei Korinthos, die unter der Obhut des Poseidon standen.

" 151. Wohl glaubt Jeder das, was er selbst gesehen, Jeder diejenigen, mit welchen er gelebt, am würdigsten preisen zu können: wenn es aber dem Euphanes vergönnt gewesen wäre, den Melesias im Liede zu verherrlichen, wie würde er da seine volle Kraft bewährt und den Kampf mit den vielen Widersachern des Mannes als rüstiger Ringer bestanden haben!

Fünfter nemeischer Gesang.

Vers 1. Den Bildsäulen, die starr und unbeweglich auf dem Grunde verweilen, wo sie einmal aufgerichtet sind, stellt der Dichter seinen Gesang entgegen, der, den Ruhm des darin Gefeierten zu verbreiten, in alle Welt hinauswandert.

Vers 8. Ueber den Allkampf oder Gesammtkampf s. die Anmerkung zu Olymp. 8, 70.

- 10. Die Zeit der Früchte bezeichnet die Mannbarkeit, welche den ersten zarten Flaum hervorbringt, der dem Kinne des Jünglings entsprößt. Diesen Flaum, dieses am Kinn auskeimende Wollhaar vergleicht der Dichter mit der Weinblüthe oder den feinen wolligen Blättern der Weinrebe, wenn aus derselben Tragknospe mit den Blättern die künftige Traube in der Blütheuknospe hervorbricht.

- 12. Die Aeakiden stammen von Zeus und Kronos; denn ihr Vater Aeakos war der Sohn des Zeus, ihre Mutter Endaïs aber des Kronos Enkelin, die Tochter des Kroniden Cheiron. Von der Tochter des Nereus, Thetis, stammt des Aeakos Enkel, Achilleus; von einer andern Nereide, Psamatheia, (V. 21.) stammt Phokos, des Aeakos Sohn.

- 25. Weil Phokos (berichtet Apollodoros 3, 12, 8.) sich in den Kampfspielen auszeichnete, sollen seine Brüder, Peleus und Telamon, ihm nachgestellt haben. Als nun den Telamon das Loos traf, mit ihm zu kämpfen, warf er ihn mit der Wurfscheibe an den Kopf und tödtete ihn. Darauf trug er mit Peleus den Leichnam in einen Wald und verbarg ihn. Als aber der Mord zu Tage kam, wurden sie von ihrem Vater Aeakos aus Aegina vertrieben.

- 35. Nicht Sagen, die etwas Frevelhaftes enthalten, wählt der Dichter für seinen Gesang, sondern was des Lobes würdig ist, und führt dieses aus in kühnen und breiten Zügen, wie der geübte Springer seinen Sprung, oder er schwingt sich zum Ziel im Fluge, der, wie die Schwinge des Adlers, weit über das Meer trägt.

- 38. Die Rede kehrt zu den Aeakiden zurück. Ihnen, d. i. einem von ihnen, dem Peleus.

- 63. Schwäher hier in seiner ursprünglichen Bedeutung eines nahen Verwandten. Poseidon, als Gemahl Am-

Phthrite's, der Tochter des Nereus, war mit Thetis verwandt und willigte in die Vermählung derselben mit Peleus.

Vers 69. Das Schicksal und die diesem Geschlecht angeborne Tüchtigkeit, die vom Schicksal ausgeht, hat dem Muttersohn des Pytheas, Euthymenes, und ihm selbst auf Aegina den Sieg in den Aeakeien (den dem Aeakos geweihten Spielen) verliehen.

- 77. In Aegina, bemerkt der Scholiast, war dem Apollon Delphinios ein Monat von gleichem Namen geweiht, in welchem ihm als dem Gründer und Hausbewahrer die Hydrophorien gefeiert wurden. In diesen, wie zu Nemea, hatte der Knabe gesiegt

- 79. In Nisos' Thal, in Megara.

- 83. In Athen soll die Kunst der Leibesübungen von dem Phorbas, dem Kampflehrer des Theseus, erfunden worden sein, mit welchem er auch die Amazone raubte. Polemon erzählt, daß der Athener Phorbas die Ringkunst erfunden habe. Daß aber Theseus von der Athene dieselbe gelernt, berichtet Istros. Der Scholiast.

- 85. Themistios soll der Großvater des Pytheas von mütterlicher Seite gewesen sein. Er gewann zu Epidauros in den Wettspielen des Asklepios einen Doppelsieg, und hing die Kränze an dem Eingang in das Heiligthum des einheimischen Heros, des Aeakos, als Weihegeschenk auf.

Sechster nemeischer Gesang.

Vers 1. Der Dichter beginnt den Gesang mit Darstellung des Göttlichen in der menschlichen Natur. Die griechische Götterwelt nämlich war nicht ewig, sondern nur unsterblich und in einer Reihe von Zeugungen aus Erd' und Himmel hervorgegangen, bis die Götter zu den Nymphen herabkamen, aus deren Vermischung mit ihnen die Helden entstanden. Uebrigens war das nur Ein Zweig am großen Stamme des menschlichen Geschlechtes, und die Sage ließ auch die ersten Menschen aus Erde entstehen, die Pandora durch Hephästos und einen Mann durch Prometheus, dann Völker aus dem Boden wachsen, oder aus Verwandlung von Steinen und Ameisen hervorgehen. Offenbar verwirft Pindar hier diese Sagen und hält sich an jene edlere, welche den Menschen und den Gott gleichen Ursprungs annimmt. Vor diesen Gesang aber stellt er sie, weil in dem Hause des Siegers die Auszeichnung und Kampfsehre einheimisch war, und die Glieder desselben Zeugniß gaben von ihrer Verwandtschaft mit der edleren Natur der Götter. Thiersch.

Vers 34. Die Drei sind nach dem Vorangehenden Agesimachos, Praxidamas und Alkimidas.

, 43. Nach ihm, nach dem Hause des Alkimidas.

, 53. Kallias, der Sohn des Kreon, war auch aus dem Geschlechte der Bassiden, und siegte im Faustkampfe.

, 57. Die Kinder der Leto, Apollon und Artemis, sind die Beschützer der pythischen Spiele.

, 60. Die Brücke des Meeres, welche den Kallias ehrte, ist der dreiundvierzig Stadien breite Isthmos, der dem Poseidon geweiht war; das dreijährige, alle drei Jahre wiederkehrende Fest sind die isthmischen Spiele; das Laub des Löwen deutet auf Nemea, wo Herakles den Löwen erschlug, und in dessen Nähe die Gebirge von Phlius lagen.

, 84. Die Woge, die sich eben an seinem Schiff erhebt und ihm das Herz bestürmt, ist der näher liegende Stoff, welchen der Sieg dem Dichter darbietet; die doppelte Last, womit er beschwert daherkommt, ist das doppelte Geschäft, dem er sich unterzogen hat, außer den Aeakiden auch den neuesten Sieg des Alkimidas zu preisen.

, 95. Auch in Olympia würde Alkimidas, wie sein Verwandter Polytimidas, den Sieg errungen haben, wenn nicht ein

Anmerkungen. 285

ungünstiges Loos sie mit so starken und gestählten Ringern
zum Kampfe zusammengestellt hätte, daß sie nothwendig
unterliegen mußten.

Vers 98. Der Kampfrichter Melestas ist aus den früheren Gesängen
bekannt.

———

Siebenter nemeischer Gesang.

Vers 1. Eileithyia, als die Geburtsgöttin, welche von Anfang
an die Schicksale der Menschen bestimmt, ist die Beisitzerin der Schicksalsmächte, die schon bei der Geburt zugegen waren und dem Sterblichen seine Bestimmung an-
wiesen. Sie ist die Tochter der Hera, als der Vorsteherin
der Ehen, und die Schwester Hebe's, zu welcher Niemand
gelangt, als wen Eileithyia zum Leben gebracht und bei
der Geburt für das Leben gleichsam geweiht hat.

- 7. Wir sind nicht alle zu Gleichem tüchtig, da bald dieses,
bald jenes im verschlungenen Lauf der Geschicke uns auf
der Bahn zu höherer Vollendung hemmt.

- 26. Der erfahrene Schiffer, der auf drei Tage den Wind
voraussieht und hiernach seine Fahrt einrichtet, wird
nicht, von Liebe zum Gewinn bethört, sich der Gefahr
des Schiffbruches aussetzen, wenn er Unwetter und
Sturm erwartet. So wird auch der Weise, der durch
Tüchtigkeit im Kampfe Ruhm und Lobgesänge sich erringen will, durch den Aufwand, den ein solcher Kampf
erfordert, sich nicht abhalten lassen, nach wahrem Ruhme
zu streben. Uns alle ja, Reiche wie Arme, erwartet
der Tod. Allerdings muß dieser Ruhm ein wahrer Ruhm
sein, den die Verblendung der Menschen oft verkennt,
(vgl. V. 34 ff.) ein Ruhm, wie der des Ajas war, nicht
wie der Ruhm des Odysseus, den nach der Ansicht
Pindars Homer weit über Verdienst erhoben hat.

Vers 54. Pyrrhos (oder Neoptolemos) ward bei seiner Heimkehr aus Troja, wie die meisten des Heeres, durch Stürme verschlagen. Er gelangte nicht nach Skyros, dem Eiland seiner Geburt, sondern in dem jonischen Meere hinauf an die Küsten von Epeiros nach Ephyra. Hier gebar ihm Andromache den Molossos, von dem die Landschaft, welche sein Vater dort gewann, den Namen erhielt, und die folgenden Könige in Epeiros ihr Geschlecht ableiteten. Er selbst, Pyrrhos, zog von dort nach Delphi, nach Andern, um den Tempel zu plündern, oder vom Gotte Rechenschaft wegen des Todes seines Vaters zu fordern, (denn Achilleus war durch Apollon und Paris erlegt worden,) nach Pindar aber V. 68 in frommer Absicht, dem Apollon aus der troischen Beute Opfer und Gaben zu bringen. Dort ward er erschlagen. Thiersch.

. 60. Asklepiades in seinem Werke über die tragischen Begebenheiten erzählt also: Ueber seinen Tod stimmen fast alle Dichter zusammen, daß er von dem Machäreus erschlagen, und anfangs unter die Schwelle des Tempels sei begraben worden. Als darauf Menelaos kam, ließ er den Leichnam von da hinwegnehmen, und ihm ein Grabmal im Bezirke des Tempelgebietes errichten. Machäreus aber sei ein Sohn des Dätas gewesen. Der Schollast.

. 62. Der Tod des Neoptolemos, über den seine Gastfreunde zu Delphi so tiefen Schmerz fühlten, sollte nur zu seiner Verherrlichung dienen. Denn es war vom Schicksal bestimmt, daß Einer aus dem Stamme des Aeakos in dem uralten Haine begraben werden, und als einheimischer Heros den Gelagen vorstehen sollte, die zu Delphi nächst den Göttern auch den Heroen gebracht wurden. Zugleich sollte er dort als untrüglicher Zeuge sein Amt in den Kämpfen verwalten, und dafür sorgen, daß jedes Urtheil und jeder Kranz nach Recht und Gebühr ertheilt werde.

. 72. Um Aegina's und des Zeus Geschlecht schlingt sich auch daheim (in Aegina), nicht allein im fremden Lande, der Kranz des Ruhmes, und ich könnte davon nicht wenige

Anmerkungen.

Beispiele anführen: aber ich muß, um nicht Ueberdruß zu erregen, abbrechen und Anderes berühren.

Vers 91. Der Dichter will sagen, daß er selbst von Fernestehenden, statt welcher er entfernter wohnende Achäer als Beispiel nennt, für seine Sinnesart, die aller Lästerung abhold sei, und für die Aufrichtigkeit seines Lobes Anerkennung hoffe, so wie er auch bei Fremden sowohl als unter seinen Mitbürgern Achtung genieße.

- 101. Pindar betheuert, daß er das Maß im Lobe nicht überschritten, nicht über das Ziel hinausgeschossen habe. Er habe den ganzen Kampf bis zum Ende durchgekämpft, bevor ihn „der Sonne Glut sengend überfallen" und der Schweiß seine Kraft habe lähmen können.

- 111. Einige verstehen unter Lilienblumen Korallen; diese würden Thau des Meeres genannt, weil sie weich und einem Gewächse gleich schienen, so lange sie in der Tiefe wären; würden sie aber hervorgezogen, und wären außerhalb des Wassers, so versteinerten sie, da die Sonne sie nun bestrahle. Andere aber verstehen unter Meeresthau den Purpur wegen der Färbung durch die Schnecke, unter Lilienblumen aber die Wolle. Er bezieht das auf die Buntheit gewebter Stoffe, da er selbst sein Gedicht mit einem Gewebe vergleicht. Der Schol.

- 117. In den Fluren hier, auf Aegina, das durch die Liebe des Zeus zu der Mutter des Aeakos, von der es den Namen trägt, geheiligt ist.

- 123. Aeakos war der Bruder des Herakles, da Zeus beider Helden Vater war. Aeakos hatte den Herakles in Aegina gastlich aufgenommen und bewirthet.

- 133. Wie bei einem Viergespann, das ein Doppeljoch, zwei Joche hat, die Deichsel zwischen beiden Jochen ist, so hat Sogenes sein Haus zwischen beiden Tempeln des Herakles zur Rechten und zur Linken.

- 137. Das strahlenäugige Kind des Zeus ist Pallas Athene, die Abwehrerin des Unheils.

Vers 146. Nach den Scholien zu diesem Verse bemerkt Aristodemos die Aegineten hätten den Pindar getadelt, daß er in einem Päan gesagt habe, Neoptolemos sei nach Delphi gekommen, um den Tempel zu berauben. Hiegegen rechtfertige sich hier Pindar, wie er auch schon oben die betreffende Sage etwas weiter ausgeführt habe, um zu zeigen, Neoptolemos sei in guter Absicht nach Delphi gekommen: vgl. V. 62 ff.

— 150. Die Worte: „des Zeus Korinthos", hat man sich wohl als Refrain in einem Liede für Kinder zu denken; es soll damit die ewige Wiederholung einer und derselben Sache bezeichnet werden.

Achter nemeischer Gesang.

Vers 14. Oenona, der alte Name Aegina's.

— 26. Der Dichter nennt seinen Hymnos eine Hauptbinde Lydia's, wie sie in Lydien getragen wird, weil er in lydischer Tonart verfaßt ist.

— 31. Kinyras war König und Priester auf Kypros.

— 44. Mit Beziehung auf Ajas, der, „rüstig an Muth, karg an Wort", bei dem Streit über die Wehr des Achilleus gegen Odysseus verlor, welchen die Dichter nach Homer als einen eben so trügerischen wie beredten Helden schildern.

— 77. Auch die Freude über den gewonnenen Sieg bedarf der Theilnahme des Freundes, dem sie das Pfand ihres Glückes vor Augen legen will.

— 88. Die nemeischen Spiele wurden, wie der Scholiast bemerkt, bei dem Beginne des Heerzuges der Sieben wider Thebe eingesetzt; der Sinn also sei: schon vor den nemeischen Spielen und dem thebischen Kriege gab es lobpreisende Gesänge.

Neunter nemeischer Gesang.

Vers 9. Die Mutter Leto und ihre Zwillingsprossen, Apollon und Artemis, die Schutzgötter der pythischen Spiele zu Sikyon.

- 10. Für αὐδάν l. αὐχάν.

- 28. Das ältere Königsgeschlecht in Argos stammt von Prötos, und von diesem in Einer Folge Megapenthes, Hipponoos, Kapaneus, Sthenelos. Aber schon Prötos gab zwei Drittheile der Besitzungen und dadurch der Macht an den Seher Melampus, welcher das Empfangene mit seinem Bruder Bias theilte, so daß neben den Prötiden in der Stadt die Melampodiden, Antiphates, Oikleus, Amphiaraos, und die Biantiden, Talaos und sein Sohn Adrastos, mächtig waren. In einem Aufruhr, der zwischen den drei herrschenden Geschlechtern ausbrach, ward von Amphiaraos Talaos erschlagen und Adrastos verjagt, hiedurch aber die Macht dieses Hauses aufgelöst; doch fand Adrastos in Sikyon wieder, was er in Argos verloren hatte. Polybos, König daselbst, gab ihm seine Tochter zur Gemahlin und hinterließ ihm, da er ohne männliche Erben gestorben war, die Herrschaft über seine neuerworbene Heimat. Jetzt von neuem mächtig stand Adrastos dem Amphiaraos zum Vergleiche bereit, und kam als König nach Argos zurück, nachdem er zum Unterpfand aufrichtiger Versöhnung seine Schwester Eriphyle dem Sohne des Oikleus (Amphiaraos) vermählt hatte. Jetzt herrschend über die mächtigsten Staaten im Norden des Peloponneses konnte er den Zug der Sieben gegen Theben unternehmen. Thiersch.

- 34. Eriphyle, des Gatten Mörderin. Als Polyneikes den Zug wider Thebe veranstaltete, wollte Amphiaraos, weil er seinen Tod voraussah, nicht mitziehen und verbarg sich. Aber seine Gemahlin Eriphyle ließ sich von Polyneikes durch eine goldene Halskette bestechen, den Aufenthalt ihres Gatten zu verrathen. Amphiaraos war nun zur Theilnahme an dem Zuge genöthigt, und wurde vor Thebe lebendig von der Erde verschlungen.

Später rächte sein Sohn Alkmäon diesen Verrath durch die Ermordung seiner Mutter. S. meine Anmerkung zur Elektra des Sophokles V. 817 ff.

Vers 46. Sie wurden auf dem Rückzuge von Theben am Ismenos wiederum von den Thebern angegriffen und hier, durch das Wasser gehemmt, vollends niedergemacht.

" 57. Dieses sagt der Dichter, weil (in der entscheidenden Schlacht vor Thebi) dem Amphiaraos Periklymenos entgegengestellt ward, ein Sohn des Poseidon und der Chloris, der Tochter des Teiresias. Der Scholiast.

" 61. Hier wird auf eine Rüstung der Karthager gegen Sicilien hingedeutet, welche der Dichter auch Pyth. 1, 134 erwähnt.

" 73. Die Scham oder die Scheu, die als Göttin neben der Nemesis schon Hesiodos nennt, ist die sittliche Scheu vor dem Unziemlichen, deren Streben nur auf Großes und Edles gerichtet ist.

" 85. Wie Hektor am Skamandros die Macht der Feinde brach, so Chromios am Ufer des Heloros. Die Schlacht am Heloros gewann Hippokrates, König von Gela, gegen die Syrakuser im ersten Jahre der 72sten Olympiade, zwanzig Jahre vor der Zeit, in welche diese Ode zu gehören scheint. Damals führte Gelon, der Schwiegervater des Chromios, die Reiterei des Hippokrates.

" 89. Das jonische Meer hieß nach Aeschylos (im Prometheus V. 836 ff.) ursprünglich der Busen der Rhea. Es erstreckte sich nach der ursprünglichen Ausdehnung seines Namens sehr weit nach Nord und West, und bespülte ebenso die Küsten von Epeiros, wie von Großgriechenland und Sicilien. S. die Ausleger zu der angeführten Stelle des Aeschylos.

Zehnter nemeischer Gesang.

Vers 1. Danaos, aus Aegypten kommend, nahm Besitz von Argos, das er erweiterte und verschönerte. Die fünfzig Jungfrauen sind die Töchter, die ihm die Sage zuschrieb.

Anmerkungen.

Vers 6. Perseus gehörte zu dem Hause der argeiischen Fürsten; denn seine Mutter Danae war Tochter des Akrisios, des vierten Königs aus dem Danaidenstamme zu Argos.

„ 7. Epaphos, der Sohn des Zeus und der Io, der Tochter des Inachos aus Argos, galt in der Sage der Griechen als einer der vorzüglichsten Anbauer Aegyptens.

„ 9. Hypermnestra, die einzige der fünfzig Töchter des Danaos, die ihres Gemahls (des Lynkeus) schonte.

„ 11. Diomedes, der Sohn des Tydeus, Königs von Aetolien, vermählte sich mit Aeglalea, der Tochter des Abrastos, und wurde nach dem Tode des Letzteren König in Argos. Er stand unter der besonderen Obhut Athene's, die ihn nach seinem Tode unsterblich machte. Vor den Nachstellungen seiner Gemahlin floh er nach Italien, wo mehrere Städte sich rühmten, von ihm erbaut zu sein, und wo er auf der Insel Diomedeia, so wie von den Thuriern und Metapontiern göttlich verehrt wurde.

„ 14. Der Prophet ist Amphiaraos, der vor Thebe mit Wagen und Rossen von der Erde verschlungen wurde.

„ 19. Talaos, des Abrastos Vater, und Lynkeus waren auch Fürsten in Argos.

„ 21. „Zeus erzog den tapferen Krieger Amphitryon." Dieser wurde mit Zeus verwandt, als er die Teleboer, welche die Brüder Alkmene's erschlagen hatten, bekriegte, indeß Zeus, in seine Gestalt sich verwandelnd, Alkmenen besuchte.

„ 30. Die chestiftende Mutter Hebe's ist Here.

„ 37. In den Heräen, die am großen Herafest in Argos gefeiert wurden, empfing der Sieger einen ehernen Schild als Kampfpreis.

„ 46. In den Pforten des Meeres, in den Isthmien.

„ 47. Nicht die Spiele sind hier gemeint, welche Abrastos in Sikyon gestiftet hatte, sondern die zu Nemea, die Abrastos einsetzte oder erneuerte, als er in den Krieg vor Thebe zog.

„ 48. Theäos wünscht sich nun von Zeus noch einen olympischen Sieg; er weiß, daß dessen Gewährung allein in der Hand des Gottes liegt, aber auch, daß er eigene Kraft anwenden muß, um ihn zu gewinnen.

Vers 55. Die vornehmsten und ruhmvollsten Spiele in Hellas sind die olympischen.
- 57. In den Panathenäen zu Athen errang er zweimal den Preis. Dieser Preis war ein mit Malerei gezierter Krug von gebranntem Thone, gefüllt mit attischem Olivenöl. Zwei Krüge mit solchem Oele gelangten also „zu dem Volksstamme der Hera", nach Argos.
- 67. Thrasyllos und Antias waren mütterliche Ahnherren des Theäos aus Argos. Wäre ich mit ihnen verwandt und dadurch ihrer Ehre theilhaft, so dürfte ich in Argos frei umherblicken und auf hohe Achtung Anspruch machen.
- 70. Prötos, ein alter König in Argos, Zwillingsbruder des Akrisios.
- 71. Bei Korinthos' Felsenthal, in den Ißhmien, vor Kleonä's Volk, in den nemeischen Spielen. Ueber Kleonä s. zu Nem. 4, 27.
- 74. In den pythischen Kampfspielen zu Sikyon war der Preis eine silberne Schale (vgl. Nem. 9, 111 ff.); die Sieger zu Pellene in Achaia empfingen ein feines wolliges Oberkleid, „die wärmende Wehr wider die kalten Lüfte" Olymp. 9, 146.
- 79. Kleitor und Tegea, Städte Arkadiens, der Tempel des Zeus auf dem Lykäon daselbst, und die „auf Höhen gelagerten" Städte Achäa's stellten eherne Geräthe zum Kampfpreis aus.
- 102. Die Dioskuren stellten den Söhnen des Aphareus, Idas und Lynkeus, nach, und verbargen sich in dem Schaft eines Eichbaumes. Lynkeus, so scharfen Blickes, „daß er durch Steine und durch die Erde sehen konnte, was geschah" (der Schol.), hatte den Taygetos bestiegen, und entdeckte beide in ihrem Hinterhalte. Sofort eilen die Söhne des Aphareus herbei, und, ehe Abwehr möglich ist, hat Idas den Kastor tödtlich verwundet. Vor Polydeukes, welcher, den Bruder zu rächen, auf sie eindringt, fliehen sie nach dem Grabe ihres Vaters Aphareus, und hier entspinnt sich der Kampf, den der Dichter beschreibt.
- 109. Die grause That ist die tödtliche Verwundung des Kastor.

Anmerkungen.

Elfter nemeischer Gesang.

Vers 1. Die Hestia (Vesta) redet der Dichter an, da die Herde der Städte auf den Prytaneien (wo die Prytanen ihre Versammlungen hielten) gegründet sind, und auf ihnen das heilige Feuer brennt. Die Göttin soll ihn, als den neugewählten Prytanen, samt seinen Freunden, den Genossen seines Amtes, huldvoll bei dem Opfer, das er ihr bereitet, empfangen, und seine Würde beschirmen. Thiersch.

4. Sonst waren Bilder der Hestia selten, da der Herd mit dem Feuer selbst als Bild der Hestia galt und verehrt wurde. Nach unserer Stelle muß man annehmen, daß im Prytaneion zu Tenedos eine Bildsäule der Hestia stand, mit einem Scepter in der Hand.

8. Die Prytanen hatten auch die Sorge für Fremde, besonders für Gesandte anderer Staaten, welche im Prytaneion „an offenen Tischen" von Staatswegen bewirthet wurden.

13. Wen das Glück mit irdischen Gütern, wie die hier genannten, gesegnet hat, der strebe nicht nach Weiterem, sondern lasse sich genügen im demüthigen Gefühle seiner Sterblichkeit.

24. Wenn Aristagoras in Delphi und Olympia gekämpft hätte, so wäre er als Sieger über alle seine Gegner heimgekehrt.

29. Der Mensch erlangt Nichts, wenn er der eigenen Kraft zu sehr vertraut, weil sein Streben ein Ziel im Auge hat, das er nicht zu erreichen vermag, während er bei bescheidenerem Sinne durch zu großes Mistrauen in sich selbst auch das nahe liegende Gut zu verlieren Gefahr läuft. Aristagoras hielt die Mitte zwischen beiden Aeußersten, indem er zwar nicht zu dem Höchsten gelangte, das er durch seine Kraft erreichen konnte, aber doch Ruhm und Ehre in den heimischen Kämpfen und in den Angelegenheiten seiner Vaterstadt gewann.

33. Daß Aristagoras aus alten Heroengeschlechtern stamme, war leicht an seiner Tugend zu erkennen: von väterlicher

Seite war Peisandros, von mütterlicher Melanippos der Ahn seines Geschlechtes. Der Achäer Peisandros zog bei dem Einfalle der Dorer in den Peloponnes mit den Pelopiden von Amyklä aus (da Sparta später Hauptort des Landes wurde, bezeichnet ihn der Dichter als einen Sparter) nach Aeolien. Sie schifften sich in Aulis ein, nahmen viele Kadmeier und Böoter mit, und bauten die Inseln Lesbos und Tenedos an. Solche Kadmeier waren auch die Melanippiden, die von Melanippos stammten, demselben, welcher in dem Kriege der Sieben gegen Thebe mit dem Tydeus zum Gefechte kam und ihn verwundete. Die Mutter also des Geschlechtes der Peisandriden war eine Melanippide, deren Ahnen in Böotien sich dem Zug der Achäer angeschlossen hatten, und mit welcher sich nun Peisandros vermählte, der Gründer des in Tenedos herrschenden Geschlechtes. Zum Theil nach Dissen.

Vers 38. Wie die Erde nicht in jedem Jahre reiche Früchte zeugt, sondern zuweilen ausruht: also die Geschlechter der Menschen. Auch ein edles Geschlecht erzeugt nicht in allen seinen Gliedern immer die gleiche Tugend, und dem großen Vater folgt nicht immer ein großer Sohn. Es scheint, daß zwischen dem Sieger und seinen heroischen Ahnen keine glänzenden Namen im Geschlechte waren, und daß er ihren Ruhm erst wieder geweckt hat.

» 46. Vorsicht bezeichnet hier die Berechnung des Zukünftigen und die Kunst, sich vor Leid zu bewahren. Die Quelle dieser Vorsicht „liegt ferne von uns", so daß sie nur mit Mühe gefunden werden kann, und daß es nicht leicht ist, bei dem Uebermaße menschlicher Bestrebungen Schaden abzuwehren.

IV.

Isthmische Siegesgesänge.

Erster isthmischer Gesang.

Auf Herodotos von Thebe,
den Sieger mit dem Wagen.

„Die Bewohner der Insel Keos, bemerkt der Scholiast, hatten von dem Dichter einen delischen Päan (einen Päan an den delischen Apollon) verlangt. Als er zu schreiben begann, kam ihm der Sieg seines Mitbürgers, des Thebers Herodotos, dazwischen, auf welchen vor Allem bedacht zu sein der Dichter vorzog, und den Päan für die Keier zurückstellte." Dieser Herodotos, der Sohn des Asopodoros, hatte sich bereits durch mehrere Siege in den öffentlichen Spielen ausgezeichnet, und, ohne einen Wagenlenker zu schicken, seinen Wagen selbst gelenkt, weßwegen ihm auch ein Kastorgesang gewidmet wird. Seine Siege werden B. 76 ff. aufgezählt, und ihm ein pythischer und olympischer Sieg gewünscht, zu welchen der isthmische den Weg gebahnt zu haben schien.

Erste Strophe.

Theba mit goldenem Schild, o meine Mutter,
Höher denn jegliches Werk eracht' ich, was
Du verlangst: nicht zürne die felsige Delos,
Die ich zu singen verhieß!
5 Die wackern Eltern ehrt ja der Edle zuerst.
Weiche, Phöbos' Stätte! Das doppelte Lied
Führen wir wohl unter Gottes Hut zum Ziel.

Erste Gegenstrophe.

Feiern im Tanze den reichgelockten Phöbos
Auf der umfluteten Keos mit des Meers

10 Männern, auch des wogenumgürteten Isthmos
Nacken, nachdem er dem Volk
Aus Kadmos' Stamm sechs Kränze verliehen im Kampf,
Meiner Heimat Zierden. Alkmena gebar
Hier ja den furchtlosen Sohn Herakles auch,

Erste Epode.

15 Vor welchem einst Geryones' Hunde gebebt,
Die dreiste Brut.
Nun ich Herodotos denn
Ausrüste den Dank zu des Viergespannes Ruhm,
Weil er mit Fremdlinges Händen
20 Nicht der Rosse Zügel gelenkt,
So will ich ihn mit Kastor im Lied,
Mit Jolaos ihn vereinen.
Von allen Helden waren sie,
Die einst Lakedämon und Thebä
25 Gezeugt, die besten Wagenlenker.

Zweite Strophe.

Und sie gewannen im Weltkampf alle Preise,
Schmückten die Hallen sich aus mit gold'nem Glanz,
Mit Tripoden, Becken und goldenen Schalen,
Kosteten Blumengewind'
30 Aus manchem Sieg. Hell strahlt ihr erhab'nes Verdienst,
Wenn sie nackt hinrannten die Bahn, und im schild-
dröhnenden Wettlaufe Schwerumpanzerter:

Zweite Gegenstrophe.

Und wie es leuchtete, wann ihr Arm die Lanze,
Wann er die steinerne Wurfscheib' ausgesandt!
35 Keinen Fünfkampf gab es; in jeglicher Kampfart
Einzeln errang man den Preis.
Wie oft des Hauptes Locken mit reichlichem Laub

Erster isthmischer Gesang.

Solcher Kränz' umwunden erschienen sie dort
Nahe dem Born Dirke's und Eurotas' Strom,

Zweite Epode.

40 Iphikles' Sohn, bei Männern des Drachengeschlechts
Entsprossen hier,
Und im achäischen Voll
Des Tyndaros Sohn in Therapne's hohem Feld!
Seid mir gegrüßt! Den Poseidon
45 Will ich, Isthmos' göttlichen Hain,
Ich will Onchestos' Ufer am See
Mit des Hymnos Schmuck umkleiden,
Und bei den Ehren dieses Manns
Lobpreisen das glänzende Schicksal
50 Asopodoros', seines Vaters,

Dritte Strophe.

Singen Orchomenos auch, das Feld der Heimat,
Welches ihn unter des Schiffbruchs Trümmern einst
Aus dem endloswogenden Meer in des Unglücks
Grimmigen Wettern empfing.
55 Nun aber bringt ihm seines Geschlechtes Geschick
Heil're Tage wieder. Erduldetest du
Traurige Noth, lernst du Vorsicht wohl im Geist.

Dritte Gegenstrophe.

Wenn du der Tugend geweiht dein ganzes Streben
Beides mit Kosten und Mühen, ziemt es sich,
60 Daß man neidlos Preis dir und Ehre dir spende,
Weil du so Großes errangst.
Denn traun, es ist dem Dichter ein leichtes Geschenk,
Für des Kampfs vielfache Beschwerden mit hold
Lautendem Wort seines Landes Ruhm erhöh'n.

Dritte Epode.

65 Denn aller Lohn aus allen Bestrebungen ist
Den Menschen süß,
Hirten und Pflügern sowohl
Als Fängern der Vögel und die das Meer ernährt;
Jeglicher ringt, sich zu schirmen
70 Vor des Hungers schrecklicher Qual.
Doch wer im Kampfspiel oder im Krieg
Stolzen Ruhmes Kranz errungen,
Dem wird im Lob sein höchster Lohn
Geboten, die Blüthe der Lippen
75 Von Bürgern und von Gastgenossen.

Vierte Strophe.

Doch den benachbarten Gott mit Dank zu preisen,
Kronos' gewaltigen Sohn, gebeut die Pflicht,
Weil er uns im Kampfe der Wagen beschirmte:
Grüßend verehren wir dann
80 Auch deine Söhn', Amphitryon, Minyas' Thal,
Auch Demeters hehren eleusischen Hain,
Grüßen der Euböer vielumkreiste Bahn,

Vierte Gegenstrophe.

Fügen, o Protesilaos, deinen Tempel
Bei den Achäern dazu nächst Phylake.
85 Alles aufzuzählen, was Hermes, der Kämpfe
Schirmer, Herodotos, dir
Verlieh'n im Wettspiel, wehrt dem Gesange der Zeit
Kurzes Maß. Oft erntest du wahrlich von dem,
Was du verschweigst, süß're Lust für deinen Geist.

Vierte Epode.

90 Sei's ihm vergönnt, auf strahlenden Schwingen erhöht
Hellstimmiger

Rufen, in Pytho bereinst
Und auf der Olympiabahn am Alpheos
Reich mit dem Laube der Ehren
95 Seine Hand zu füllen, die Stadt
Des Kadmos hoch verherrlichend! Wer,
Seinen Schatz daheim verschließend,
Die Mühen Andrer höhnt, bedenkt
Nicht, daß er den Göttern des Todes
Ruhmlos mit seinem Geist verfalle.

Zweiter isthmischer Gesang.

Auf Xenokrates aus Akragas,
den Sieger mit dem Wagen.

Xenokrates, derselbe, welchen Pindar in der sechsten pythischen Ode feiert, war bereits todt, als der Dichter diesen Hymnos schrieb, was aus dem Gedichte selbst deutlich hervorgeht. Er war Theron's Bruder und Vater des Thrasybulos, an welchen die Ode gerichtet ist. Nikomachos, sein Wagenlenker, hatte den Sieg Olymp. 76, 1. für ihn gewonnen, und das Lied entstand wohl, als die Feier des Sieges wiederholt wurde.

Erste Strophe.

Die Früheren, o Thrasybulos,
Die zu stolzem Harfenspiel
Greifend auf den Wagen stiegen
Der Musen, strahlend im Goldbiadem,
5 Sandten leicht, Geschossen gleich, süßhallende Liebesgesänge,
Wenn, von Kythere mit holder Jugendreise
Glanz geschmückt, ein Jüngling ihre Sehnsucht weckte.

Erste Gegenstrophe.

Noch buhlte ja nicht um Gewinn die
Muse, war nicht Söldnerin;
10 Nicht verwerthet wurden noch von
Der anmuthreichen Terpsichore dort,
Silberbleich im Angesicht, die schmelzenden, süßen Gesänge.
Jezo gebeut sie dem Wort des Manns aus Argos
Nachzuleben, das der Wahrheit Pfad am nächsten

Zweiter isthmischer Gesang.

Erste Epode.
15 Wandle: „das Geld ist der Mann!"
Er sprach es, der Freunde beraubt und seines Guts.
Doch du verstehst mich, und Wohlbekanntes sing' ich,
Sieg des Viergespanns am Isthmos,
Den Poseidons Gnade deinem Vater verlieh'n,
20 Ihm den Kranz aus dorischem Eppich gesandt,
In die Locken ihn zu flechten,

Zweite Strophe.
Dem reisigen Helden zur Ehre,
Ihm, dem Stern von Akragas,
Den Apollon sah zu Krissa,
25 Der starke Gott, und ihm Wonne verlieh:
Von Erechtheus' Söhnen auch erhabener Ehren gewürdigt,
Schall er im stolzen Athenä nicht des Lenkers
Hand, die vielgewandte Kunst des Wagenschirmers

Zweite Gegenstrophe.
Nikomachos, welcher die Zügel
30 Alle führte mit Geschick,
Den die Festheroen kannten,
Die Bundespriester des kronischen Zeus
Dort in Elis, welche wohl sein gastliches Walten erfuhren,
Und ihn mit lieblicher Stimmen Hauch begrüßten,
35 Als er in der goldnen Siegesgöttin Arme

Zweite Epode.
Flog in dem elischen Land,
Das Zeus', des Olympiers, heil'ger Garten heißt,
Wo mit unsterblichen Ehren auch vermählt sind
Held Aenesidamos' Söhne.
40 Euer Haus ja kennt des süßen Reigengesangs

Holde Weisen wohl, Thrasybulos, es kennt
Wohl des Festes laute Freude.
Dritte Strophe.
Kein Hügel erhebt sich und nirgend
Strebt empor ein steiler Pfad,
45 Wenn dem Haus des Ruhms ein Sänger
Den Preis darbringt helikonischer Frau'n.
Mög' ich, meine Lanze werfend, treffen so weit, wie an
holdem
Wesen Xenokrates Alle weit besiegte!
Im Verkehr der Bürger war er großgeachtet,
Dritte Gegenstrophe.
50 Und nach dem Gebrauch der Hellenen
Vielgewandt in Rossezucht:
Alle Göttermahle pflegt' er
Mit Andacht, und an dem gastlichen Tisch
Zog der Wind sein Segel niemals ein mit den Hauchen
des Sturmes;
55 Sondern er drang zu dem Phasis vor im Sommer,
Und im Winter fuhr er bis zu Neilos' Strande.
Dritte Epode.
Nimmer, wie sehr auch der Wahn
Des Neides die Sterblichen all' umsponnen hält,
Schweige darum von der Tugend deines Vaters,
60 Noch von diesem Lied: ich hab' es
Nicht verfaßt, auf daß es stumm hier ruhe bei mir.
Dies, o Nikasippos, besorge sogleich,
Wenn du kommst zu meinem Trauten!

Dritter isthmischer Gesang.

Auf Melissos von Thebe,
den Sieger im Allkampf.

Melissos war der Sohn des Telesiades, und gehörte zu dem Geschlechte der Kleonymiden, das von mütterlicher Seite mit dem Hause des Labdakos verwandt war und von alten Zeiten her durch Gastlichkeit und durch Bestrebungen um jedes Schöne sich auszeichnete, auch manchen Sieg in den vier großen heiligen Spielen und in anderen, wie zu Sikyon und in Athen, errungen hatte, und vielfach von früheren Sängern gefeiert worden war. Aber das Glück des Geschlechtes war auch durch Unfälle getrübt worden, wie denn an Einem Tage vier Glieder des Hauses in der Schlacht gefallen waren. Für solche und andere Unglücksfälle (meint der Dichter) kann der isthmische Sieg des Melissos trösten, der ganz geeignet ist, den entschlafenen Ruhm des Geschlechtes wieder aufzuwecken.

Erste Strophe.
Wenn ein Mann bei sieggekrönten Thaten oder Macht des
     Reichthums
Glück errang und düsteren Stolz in der Seele Tiefen zähmt,
Acht' ich ihn ehrenden Lobs der Bürger würdig.
Zeus, die gewaltige Tugend wird dem Menschen
5 Nur von dir! Lang lebt der Segen,
 Fürchtet die Götter ein Mann; dem verkehrt bösen Sinne
 Folgt er nicht gleich blühend durch das ganze Leben.
Erste Gegenstrophe.
Zur Vergeltung hoher Thaten ziemt's den edlen Mann
     im Liebe,

Ziemt es, ihn zu feiern am Fest mit der Kunst anmuth'gem
Tanz.
10 Doppelten Sieges Gewinn errang Melissos,
Daß ihm zu wonniger Lust das Herz sich wendet;
Denn in Isthmos' waldigen Gründen
Hat er sich Kränze gebrochen, und that Thebe's Namen
Kund im hohlen Thal des mähnumwallten Löwen,

Erste Epode.

15 Siegreich mit den Rossen im Lauf. Nicht hat er den Ruf
Tapferer Ahnen entwürdigt.
Kennt ihr doch Kleonymos'
Uralten Ruhm im Wagenkampf.
Sie, Labdalos' Hause verwandt von
20 Mutterseite, waren groß
Durch Schäze, groß im Viergespann.
Doch wandeln im Laufe der Tage
Die Zeiten Ein's und Andres:
Unverwundbar sind der Götter Söhne nur.

Zweite Strophe.

25 Durch der Götter Gnade kenn' ich überall zahllose Pfade:
Du, Melissos, bot'st in den Kämpfen am Isthmos uns
den Stoff,
Euere Tugend im Hymnos darzulegen,
Wie des Kleonymos Haus in ihrem Glanze
Kühn mit Gott durchwallt des Lebens
30 Irdische Bahnen. Doch wechselnder Wind, wehend hier und
Wehend dort, treibt ungestüm der Menschen Leben.

Zweite Gegenstrophe.

Jene nun, glorreich in Thebä, pflegten, sagt man, schon
vor Alters
Alle Nachbarvölker umher, vom Geräusch des Uebermuths

Dritter isthmischer Gesang.

Frei. Des unendlichen Ruhmes lautes Zeugniß,
35 Welches von lebenden und gestorb'nen Männern
Alle Welt durchfliegt, in höchster
Fülle verkündet's von ihnen; der Ruhm ihres Hauses
Rührt durch hohe Tugend an Herakles' Säulen:
Zweite Epode.
Und weiter bemühe dich nicht um höheren Ruhm!
40 Söhne des ehernen Ares,
Pflegten sie der Rosse Zucht.
Doch hat an Einem Tage ja
Wildbrausend das Wetter des Kriegs
Aus dem hochbeglückten Haus
45 Vier Männer einst hinweggerafft.
Nun aber nach stürmischem Dunkel
Der Monde grünt es wieder,
Wie mit Purpurrosen neu das bunte Land,
Dritte Strophe.
Nach der Gottheit Rath. Der Erderschütt'rer, auf Onchestos wohnend,
50 Der die Meeresbrücke beschirmt an Korinthos' Mauern, Er
Schenkte dem Hause das wunderbare Loblied,
Weckte das graue Gerücht ruhmvoller Thaten
Auf vom Lager; denn im Schlummer
Lag es; und wieder in's Leben geweckt, strahlt es weithin
55 Gleich dem Frühstern wunderfam vor andern Sternen.
Dritte Gegenstrophe.
Dieses hat im Feld Athens auch ihrer Rosse Sieg verkündet,
Hat im Kampf Adrastens zu Sikyon solcher Kränze Schmuck
Ihnen im Liede gereicht der alten Sänger.
Ihre gebogenen Wagen fehlten nie bei
60 Hellas' Festen; freudig rangen

Alle mit stattlichen Rossen im Wettstreit der Völker.
Denn, die niemals wagten, deckt ruhmloses Schweigen.
Dritte Epode.
Doch Kämpfende selber umhüllt ein dunkles Geschick,
Eh sie gelangten zum Gipfel.
65 Gutes, Schlimmes beut es dar.
Auch stärk're Männer warf die Kunst
Geringerer schon in den Staub hin.
Kennt ihr doch die blut'ge Kraft
Des Ajas, die in später Nacht
70 Er, stürzend in's eigene Schlachtschwert,
Gebrochen, daß die Schmach auf
Hellas' Volke lastet, das gen Troja zog.
Vierte Strophe.
Doch Homer hat vor der Welt ihm Ruhm verlieh'n, der
seine Tugend
Alle hoch erhob und in göttlichen Liederweisen kund
75 That an das späte Geschlecht zum Festgesange.
Denn in unsterblichen Tönen wallt es weiter,
Was von Meisters Lippen strömt: durch
Fruchtbare Fluren und über die See wandeln leuchtend,
Ewig unauslöschbar, edler Thaten Sterne.
Vierte Gegenstrophe.
80 Sei'n mir hold die Musen, solchen Liebesbrand auch dir,
Melissos,
Anzuzünden, würdige Krone des stolzen Kampfes für
Dich, Telesiades' Sohn! Denn traun, an Kühnheit
Gleichst du des brüllenden Löwen Muth im Kampfe
Wilder Jagd, an List dem Fuchse,
85 Welcher den kreisenden Aar, sich zurückbeugend, abwehrt.
Ziemt sich's doch, in jeder Art den Feind zu schwächen.

Vierte Epode.

Ihm wurde ja nicht des Orion Riesengestalt;
Aber verächtlich von Anseh'n,
Trifft er schwer im Kampf den Feind.
90 So wallte vor Antäos' Haus
Vom kadmischen Theben ein Mann einst,
Klein an Wuchs, doch ungebeugt
An Geist, zum Ringerkampf heran
In libysches Waizengefild, ihn
95 Zu hemmen, der mit Fremdlings-
Schädeln rings umkränzte Poseidaons Haus.

Fünfte Strophe.

Jener Sohn Alkmene's, der gen Himmel stieg, nachdem
er alles
Land und graue Tiefen der klippenumstarrten See durchspäht,
Und die Gewässer gebändigt für die Meerfahrt.
100 Jezo genießt er des schönsten Segens, wohnend
Bei dem Aegisschwinger Zeus, von
Ewigen Göttern gefeiert als Freund, Gatte Hebe's,
Herr im goldumstrahlten Haus und Here's Eidam.

Fünfte Gegenstrophe.

Vor Elektra's Thore rüsten wir, die Bürger, ihm ein Festmahl
105 Und am Herd frischduftende Kränze, bereiten flammende
Opfer den Acht, die das Erz entseelt, die vormals
Megara, Tochter des Kreon, ihm geboren.
Sank die Sonne nieder, hebt sich
Diesen die Flamme beständig empor, ganz die Nacht durch
150 Mit des Opfers Düften hoch zum Aether zückend.

Fünfte Epode.

Dann folgen am anderen Tag der ringenden Kraft
Werke, die jährlichen Spiele,

Wo, das Haupt lichthell umkränzt
Mit Myrtenzweigen, dieser Mann
115 Als doppelter Sieger hervortrat,
Wie zuvor als dritter schon
Im Knabenkampf, des Steuermanns
Vielkundigem Rathe gehorsam,
Des Orseas. Mit diesem
120 Preis' ich ihn, zuträufelnd holden Lohnes Thau.

Vierter isthmischer Gesang.

Auf Phylakidas aus Aegina,
den Sieger im Gesammtkampfe.

Phylakidas war der Enkel des Kleonikos, der jüngste Sohn des Lampon und Bruder des Pytheas, dem als Sieger im Gesammtkampfe zu Nemea der fünfte nemeische Gesang gewidmet ist. Der jüngere Bruder Phylakidas siegte zweimal in den Isthmien, und ihm hat Pindar zwei isthmische Hymnen, den vierten und den fünften, gesungen, so wie einen nemeischen, von welchem aber nur ein kleines Bruchstück vorhanden ist. Die vorliegende Ode preist den Ruhm der Agineten im Kriege und in den Kampfspielen. Ohne die Aeakiden, die Heroen Aegina's, vermag der Dichter seinen Gesang nicht zu beginnen, wie denn sonst auch die alten Helden im Liede verherrlicht werden, Tydeus und Meleager in Aetolien, in Theben Jolaos, in Argos Perseus, am Eurotas die Dioskuren, in Aegina die Aeakiden, die zweimal (unter Herakles und Agamemnon) Troja zerstört. Nun habe sich der alte Ruhm des Eilandes in der Schlacht bei Salamis aufs Neue bewährt. Aber auch die Sieger in den Kampfspielen verdienen Lob und ehrenden Gesang. Uebergang auf die Thaten, welche das Geschlecht des Kleonikos schmücken, und auf das Lob des Phylakidas und seines Bruders Pytheas, der im Kampfspiele sein Lehrer war.

Erste Strophe.

Theia, du vielnamige Mutter der Sonne,
Wohl bewirkst du, daß das allvermögende Gold
Hoch vor allem Anderen achten die Menschen.
Auch ja die Schiffe, zur See
5 Kämpfend, auch am Wagen die rennenden Rosse

Strahlen nur durch dich, o Herrin,
Bei dem raschhinwogenden Weltstreite wunderbar im Glanze.

Erste Gegenstrophe.

Auch in Festkampfspielen gewinnt den ersehnten
Ruhm durch dich ein Mann, dem viele Kränze das Haupt
10 Schmücken, weil er siegt' in der Schnelle des Laufes
Oder mit Armes Gewalt.
Denn ein Gott krönt männliche Stärke mit Siegsruhm.
Aber nur zwei Dinge pflegen
Unf'res Daseins duftigsten Glanz, wenn bei frischerblühtem
Segen

Erste Epode.

15 Heitres Glück uns hebt und der feiernde Nachruhm.
Trachte nicht ein Gott zu sein; denn Alles ist
Dein, errangst du dieses beglückende Loos.
Menschen ziemt menschliches Theil.
Du, Phylakidas, gewannst dir doppelten Ruhm
20 Dort am Isthmos und zu Nemeia mit Beidem;
Im Gesammtkampf zeigte sich Pytheas groß.
Doch mit des Aeakos Söhnen vollend' ich nur mein Lied,
Und mit den Chariten nah' ich Söhnen Lampons

Zweite Strophe.

In die wohlgeordnete Stadt. Da sie wandelt
25 Auf dem lautern Pfade gottverliehener That,
Gönne neidlos ihrem Bestreben im Liede
Seinen gebührenden Schmuck.
Auch der Helden tapfere Streiter gewannen
Sich Gesang zum Lohn, verherrlicht
30 Durch der Harfe Weisen und vollstimmig heller Flöten
Einklang

Vierter isthmischer Gesang.

Zweite Gegenstrophe.
Ewige Zeit durch. Also gewährte den Sängern
Nach Kronions Rathe Stoff zum sinnigen Lied,
Hoch im Glanz ätolischer Feste gefeiert,
Oeneus' Heldengeschlecht.
35 Und zu Thebä leuchtet Jolaos, der Rosse
Tummler, Perseus strahlt in Argos,
An Eurotas' Wogen erglänzt Kastors Schwert und Polydeukes.

Zweite Epode.
Doch Oenona kannte die mächtigen Geister,
Aeakos und seine Söhne, die im Kampf
40 Zweimal Troja's Veste zerstörten, zuerst
Herakles folgend und dann
Atreus' Söhnen. Schwinge jetzt zur Höhe dich auf!
Melde, wer den Kyknos erlegt und den Hektor,
Wer den Mohrenfürsten im ehernen Kleid,
45 Memnon, den trotzigen Streiter, und wer des Telephos
Kraft mit dem Speere gebrochen am Kaikos.

Dritte Strophe.
Ihre Heimat nenn' ich, — Aegina, das helle
Inselland des Ruhmes! Längst erbauten sie dort
Eine schwererklimmbare Burg des Verdienstes.
50 Viele Geschosse bewahrt
Meine wahrheitredende Zunge von ihnen
Zum Gesang. Auch jetzt im Kriege
Zeugt des Ajas Salamis laut, daß ihr Seevolk sie gerettet

Dritte Gegenstrophe.
Bei Kronions grausen, vertilgenden Wettern,
55 Ungezählter Feinde wild einschlagendem Mord.
Aber dennoch dämpfe das Prahlen mit Schweigen!
Gutes und Böses verleiht

Zeus, der Allgebietende. Doch es verlangen
Solche Ehren auch des Sieges
60 Lied, von süßem Honig umströmt. Ringe denn in Kampfes-
spielen

Dritte Epode.

Einer nun, der kennen gelernt Kleonikos'
Männerstamm! Traun, ihre langen Müh'n verhüllt
Keine Nacht, noch täuschte die Hoffenden je
Nach dem Aufwande der Lohn.
65 Pytheas auch lob' ich, der, Phylakidas, dir
Einst im gliederzähmenden Schlage die Bahn wies,
Ihn, des Faustkampfs Helden, im Geiste gewandt.
Nimm die Gewinde für ihn und der woll'nen Binde Schmuck;
Bringe zugleich den beschwingten neuen Hymnos!

Fünfter isthmischer Gesang.

Auf Phylatidas aus Aegina,
den Sieger im Gesammtkampfe.

Der Dichter mischt für die Söhne des Lampon den zweiten Pokal der Musen, weiht ihnen das zweite Lied, (das erste pries den nemeischen Sieg, den Pytheas errungen hatte*), und das dritte ist die vorangehende vierte isthmische Ode,) und wünscht noch einen dritten Pokal für einen olympischen Sieg, als den Gipfel des Ruhms und des Glückes, mischen zu können. Er geht dann auf den Ruhm der Aeakiden über, der bis zu den äußersten Völkern gedrungen sei, verweilt bei der Sage, wie Herakles, den Telamon zu dem troischen Krieg einladend, ihn am Mahle trifft, und, gastlich aufgenommen, ihm einen Sohn von Zeus erfleht, den ein heranfliegender Adler vorbedeutet, feiert sodann die Siege der Brüder, und schließt mit dem Lobe des Vaters, der die Söhne zum Ruhm erzogen habe.

Erste Strophe.

Wie bei dem wonnigblühenden Männergelag,
Mischen wir des Musenliedes zweiten Pokal
Für des Lampon ruhmgekröntes
Ringergeschlecht: in Nemeia den ersten dir, Kronion,
5 Da wir Blütenkronen empfingen, und dann
Dem Gott am Isthmos wieder und
Allen den Fünfzig, des Nereus Töchtern, weil Phylatidas hier

---

*) Es ist der fünfte nemeische Gesang.

Obgesiegt, sein jüngster Sohn. Ein dritter Kelch,
Dem Retter auf olympischen Höhen geweiht, beträufle noch
10 Mit honigsüßem Lied Aegina!

Erste Gegenstrophe.

Denn wenn ein Mann, zu schaffen ein göttliches Werk,
Keines Aufwands achtet, keine Mühe verschmäht,
Wenn der Gott auch holden Ruhm ihm
Gründet; am äußersten Raube des Glückes warf er dann sein
15 Anker aus, von himmlischen Göttern geehrt.
Zu solchem Streben hingewandt,
Wünscht er den Tod zu umarmen, wünscht er grau zu
werden, der Sohn
Des Kleonikos. Aber zur Hochthronenden,
Zu Klotho fleh' ich und zu den Schwestern: o Moiren,
möchtet ihr
20 Des Freundes edle Wünsch' erhören!

Erste Epode.

Und mir ist's untrügliche heilige Pflicht,
Euch, ihr Aeakiden in goldenem Wagen,
Wenn ich nahe diesem Eiland, stets zu besprengen mit Lob.
Tausend Pfade schöner Thaten
25 Ziehen sich hinter einander, hundert Fuß breit,
Ueber Neilos' Quellen hin und durch hyperborisches Land.
So wild, so sehr an andere Zungen gewöhnt ist keine Stadt,
Die von Peleus' Ruhm, des gewaltigen Helden,
Des glücksel'gen Göttereidams, nicht,

Zweite Strophe.

30 Und nicht von Ajas hörte, des Telamon Sohn,
Und von ihm, dem Vater, den zum ehernen Krieg
Als den kampfbereiten Helfer

Fünfter isthmischer Gesang.

Samt den Tirynthergeschwadern nach Troja, dieser großen
Noth der Helden, wegen Laomedons Trug
35 Alkmene's Sohn zu Schiff geführt.
Pergamos' Veste bezwang er, schlug mit ihm der Meroper
Volk,
Traf den Hirten dann, den Riesen, Bergen gleich,
Alkyoneus, in Phlegra's Gefilde, der Held; er schonte nicht
Der Bogensehne dumpfen Aufklang,

Zweite Gegenstrophe.

40 Herakles. Aber als er des Aeakos Sohn
Lud zur Fahrt, da fand er All' am Mahle vereint.
Wie er dastand in des Löwen
Felle, gebot, mit den Spenden des Nektar anzuheben,
Ihm, Alkmene's lanzengewaltigem Sohn,
45 Der starke Telamon, und reicht,
Rauschend vom Weine, die Schale, blank von lauterm
Golde, dem Freund.
Da die niebezwung'ne Hand zum Himmel hoch
Erhoben, rief er flehend das Wort: „so du jemals, Vater
Zeus,
Willfährig mein Gebet erhörtest,

Zweite Epode.

50 Fleh' ich nun, ja nun dir in heißem Gebet:
Laß ein Heldenkind von dem Schooß Eribba's
Diesem Mann erblüh'n, des Freundes Glück zu vollenden
bestimmt,
Unverwüstbar von Gestalt, wie
Hier von dem Löwen das Fell, das meine Schultern
55 Jezt umfließt, der erste Kampfpreis, der mir in Nemea ward!

Geleite Muth ihn!" Sprach's, und den mächtigen Aar, geflügelter
Thiere König, sandte der Gott ihm herab. Wie
Von Lust süß geschwellt schlug da sein Herz!

Dritte Strophe.

Und laut begann er, wie mit prophetischem Geist:
60 „Telamon, der Knabe wird dir, den du verlangst!
Nach dem Adler, der daherflog,
Nenne den Sohn den gewaltigen Ajas, der in Ares'
Völkerschlachten fürchterlich einst sich bewährt!"
Er sprach's und sezte sich sofort
65 Nieder. Doch jegliche Großthat aufzuzählen, wehrt mir
die Zeit.
Kam ich doch, Phylakidas, Euthymenes
Und Pytheas zu feiern, o Muse: so meld' ich Alles denn
Nach Argos' Art in kurzem Worte!

Dritte Gegenstrophe.

Denn aus dem Allkampf trugen sie Kränze des Siegs,
70 Drei vom Isthmos, dann vom Waldthal Nemea's auch,
Samt dem Ohm die wackern Söhne,
Lockten hervor an die Sonne des Hymnos hellste Laute:
Ihre Pfalychiden mit holden Gesangs
Anmuthigem Thau besprengend und
75 Hoch des Themistios Haus zu Ruhm erhebend, wohnen sie hier
In der gottgeliebten Stadt. Doch Lampon, stets
Um's Werk sich mühend, hält an Hesiodos' Wort mit
Eifer fest,
Und schärft es mahnend ein den Söhnen.

Dritte Epode.

Also schafft er Ehre der eigenen Stadt,
80 Ist geliebt als freundlicher Pfleger der Gäste;

Fünfter isthmischer Gesang.

Maß im Geist anstrebend, weiß er Maß zu bewahren, und hält
Nie von Klugheit fern die Zunge.
Billig behauptest du wohl, er sei für Ringer
Naxos' Wezstein, der das Erz vor anderen Steinen bezwingt.
85 Euch spreng' ich Dirka's heilige Fluten: der tiefgegürtete
Töchterchor der gold'nen Mnemosyna schöpfte
Sie selbst hier an Kadmos' stolzem Thor.

Sechster isthmischer Gesang.

Auf Strepsiades von Thebe,
den Sieger im Allkampfe.

Das Lied scheint gedichtet im ersten Jahre der Olymp. 81, ein halbes Jahr nach der unglücklichen Schlacht bei Oenophyta, wodurch die vorher bei Tanagra geschlagenen Athener und Argeier den Thebern die kaum wiedererkämpfte Herrschaft Böotiens wieder entrissen hatten. Denn nach dem Siege der Lakedämonier und Theber bei Tanagra schlossen die Lakedämonier einen viermonatlichen Waffenstillstand mit Athen und gingen nach Hause; dies benützten die Athener und Argeier, zogen 62 Tage nach jener Schlacht gegen die Theber und schlugen sie nach dreitägigem Kampfe. Hier fiel auch der ältere Strepsiades, ein Oheim des gleichnamigen isthmischen Siegers, dem dieses Lied gewidmet ist. Doch sieht man auf den ersten Blick, daß es mehr auf ganz Theben, das sich nach der Niederlage unter einem wüsten demokratischen Regimente in dem traurigsten Zustande befand, als auf den einzelnen Sieger gedichtet ist. Daher denn die lange Aufzählung des alten Theberruhmes im Anfang, worin der Dichter einen erhebenden Trost für die Gegenwart sucht, daher V. 13 ff. die Hervorhebung der Niederlage der Argeier (wie sie diese vor Kurzem bei Tanagra heimgeschickt hatten) und V. 16 ff. die bittre Mahnung an die alten Wohlthaten der thebischen Aegiden gegen die Herakliden in Lakedämon, deren Lauheit nun eben Schuld an ihrem Unglück war; daher V. 32 ff. das schöne Lob des in dem unglücklichen Kampfe für das Vaterland wie Hektor und Amphiaraos gefallenen älteren Strepsiades; daher endlich gegen den Schluß hin die drohende Prophezeiung, daß Athens Uebermuth, der ja vor Kurzem auch Aegina vernichtet hatte, auch sein Ende finden werde. Nach Mommsen.

Sechster isthmischer Gesang.

Erste Strophe.

O beseligte Theba, welche Zierde
Der heimischen Vorzeit hob am höchsten wohl dein Gemüth
Zur Freude? War es, als du den reichgelockten
Genossen der erzumrauschten Deo
5 Aufblüh'n sahst, Dionysos? War es, als du den höchsten Gott
In gold'nem Regen empfingst
In später Mitternacht,

Erste Gegenstrophe.

Da, Herakles zu zeugen, er zur Schwelle
Amphitryons kam und seine Gattin heimsuchte? War's
10 Vielleicht, da dich Teiresias' weise Sprüche,
War's, als Jolaos' Rossekunde
Dich entzückte, der Drachensaat speerkühne Geschwader? War's,
Als heim aus Schlachten du dort
Abrast zum reisigen

Erste Epode.

15 Argos sandtest, beraubt zahllosen Streiterheers?
War's, als du der Dorer Pflanzstätte zu sicherm
Stand wieder erhobest in
Lakedämon, Amyklä durch Aegiden,
Deine Kinder, erobert ward
20 Nach pythischen Spruches Rath?
Aber begraben ruh'n
Wohlthaten von ehmals; vergißt doch die Welt,

Zweite Strophe.

Was nicht zu der Dichtung höchster Blüte
Gelangte, dem schönen Strome stolzen Worts eingefügt.
So preise denn in lieblichem Ton des Hymnos
Strepsiades auch! Er gewann am Isthmos
Im Allkampfe den Sieg, in Kraft hochstrahlend und Wohlgestalt;

Und trann, sein Inneres ist
Nicht schlechter als der Wuchs.

Zweite Gegenstrophe.

30 Und umglänzt von den schwarzgelockten Musen,
Bekränzt er den Ohm mit gleichem Schmuck, den Strepsiades,
Den Ares' eh'rne Wehr mit dem Tode vermählte.
Doch Ehre belohnt die wackern Männer.
Denn das wisse gewiß: wer kühn in solchem Gewölle fern
35 Vom theuren heimischen Land
Des Blutes Hagel treibt,

Zweite Epode.

Tragend Tod und Verderben auf des Feindes Heer,
Der hebt zu des Ruhmes Höh'n unter den Bürgern,
Ob lebend, ob todt, sein Haus.
40 O Diodotos' Sohn, du hast, den Hektor
Preisend und Meleagros' Muth,
Hast, preisend den rüstigen
Amphiaraos, jüngst
Im Kampfe verhaucht deine blühende Kraft,

Dritte Strophe.

45 In dem Vordergewühle, wo die Besten
Dem Hader des Kriegs im lezten Drange Stand hielten. Da
Umfing mich unaussprechliches Leid; doch jezt gab
Mir heiteren Tag der Erdumgürter
Nach Sturmwettern. Ich singe denn, mit Kränzen ge-
                        schmückt mein Haupt:
50 Und trübe nimmer der Neid
Unholder Götter mir,

Dritte Gegenstrophe.

Was ich Freundliches Tag um Tag erstrebend,
In Ruhe dem Alter und dem Ziele zuwandle, das

Mein Loos verhängt! Wir Alle ja sterben, ungleich
55 Ist wohl das Geschick; und strebst du fernhin
Auf, vermagst du doch nicht emporzuklimmen zum ehernen
Wohnsiz der Götter. Herab
Warf Pegasos im Flug

Dritte Epode.
Seinen Herrn, da er himmelan zur Götterburg
60 Aufstrebte, zum Thron des Zeus, Bellerophonten.
Wohl harrt des Gelüstes, das
Die Geseze verhöhnt, ein bittres Ende.
Uns verleihe von deinen Kämpfen,
Gott in den goldenen
65 Locken, Apollon, auch
Im pythischen Spiel einen blühenden Kranz!

Siebenter isthmischer Gesang.

Auf Kleandros aus Aegina,
den Sieger im Allkampfe.

Kleandros, der Sohn des Telesarchos, der früher zu Megara und Epidauros gesiegt, hatte nicht lange nach der Schlacht bei Plataeä, durch welche die Macht der Perser gebrochen ward, in den isthmischen und nemeischen Spielen einen Sieg errungen. Ihm und seinen Genossen bereitet der Dichter einen Gesang, obwohl noch trauernd über die Schmach des Krieges, aber voll Gottvertrauen, nachdem der Stein des Tantalos (die von den Persern drohende Gefahr) von Hellas abgewandt ist. Dem Dichter, als einem Theber, gebührt es jezt, im frohen Genusse der wiedererrungenen Freiheit, das Eiland der Zwillingsschwester Theba's, Aegina, zu besingen, die von Zeus den Aeakos empfangen. Nachdem er die Thaten des Aeakos und seiner Söhne und Enkel gepriesen, geht er über auf die Vermählung des Aeakossohnes Peleus mit der Meergöttin Thetis, die er als eine dem Heros von den Göttern verliehene Belohnung seiner Tugenden darstellt, hervorgerufen durch die Offenbarungen der Themis. Darauf berührt er die Thaten des aus dieser Vermählung entsprossenen Sohnes, den auch nach dem Tode die Musen im Gesange verherrlichten, lenkt sodann wieder auf seinen näheren Stoff zurück, feiert den Nikokles, einen nahen Verwandten des Kleandros, der einst auf dem Isthmos siegte, und schließt mit dem Preise des Kleandros und der Auszeichnungen seiner ruhmvollen Jugend.

Erste Strophe.

O bringt doch Kleandros und seinen Freunden
Für seine Müh'n, o Jünglinge, die

Siebenter isthmischer Gesang.

Schönste Sühne, ziehend zur Halle
Des Vaters Telesarchos, erhebet ihm
5 Festgesänge, des isthmischen
Sieges Lohn, und weil er den Preis
Im Kampfspiel zu Nemea fand.
Darum weck' ich, obwohl tief im Herzen betrübt,
Aufgerufen von ihm, gold'nen Musengesang.
10 Aber sind wir erlöst vom Leib schwerer Trauer,
Laßt uns nimmer, an Kränzen arm, haften am Gram,
Nicht des Kummers Sorge nähren:
Nein, wir entsagen fruchtlosem Schmerz,
Spenden ein liebliches Lied auch nach dem Leide noch!
15 Die Last über dem Haupte, den Stein
Des Tantalos, hat gnädig ja von uns
Abgewendet ein Gott,

Zweite Strophe.
Die graunvolle Mühe für Hellas. Aber
Mir hat die Flucht von Schrecken und Noth
20 Auch die schwere Sorge verbannt. Doch
Das Nächste nur von Allem zu schauen, ist
Allzeit besser; denn trüglich schwebt
Ueber unserm Haupte die Zeit,
Dahinrollend des Lebens Flut.
25 Doch, sind Sterbliche frei, dann verschmerzen sie selbst
Dieses: lassen sie nur frohen Hoffnungen Raum!
Mir, erzogen in Thebe's Stadt, mir geziemt es,
Dir, Aegina, der Lieder Schmuck ehrend zu weihn.
Denn sie waren von Asopos'
30 Töchtern die jüngsten, zwei blühende
Schwestern, und beide geliebt von dem erhab'nen Zeus,
Der dann Eine zum lieblichen Born .

Der Dirka führte und dem reisigen
Voll zur Herrscherin gab.
Dritte Strophe.
35 Und dich trug er hin nach Oenone's Eiland:
Von ihm umarmt, gebarst du daselbst
Zeus, dem donnerrauschenden Vater,
Der Erdbewohner herrlichsten, Aeakos,
Ihn, der Zwiste der Götter selbst
40 Schlichtet. Mannhaft strahlten ihm einst
Die gottgleichen Söhne hervor
Und die Söhne der Söhn', ungebeugt, im Gewühl
Ehern stöhnender Schlacht ohne Wanken zu stehn;
Und wohl waren sie klug und voll weisen Sinnes.
45 Dessen dachte die Schaar der Allseligen auch,
Als um Thetis werbend stritten
Zeus und des Flutengott's hehre Macht,
Jeder die schöne Gestalt zum blühenden Gemahl
Für sich wünschte, von Liebe besiegt.
50 Doch ihren Wunsch hat ewiger Götter Rath
Nicht zum Ende geführt,
Vierte Strophe.
Nachdem Themis mitten im Kreis, die Weise,
Das Wort des Schicksals ihnen enthüllt,
Wie der Meeresgöttin verhängt sei,
55 Daß ihr ein Sohn erblühe, gewalt'ger noch
Als der Vater, ein König, der
Eine Waffe, schrecklicher als
Der Bliz, als der stürmende Drei-
zack, aussende, sobald Zeus sie oder des Zeus
60 Brüder freiten. „So laßt ab von solchem Begehr!
Aber wird sie des sterblichen Gemahles Gattin,

Siebenter isthmischer Gesang.

Soll sie sehen den Sohn dahin stürzen im Kampf,
Der, wie Ares, stark an Armen,
Wohl an den Füßen Blizstrahlen gleicht.
65 Also gewährt zum Geschenk dem Peleus die Braut,
Die gottgleiche, des Aeakos Sohn,
Dem frömmsten Manne, den der Sage nach
Nährt die jolkische Flur.

Fünfte Strophe.

So mag hin zur göttlichen Grotte Cheirons
70 Alsbald die Botschaft eilen, hinab!
Möge nicht die Tochter des Nereus
Zum andernmal' uns Blätter des Haders streu'n!
Nein, am Abend des vollen Mond's
Möge sie, vom Helden umarmt,
75 Der Jungfrauen liebliches Band
Lösen!" So zu des uralten Kronos Geschlecht
Sprach die Göttin: und einstimmend nickten sie zu
Mit unsterblichen Brauen, und die Frucht der Worte
War nicht eitel: der Herrscher Zeus ordnete selbst
80 (Sagen sie) der Thetis Brautfest.
Und des Achilleus aufblühende
Tugend enthüllte der Mund der Weisen im Gesang,
Des Großherzigen, der mit dem Blut
Des Telephos die Erde färbte, der
85 Mysier Rebengefild,

Sechste Strophe.

Zur Heimkehr die Bahn den Atriden aufschloß,
Und Helenen befreite, nachdem
Seine Kraft die Sehnen von Troja
Zerschnitten, die den männervertilgenden
90 Kampf im Feld zu entflammen ihm

Einst gewehrt: des Memnon Gewalt,
Den unbänd'gen Hektor und viel
And're Meister im Streit, denen Ades' Haus
Peleus' Sprößling erschloß, schirmend Aeakos' Stamm,
95 Und Aegina verherrlichend und seine Väter.
Ihn vergaß nach dem Tode selbst nicht der Gesang;
Nein, die helikon'schen Jungfraun
Standen um Grab und Holzstoß vereint,
Bang sich ergießend um ihn in klagendem Gesang.
100 War's doch also den Göttern genehm,
Den edlen Mann der Musen hohem Lied
Noch im Tode zu weihn.

Siebente Strophe.

Auch jezt krönt die That der Gesang. Der Wagen
Der Musen eilt, dem Kämpfer der Faust,
105 Nikokles, zu gründen ein Denkmal.
Ja, preist ihn, der im Thale des Isthmos der
Dorer Eppich errungen hat,
Weil auch er die Nachbarn umher
Vordem niederwarf in den Staub,
110 Sie bezwang mit des Arms unentrinnbarer Kraft.
Und den wahrlich entehrt nicht des herrlichen Ohms
Wackrer Sohn! Für den Sieg im Allkampfe möge
Jezt ein Freund dem Kleandros hier winden den Kranz
Zarter Myrten! Denn als Sieger
115 Grüßte das Fest des Alkathoos,
Grüßten die Jünglinge schon in Epidauros ihn.
Ihn preist gerne der Edlen Gesang,
Da seine Jugend nicht dem Schönen fern
Still im Dunkel verblüht.

Anmerkungen
zu den isthmischen Siegesgesängen.

Erster isthmischer Gesang.

Vers 1. Die Nymphe Theba war die Tochter des Asopos und der Metope, der Tochter Ladons. Ihre Bildsäule in goldenem Gewand und mit goldenem Schilde stand in Theben.

– 6. Delos, die Stätte des Phöbos, für welchen Pindar den Einwohnern der Insel Keos einen Hymnos verheißen hatte, muß der Theba, der Geburtsstätte des Herodotos, weichen, weil den Dichter die nähere Pflicht an seine Mutter knüpft: vgl. V. 5.

– 12. Sechs Theber hatten in den Spielen auf dem korinthischen Isthmos in verschiedenen Kampfarten gesiegt: Einer von ihnen war Herodotos, der sein Viergespann selbst gelenkt hatte nach V. 19f.

– 15. Geryones war König der Insel Erytheia, dessen Hunde Herakles entführte.

– 21. Da Herodotos selbst seinen Wagen gelenkt hatte, so kann er den großen Wagenlenkern der Vorzeit, dem Kastor von Lakedämon und dem Jolaos von Theben, an die Seite gestellt, gleich ihnen gepriesen werden.

– 28. Tripoden (Dreifüße), Becken, Schalen waren die Kampfpreise der ältesten Zeit.

– 35. Später war das Werfen des Speeres und des Diskos nur ein Theil des Fünfkampfes, in welchem Sprung, Scheibe, Speer, Lauf, Ringen zusammengefaßt waren.

– 40. Der Sohn des Iphikles, Jolaos, war ein Theber, also Genosse des Volkes, das von den aus der Drachensaat übriggebliebenen Männern abstammte.

Anmerkungen.

Vers 43. Therapne lag nahe bei Lakedämon und war vor den dorischen Stürmen von Achäern bewohnt, von welchen der Cultus der Dioskuren, die dort einen Tempel hatten, auf die späteren Dorer überging.

- 44. Hier schließt der Kastorgesang, das Loblied auf Kastor und Jolaos, und der Dichter wendet sich zu der Gegenwart, indem er zuerst des Poseidon erwähnt, als des Vorstehers der Spiele, worin Herodotos gesiegt, des Isthmos, als des Ortes der Spiele, und des Gestades von Onchestos, wo Poseidon am See Kopais einen Tempel hatte, und sodann auf den Vater des Siegers übergeht.

- 51. Asopodoros stammte aus Orchomenos, wohin er aus Theben in Folge bürgerlicher Unruhen geflohen war.

- 76. Der Theben benachbarte Gott ist Poseidon, der in der Nähe am See Kopais einen berühmten Tempel und Feste hatte. An diesen Sieg in den Poseidonspielen von Onchestos reiht der Dichter die anderen Siege des Herodotos in den Herakleen oder Jolaien von Thebe, dann im böotischen Orchomenos (dem Thale des Minyas V. 80), in den Spielen von Eleusis im Haine der Demeter, in denen von Euböa, und zu Phylake, einer achäischen Stadt auf der Gränze von Phthiotis am pagasäischen Meerbusen, wo dem Protesilaos ein Heiligthum und Leichenspiele geweiht waren.

- 80. Die Söhne des Amphitryon sind Herakles, sein Pflegesohn, und Jolaos, sein Enkel.

- 90. auf Schwingen der Musen erhöht, d. i. in Lobliedern gefeiert.

- 97. Der Karge, der, statt für rühmliche Bestrebungen Kosten aufzuwenden, es vorzieht, seinen Schatz daheim zu verschließen, und die Mühen Andersdenkender, die auf Rühmliches gerichtet sind, verhöhnt, wird dafür auch ruhmlos sterben.

Anmerkungen.

Zweiter isthmischer Gesang.

Vers 1. Im Eingang entschuldigt sich der Dichter auf eine halb scherzhafte Weise, daß er diesen Isthmossieg nicht schon früher besungen habe; in diesen Zeiten des Geldes habe seine Muse, die jetzt um Lohn diene, vorher andere Aufträge erfüllen müssen. Wenn frühere Dichter (Ibykos, Alkäos, Anakreon) ein Lied sangen, so dachten sie nicht an Bezahlung; die Liebe, die Freundschaft gab ihnen ihre Gesänge ein. Da waren noch keine Lieder zu Kauf, da trugen sie noch kein „silberbleiches Angesicht." Jetzt aber gebeut die Muse den Spruch des Aristodemos zu beachten: „das Geld ist der Mann! Dem Armen wohnt nicht Adel, wohnt nicht Ehre bei." Aristodemos heißt gewöhnlich ein Sparter, weil er von Argos nach Sparta zog, und ward auch zu den sieben Weisen gezählt.

17. Der Dichter sagt, er singe Bekanntes, da schon Simonides ein Loblied auf Xenokrates gedichtet hatte, worin er von zwei Siegen desselben, einem pythischen und einem isthmischen, meldete.

24. Außer dem isthmischen Siege hatte Xenokrates einen pythischen (den zu Krissa) und durch die Geschicklichkeit seines Wagenlenkers Nikomachos in den attischen Spielen (wahrscheinlich in den kleinen Panathenäen) einen Sieg errungen. Die Söhne des Erechtheus sind die Athener.

33. Man sieht, daß derselbe Nikomachos dem Hause des Thrasybulos als Wagenlenker auch einen olympischen Sieg gewann, nicht dem Xenokrates, dessen unter den olympischen Siegern keine Meldung geschieht, also dem Bruder desselben, Theron. In die Bezeichnung des olympischen Sieges aber flicht der Dichter ein persönliches Verhältniß des Nikomaches ein. Man sieht aus der Stelle selbst, daß er mit den Priestern des Zeus in Elis in gastfreundlichen Beziehungen stand. Diese also riefen mit desto größerer Freude seinen Namen aus, als er den Sieg gewonnen hatte. Jene Priester heißen die Herolde des

Anmerkungen.

Festes, weil sie den Eintritt der Tage, an denen die Feier gehalten ward, beobachteten und verkündigten.

Vers 39. Nur Einer von den Söhnen des Aenesidamos, Theron, war Sieger in Olympia: aber an dieser Ehre nahm auch der andere, Tenokrates, Theil, da sie auf das ganze Haus überging.

- 43. Es kostet keine Mühe, die trefflichen Männer im Liede zu verherrlichen, oder, wie der Dichter es ausdrückt, den Preis der helikonischen Musen einem ruhmgekrönten Hause darzubringen.

- 54. Seine Gastlichkeit war gleichsam ein Schiff mit niemals schlaffen Segeln, das die äußersten Marken der möglichen Fahrt erreichte; Nichts konnte ihn vermögen, die Segel der Gastfreundschaft, die er auf eine ganz ungewöhnliche Weise übte, einzuziehen.

- 62. Nikasippos, sonst unbekannt, war vielleicht ein gemeinsamer Freund des Thrasybulos und des Pindar, der, von dem Dichter beauftragt, das Lied aus Griechenland nach Sikelien mitnahm.

Dritter isthmischer Gesang.

Vers 14. Im Thal des Löwen, d. i. zu Nemea.

- 19. Die Ahnfrau des Geschlechtes, die Gemahlin des Kleonymos, war aus dem Stamme der Labdakiden. So dem vornehmsten Geschlecht in Thebe verwandt, hatten sie Mittel genug, um Viergespanne auszurüsten: mit solchen hatte Melissos in Nemea gesiegt.

- 24. Diese Bemerkung des Dichters bezieht sich auf das Allgemeinbekannte der Labdakidensage, und zugleich auf das Folgende, wo er unter Anderem sagt, daß vier Verwandte des Hauses in der Schlacht umgekommen seien.

Anmerkungen.

Vers 50. Die Brücke des Meeres nennt der Dichter den Isthmos, weil ihm zu beiden Seiten das Meer liegt, und der dazwischen ausgestreckte Erdgürtel einer Brücke gleicht. Der Scholiast.

- **60.** Die Kleonymiden kämpften, wenn auch nicht immer siegreich, mit „bei Hellas' Festen", d. h. in den vier großen Weltspielen der Griechen, den Olympien, Pythien, Nemeen, Isthmien. Doch trifft „selbst die Kämpfenden" das Loos der Dunkelheit so lange bis sie zum Gipfel, zum Ziele des Sieges gelangt sind. Oft unterliegen die Stärkeren und die Schlechteren siegen, wie Ajas einst im Waffenstreite den Ränken des Odysseus unterlag. Aber Homer hat doch seinen Namen zur Unsterblichkeit erhoben.

- **87.** Durch die Aehnlichkeit der mehr kräftigen als schönen Athletengestalt des Melissos mit dem Typus des Herakles macht der Dichter den Uebergang zu dem Lobe dieses Heros, namentlich als Ueberwinder des Frevlers Antäos im Ringkampfe. Antäos war König von Irasa am Tritonissee in Libyen, und durch Bezwingung desselben rottete Herakles zugleich die wilde Sitte aus, Fremdlinge zu ermorden und ihre Schädel am Tempelsries aufzuhängen. Nach Mommsen.

- **104.** Vor dem Elektrathor in Theben, an dem Amphitryon und dann Herakles wohnte, bringen die Thebaner Opfer, indem sie den Herakles ehren und die acht Kinder, welche von Megara, der Tochter des Kreon, ihm geboren waren, die er selbst aber wegen der Hera Zorn im Wahnsinn ermordete. Der Scholiast. Elektris oder Elektra war ein Name der Artemis als Mondgöttin, der Vorsteherin jenes Thores, wie der Name Elektor die Sonne bezeichnete.

- **114.** Mit einem Myrtenkranze (die Myrte war den Todten heilig) wurden die Sieger in diesen Spielen belohnt.

- **119.** Orseas war der Kampflehrer des Melissos, der das Glücksschiff des Knaben in den Hafen des Sieges leitete.

Vierter isthmischer Gesang.

Vers 1. Von der Theia, bemerkt Heyne, muß eine alte Sage aus den Theogonieen gewesen sein, als von einer Göttin, aus welcher aller Glanz und alles Licht hervorgeht; denn sie gebar von Hyperion die Sonne, den Mond und die Morgenröthe. Durch die Gunst dieser Göttin kommt allen Dingen ihr Glanz, auch dem Golde, ebenso den Siegen bei Seeschlachten, und den Wettkämpfen, den auf Wagen, wie den gymnischen. Das aber sind die Dinge, durch welche der Dichter die Aegineten unter den Griechen sich auszeichnen läßt.

- 13. Zwei Dinge sind es, die nebst irdischen Gütern, als den Mitteln vielfältigen und heiteren Genusses, den Baum des Lebens pflegen: wenn man Glück hat, hauptsächlich in den Bestrebungen um Auszeichnung in den heiligen Spielen, und wenn man durch dieses Glück Ruhm gewinnt, den das feiernde Wort der Muse verewigt.

- 20. E. κεῖται Νεμέᾳ τε καὶ ἀμφοῖν, Πυθίῳ δὲ παγκρατίου. Der Sinn ist: du, Phylakidas, hast zwei Siege gewonnen, sowohl auf dem Isthmos, als in Nemea, und zwar in Beidem, d. i. im Wettlaufe und im Gesammtkampfe, während Pytheas (auch an beiden Orten) im Gesammtkampfe gesiegt hat.

- 34. Oeneus' Heldengeschlecht, Meleagros und Tydeus, der Vater des Diomedes.

- 43. Den Kyknos, den Hektor, den Memnon erlegte Achilleus, auch ein Aeakide. Vgl. Olymp. 2, 149 ff. und die Anmerkungen zu dieser Stelle.

- 45. Telephos war König in Mysien. Dort landeten die Hellenen auf der Fahrt nach Troja, und es kam zu heftigen Kämpfen, in welchen Achilleus sich hervorthat und den Telephos verwundete.

- 53. An der Schlacht bei Salamis, dessen Schuzheld der Aeakide Ajas ist, nahmen die Seehelden Aegina's nebst den Athenern, die der thebische Dichter nicht ausdrücklich rühmen mochte, den hervorragendsten Antheil.

Anmerkungen.

Vers 56. Das Prahlen, das Erheben des Sieges von Salamis, als ob er durch eigene Kraft errungen wäre, soll verstummen, da Zeus allein es ist, der Gutes und Böses, Sieg und Untergang verleiht.

" 59. Auch solche Ehren, wie sie in den Kampfspielen gewonnen werden, verlangen, wie jene kriegerischen, den Gesang.

" 60. Wage es Einer, der das Geschlecht des Kleonikos und seine Verherrlichung durch Kampfpreise kennt, mit ihm in den öffentlichen Spielen zu wetteifern und um den Kranz des Sieges zu buhlen: all seine Mühe und Anstrengung wird vergeblich sein!

" 68. Diese Worte sind an den Ueberbringer gerichtet.

Fünfter isthmischer Gesang.

Vers 7. Die Nereiden, unter welchen Psamathe, die Mutter des Phokos, und Thetis, die Mutter des Achilleus, waren, wurden mit Poseidon zugleich im isthmischen Tempel verehrt.

" 16. Unter solch edlen Bestrebungen, in welchen er auch seine Söhne erzog, wünscht der Sohn des Kleonikos, Lampon, bis in's Greisenalter zu leben und zu sterben.

" 19. Klotho, eine der drei Moiren, der Göttinnen des Schicksals.

" 26. Der Dichter nennt die Gränzen der Erde gegen Norden und Süden, indem er den ganzen Erdkreis umfassen will.

" 31. Von ihm, dem Vater, dem Telamon, der dem Herakles in den ersten troischen Krieg folgte, um den Betrug des Laomedon zu rächen. Auf demselben Zuge wurden auch die Meroper auf Kos und der thrakische Riese Alkyoneus im phlegräischen Gefilde bezwungen. Thiersch.

" 40. Die Erzählung lenkt hier wieder auf den Anfang (V. 31.) zurück, um weiter auszuholen.

Anmerkungen.

Vers 51. Eriböa heißt die Mutter des Ajas auch bei Sophokles (im rasenden Ajas); Andere nennen sie anders.

» 61. Pindar leitet den Namen Ajas von Aietos (Adler) ab, Sophokles von dem Wehruf: Ai, Ai!

» 66. Kallymenes, Sohn des Themistios (V. 75), der Mutterbruder des siegreichen Brüderpaares.

» 68. Die Joner sind von langer Rede, von kurzer aber nicht nur die Lakoner, sondern auch die Argeier. Der Scholiast.

» 73. Die Psalychiden, eine Zunft in Aegina, zu welcher das Haus der Sieger gehörte.

» 77. „Sorgfalt fördert die Werke", sagt Hesiodos in den Hauslehren. Lampon selbst kämpfte nicht, ließ aber seine Söhne mit großer Sorgfalt unterweisen, weßhalb der Dichter sagt, daß er an jenem Worte des Hesiodos mit Eifer festhalte, und ihn V. 83 f. „den Wetzstein für Ringer" nennt, und zwar den von Naxos; „denn", bemerkt der Scholiast, „vor allen anderen Wetzsteinen werden die auf Naxos in Kreta für die ausgezeichnetsten gehalten."

» 85. Die heiligen Fluten Dirka's, welche die Musen schöpfen, sind des Dichters Lied. Pindar wohnte an der Dirke vor dem neitischen Thore.

Sechster isthmischer Gesang.

Vers 1. Theba ist die Nymphe der Stadt, die als die Zeugin der „früheren Zierden" Thebe's angeredet wird.

» 4. Demeter (oder Deo) heißt die erzumrauschte wegen der bei ihrem Feste ertönenden Cymbeln. Denn mit Cymbeln und Pauken zog die Göttin umher und erregte Geräusch mit ihnen, auf daß Alle hörten und vernähmen, was sie suchte (nämlich die verlorene Tochter Persephone). Beisizer (Genossen) der Demeter aber nennt er den Dionysos nach der mystischen Sage, weil ihr der aus Per-

Anmerkungen.

sephone geborene Zagreus Dionysos gesellt wird, der nach Einigen Jakchos ist. Der Scholiast.

Vers 6. Die Sage von der Danae, zu welcher Zeus im Goldregen kam, wird hier auf Alkmene übergetragen.

" 12. Drachensaat heißen die Theber, weil ihre Vorfahren aus den von Kadmos ausgesäten Drachenzähnen von der Erde um Theben hervorgebracht wurden. Der Schol.

" 18. Die Aegiden sind ein Stamm in Thebe, von dem ein Theil, gerufen in Folge eines pythischen Spruches, nach Sparta auszog, den Lakedämoniern in dem Kriege gegen die Amykläer unter Anführung des Timomachos zu helfen, welcher die Lakedämonier zuerst in Allem, was zum Kriege gehört, unterrichtete, und bei ihnen großer Ehren gewürdigt ist. Auch wird am Feste der Hyakinthien sein goldener Panzer gezeigt. Der Schol.

" 40. Diodotos hieß der Vater des älteren Strepsiades, welcher in der dreitägigen Schlacht bei Oenophyta fiel, „preisend den Hektor und Meleagros und Amphiaraos", d. i. lobend ihren rüstigen Muth und ihm nacheifernd, da auch sie im Kampfe für ihr Vaterland fielen, das mit ihnen zugleich in den Staub sank.

" 41. Nicht in eigenem Namen spricht hier der Dichter, sondern im Namen des Chores, der, weil er einen Sieg nach schwerer Niederlage feiert, sich mit Kränzen geschmückt hat, und am Schlusse des Gesanges den Apollon um einen pythischen Sieg anruft.

Siebenter isthmischer Gesang.

Vers 19. Daß die Schmach von Hellas abgewandt ist, hat meinen schweren Kummer gestillt. Wohl ziemt es sich immer das Nächste zu beachten, die Gegenwart festzuhalten, und diese kann wegen der Siegesfeier des Kleandros nur zur Freude stimmen. Denn die Zukunft ist unsicher und trügerisch. Was aber auch die Zeit über uns verhängt hat, auch diese Wunden sind heilbar, da die Freiheit gerettet ist. Darum ziemt es sich Hoffnung und Vertrauen zu fassen, dem Theber aber noch besonders Aegina zu feiern, weil Theba und Aegina Schwestern sind, V. 29 ff.

Vers 29. Theba und Aegina waren die jüngeren Töchter des böotischen Flusses Asopos. Denn vor ihnen, bemerkt ein alter Ausleger, war noch Melope geboren und andere.

- 35. Oenona oder Oenopia, der alte Name der Insel Aegina.
- 39. Der Dichter berührt hier eine sonst unbekannte Sage, nach welcher Aeakos als Schiedsrichter unter streitenden Göttern auftrat.
- 46. Das Schicksal bestimmte der Thetis einen Sohn, der mächtiger sein würde, als sein Vater. Wenn nun Zeus oder ein anderer Kronide sich ihr vermählte, so stürzte der Sprößling aus dieser Ehe die Macht des Zeus, und herrschte an seiner Statt. Themis kennt diesen Rath des Schicksals, und durch sie Prometheus bei Aeschylos. Er ist das Geheimniß dieses Titanen, welches Zeus umsonst ihm zu entreißen sucht, dessen Enthüllung einst das Unterpfand seiner Versöhnung mit ihm sein wird. Nach Pindar aber wird es den Göttern von Themis enthüllt, die dann den Rath gibt, Thetis dem gerechtesten der Sterblichen, dem Peleus, zu vermählen. Zwar wird auch aus dieser Ehe ein Sohn, stärker als sein Vater, entspringen, aber den Göttern nicht gefährlich und bestimmt, im Kampfe zu fallen. Thiersch.
- 68. Peleus hatte Jolkos im Kriege gegen Akastos erobert.
- 69. Zur Grotte des Cheiron geht die Kunde, weil dort in Gegenwart aller Götter die Vermählung gefeiert werden soll.
- 79. Zeus ordnete selbst mit Cheiron das Brautfest, daß nämlich die Götter selbst bei der Feier erschienen, Apollon mit den Musen das Brautlied sang, und die Unsterblichen dem neuvermählten Paare Geschenke brachten.

Anmerkungen.

Vers 84. Ueber Telephos s. zu Isthm. 4, 45.
- 87. Nicht unmittelbar befreite Achilleus Helenen, aber er ward Ursache ihrer Befreiung, indem er durch seine glücklichen Gefechte die Macht der Troer schwächte, den tapfersten Troer, Hektor, erschlug, und dadurch die Eroberung Troja's erleichterte.
- 88. Die Sehnen Troja's sind die gleich nachher genannten Haupthelden der Troer, die vom Speer des Achilleus erlegt wurden.
- 107. Dorisch heißt der Eppichkranz in Beziehung auf den korinthischen Isthmos, wo Griechen dorischer Abkunft wohnten.
- 111. Der Sohn des Oheims des Nikokles ist Kleandros.
- 113. Alkathoos, ein Sohn des Pelops, hatte nach Erlegung des kithäronischen Löwen, dem Apollon zu Ehren, in Megara Kampfspiele gestiftet: Paufan. 1, 41.
- 116. Die Kampfspiele zu Epidauros in Argolis waren dem Asklepios geweiht.

Gedruckt bei E. Polz in Leipzig.

Berichtigungen.

Seite 22 Zeile 4 für erhht l. erhöht.
„ „ 26 „ 11 ist nach Fluren ein Komma zu sezen.
„ „ 30 „ 10 seze nach Die ein Komma.
„ „ 37 „   7 ist nach nie ein Komma zu sezen.
„ „ 76 „ 24 für Todenrichter l. Todtenrichter.
„ „ 164 „ 26 für ogar l. sogar.
„ „ 274 „ 21 für ihm l. ihnen.

www.ingramcontent.com/pod-product-compliance
Lightning Source LLC
Chambersburg PA
CBHW032359230426
43672CB00007B/758